Das Streithilfeverfahren vor dem Gerichtshof und dem Gericht erster Instanz der Europäischen Gemeinschaften im Vergleich zum deutschen Zivilprozessrecht

Europäische Hochschulschriften
Publications Universitaires Européennes
European University Studies

Reihe II
Rechtswissenschaft

Série II Series II
Droit
Law

Bd./Vol. 3880

PETER LANG
Frankfurt am Main · Berlin · Bern · Bruxelles · New York · Oxford · Wien

Marcus Ernst Napp

Das Streithilfeverfahren vor dem Gerichtshof und dem Gericht erster Instanz der Europäischen Gemeinschaften im Vergleich zum deutschen Zivilprozessrecht

Zur Einführung einer erzwungenen Intervention in das Gemeinschaftsrecht

PETER LANG
Europäischer Verlag der Wissenschaften

Bibliografische Information Der Deutschen Bibliothek
Die Deutsche Bibliothek verzeichnet diese Publikation in der Deutschen Nationalbibliografie; detaillierte bibliografische Daten sind im Internet über <http://dnb.ddb.de> abrufbar.

Zugl.: Kiel, Univ., Diss., 2003

D 8
ISSN 0531-7312
ISBN 3-631-517696

www.peterlang.de

Meiner Mutter

Vorwort

Die vorliegende Untersuchung wurde im August 2002 abgeschlossen und im Wintersemester 2002/03 von der Rechtswissenschaftlichen Fakultät der Christian-Albrechts-Universität zu Kiel als Dissertation angenommen. Das Promotionsverfahren wurde am 19. November 2003 mit dem Rigorosum abgeschlossen.

Literatur und Rechtsprechung sind auf dem Stand von August 2002.

Mein besonders herzlicher Dank gilt meinem Doktorvater, Herrn Prof. Dr. Dr. Rainer Hofmann, für seine überaus freundliche und vorbildliche Betreuung bei der Anfertigung der Untersuchung. Ihm verdanke ich wertvolle Hinweise und Anregungen bei der Erstellung der Arbeit und eine stets wohlwollende Förderung. Danken möchte ich auch Herrn Prof. Dr. Alexander Trunk für die Erstellung des Zweitgutachtens.

Auch meiner Mutter, der ich diese Arbeit widme, danke ich für die großzügige Unterstützung, die sie mir hat zukommen lassen, ohne die die Erstellung der Untersuchung nicht möglich gewesen wäre.

Hamburg, im November 2003

Marcus Ernst Napp

Inhaltsverzeichnis

2. Teil
Das Zulassungsverfahren 43

3. Teil
Das Streithilfeverfahren 59

Abkürzungsverzeichnis

a.A.	anderer Ansicht
ABl.	Amtsblatt der Europäischen Gemeinschaften (Teil C = Communicationes; Teil L = Leges)
Abs.	Absatz
a.F.	alte Fassung
Art.	Artikel
BGB	Bürgerliches Gesetzbuch
BGBl.	Bundesgesetzblatt
BGH	Bundesgerichtshof
BGHZ	Entscheidungen des Bundesgerichtshofes in Zivilsachen
BVerfGE	Entscheidungssammlung des Bundesverfassungsgerichts
DVBl.	Deutsches Verwaltungsblatt
EAG	Europäische Atomgemeinschaft
EAG-Satzung	Protokoll über die Satzung des Gerichtshofs der Europäischen Atomgemeinschaft
EAGV	Vertrag zur Gründung der Europäischen Atomgemeinschaft
EFTA	European Free Trade Association
EG	Europäische Gemeinschaft
EG-Satzung	Protokoll über die Satzung des Gerichtshofs der Europäischen Gemeinschaft
EGKS	Europäische Gemeinschaft für Kohle und Stahl
EGKS-Satzung	Protokoll über die Satzung des Gerichtshofs der Europäischen Gemeinschaft für Kohle und Stahl
EGKSV	Vertrag über die Gründung der Europäischen Gemeinschaft für Kohle und Stahl
EGV	Vertrag zur Gründung der Europäischen Gemeinschaft
EMRK	Konvention zum Schutze der Menschenrechte und Grundfreiheiten
EU	Europäische Union
EuG	Gericht erster Instanz der Europäischen Gemeinschaften
EuG-VfO	Verfahrensordnung des Gerichts erster Instanz der Europäischen Gemeinschaften
EuGH	Gerichtshof der Europäischen Gemeinschaften
EuGH-VfO	Verfahrensordnung des Gerichtshofes der Europäischen Gemeinschaften
EuR	Europarecht
EUV	Vertrag über die Europäische Union

EuZW	Europäische Zeitschrift für Wirtschaftsrecht
EWR	Europäischer Wirtschaftsraum
EWS	Europäisches Wirtschafts- und Steuerrecht
f.	folgende
ff.	fortfolgende
FS	Festschrift
GA	Generalanwalt
GG	Grundgesetz für die Bundesrepublik Deutschland
Hs.	Halbsatz
i.V.m.	in Verbindung mit
JW	Juristische Wochenschrift
Lit.	Literatur
lit.	litera
N.C.P.C	Nouveau Code de Procédure Civile
n.F.	neue Fassung
NJW	Neue Juristische Wochenschrift
NJW-RR	Neue Juristische Wochenschrift – Rechtsprechungs-Report
P	Pourvoi (Rechtsmittel)
R	Référé (vorläufiger Rechtsschutz)
RG	Reichsgericht
RGZ	Entscheidungen des Reichsgerichts in Zivilsachen
Rn.	Randnummer
Rs.	Rechtssache
Rspr.	Rechtsprechung
S.	Seite
Slg.	Amtliche Sammlung der Rechtsprechung des Gerichtshofes und des Gerichts erster Instanz der Europäischen Gemeinschaften
TO	Tierce Opposition (Drittwiderspruchsklage), früher D.W.
v.	vom
Var.	Variante

Verb.	verbundene
vgl.	vergleiche
VO	Verordnung
VwGO	Verwaltungsgerichtsordnung
ZPO	Zivilprozessordnung
ZZP	Zeitschrift für Zivilprozeß

Hinsichtlich der übrigen Abkürzungen wird auf *Kirchner, H.*, Abkürzungsverzeichnis der Rechtssprache, 4. Auflage 1993 verwiesen.

Einleitung

A. Gegenstand der Untersuchung

Es ist eine einfache Erkenntnis, dass Rechtsstreitigkeiten nicht ausschließlich nur für den jeweiligen Kläger und den jeweiligen Beklagten von Bedeutung sind, sondern auch für Dritte oder für die Beziehungen der Parteien des Rechtsstreits zu Dritten relevant sein können.
Gerichtliche Verfahren finden nicht in rechtlicher Abgeschiedenheit statt. Das wird besonders deutlich, soweit die Möglichkeit besteht, eine an eine andere Person adressierte behördliche Entscheidung, die diese Person begünstigt, anzufechten. Vom Erfolg oder Misserfolg einer Klage mag es dann abhängen, ob etwa zwei fusionswillige Unternehmen ihre Zusammenschlusspläne letztlich durchzuführen vermögen oder der beförderte Beamte die ihm zuerkannte Position behalten darf. Denkbar ist außerdem, dass der Ausgang des Verfahrens für bestehende oder potentielle Prozesse der Parteien mit anderen Beteiligten Einfluss haben kann. So kann es geschehen, dass der Kläger deshalb mit seiner Klage nicht durchdringt, weil das erkennende Gericht zum Ausdruck bringt, dass es nicht den Beklagten, sondern einen Dritten für den Schuldner des anhängig gemachten Begehrens hält. Möglich ist ferner, dass der Beklagte für den Fall seines Unterliegens unter Umständen seinerseits Rückgriff bei einem Dritten nehmen will. Es mag auch sein, dass das gegen eine Fusionsgenehmigung klagende Konkurrenzunternehmen zusätzlich gegen die Adressaten des Rechtsakts Klage auf Schadensersatz erhoben hat.
In all diesen Fällen ist das Ergebnis des ersten Verfahrens zumindest präjudiziell für den zweiten Prozess, d.h. in dem ersten Verfahren wird bereits eine Art tatsächlicher Vorentscheidung für den zweiten Rechtsstreit mitgetroffen. Endgültige Bindungswirkungen könnten von dem ersten Urteil sogar ausgehen, wenn sich die Rechtskraft der Entscheidung auch über die Parteien des ersten Verfahrens hinaus auf Dritte erstreckte.
Bedeutsam kann der Ausgang eines zwischen anderen Parteien geführten Rechtsstreits für Dritte weiterhin auch deswegen sein, weil diese sich in einer gleichgelagerten Situation schon zur Zeit des Prozesses befinden oder sich künftig wohlmöglich befinden werden.
Die aufgezeigte mögliche Bedeutung eines zwischen zwei anderen Parteien anhängigen Rechtsstreits für die Rechtsposition eines Dritten führt dazu, dass die Prozessordnungen der Mitgliedstaaten und das europäische Verfahrensrecht selbst, Möglichkeiten der Drittbeteiligung an einem anhängigen Rechtsstreit in unterschiedlichem Umfang zur Verfügung stellen. Für das europäische Verfahrensrecht stellt diese Möglichkeit der Drittbeteiligung in erster Linie das Institut

der Streithilfe oder auch das Streithilfeverfahren[1] dar, welches den Gegenstand der Untersuchung bildet.
Die Streithilfe, auch Nebenintervention oder Streitbeitritt genannt, ist dabei trotz ihrer Bedeutung ein in der juristischen Literatur und Praxis wenig beachtetes Instrument des europäischen Verfahrensrechts. Durch den Streitbeitritt können jedoch rechtzeitig die Ansichten, rechtlichen und wirtschaftlichen Interessen und der Sachverstand Dritter, die nicht Partei des Hauptverfahrens sind, Berücksichtigung finden. Dies dient neben der Sicherung eines möglichst weitgehenden Rechtsschutzes auch der allgemeinen Akzeptanz der Urteile des EuGH und des EuG und somit dem Rechtsfrieden.
Die vorliegende Untersuchung möchte einen Beitrag dazu leisten, das Streithilfeverfahren vor dem EuGH und dem EuG bekannter zu machen, damit die Vorteile einer frühzeitigen Verfahrensbeteiligung und möglicherweise auch Verfahrensbeeinflussung nutzbar werden. Dies soll durch eine systematische Darstellung der Thematik und ein Aufzeigen der prozessualen Möglichkeiten geschehen.
Gleichzeitig soll durch eine Gegenüberstellung mit den Interventionsmöglichkeiten des deutschen Zivilprozessrechts eine Abgrenzung der zum Teil sehr unterschiedlich ausgestalteten Drittbeteiligungsmöglichkeiten voneinander geschehen.

[1] Die Streithilfe ist in der EuGH-VfO als Drittes Kapitel im Dritten Titel „Besondere Verfahrensarten" eingeordnet. Die gleiche systematische Einordnung findet sich auch in der EuG-VfO.

B. Rechtsgrundlagen

Vorschriften über die Streithilfe sucht man in den Gründungsverträgen der Gemeinschaften vergebens. Geregelt ist das Institut vielmehr in den Satzungen des EuGH sowie in den Verfahrensordnungen von EuGH und EuG.

Nach Art. 245, 311 EGV[2], Art. 45, 84 EGKSV[3], Art. 160, 270 EAGV[4] sind die Satzungen Bestandteil der Verträge. Sie haben somit den gleichen Rang wie die unmittelbaren Vertragstexte. Die Verfahrensordnungen besitzen dagegen keinen solchen Vertragsstatus. Sie sind Bestandteile des sekundären Gemeinschaftsrechts und stehen deshalb im Rang unter den Verträgen und Satzungen.[5]

Eröffnet wird die Möglichkeit der Intervention für Verfahren vor dem EuGH in Art. 37 EG-Satzung[6] und Art. 93 EuGH-VfO.[7] Der letzteren Vorschrift entsprechen die Art. 115, 116 EuG-VfO[8] für Verfahren vor dem EuG. Daneben findet sich eine mit Art. 37 EG-Satzung nahezu inhaltsgleiche Regelung in Art. 38 EAG-Satzung.[9] Die Regelungen in Art. 34, 41 Abs. 2 EGKS-Satzung[10] sind mit Art. 37 EG-Satzung im Wesentlichen inhaltsgleich.

Entsprechend diesen Vorschriften lassen sich privilegierte und nicht-privilegierte Streithelfer unterscheiden.[11]

In streitigen Verfahren können die Mitgliedstaaten und die Organe der Gemeinschaft i.S.d. Art. 7 EGV, Art. 7 EGKSV und Art. 3 EAGV in jedem beim EuGH und EuG anhängigen Rechtsstreit als privilegierte Streithelfer ohne Angabe von

---

[2] Vertrag zur Gründung der Europäischen Gemeinschaft v. 25.03.1957, BGBl. 1957 II, S. 766 ff., in der Fassung des Vertrags über die Europäische Union v. 7.02.1992, BGBl. 1992 II, S. 1253 (1256), geändert durch den Amsterdamer Vertrag v. 2.10.1997, BGBl. 1998 II, S. 387 ff.

[3] Vertrag über die Gründung der Europäischen Gemeinschaft für Kohle und Stahl v. 18.04.1951, BGBl. 1952 II, S. 447 ff., in der Fassung des Vertrags über die Europäische Union v. 7.02.1992, BGBl. 1992 II, S. 1253 (1282), geändert durch den Amsterdamer Vertrag v. 2.10.1997, BGBl. 1998 II, S. 387 ff.

[4] Vertrag zur Gründung der Europäischen Atomgemeinschaft v. 25.03.1957, BGBl. 1957 II, S. 1014 ff., in der Fassung des Vertrags über die Europäische Union v. 7.02.1992, BGBl. 1992 II, S. 1253 (1286), geändert durch den Amsterdamer Vertrag v. 2.10.1997, BGBl. 1998 II, S. 387 ff.

[5] G/T/E/*Hackspiel*, Vorbem. zu EG-Satzung Rn. 2; Kirschner/Klüpfel, Rn. 6 ff.

[6] Protokoll über die Satzung des Gerichtshofs der Europäischen Gemeinschaft v. 17.04.1957, BGBl. 1957 II, S. 1166 ff.

[7] Verfahrensordnung des Gerichtshofes der Europäischen Gemeinschaften v. 19.06.1991, ABl. 1991 Nr. L 176, S. 7 ff.

[8] Verfahrensordnung des Gerichts erster Instanz der Europäischen Gemeinschaften v. 2.05.1991, ABl. 1991 Nr. L 136, S. 1 ff.

[9] Protokoll über die Satzung des Gerichtshofs der Europäischen Atomgemeinschaft v. 17.04.1957, BGBl. 1957 II, S. 1194 ff.

[10] Protokoll über die Satzung des Gerichtshofs der Europäischen Gemeinschaft für Kohle und Stahl v. 18.04.1951, BGBl. 1952 II, S. 482 ff.

[11] G/T/E/*Hackspiel*, Art. 37 EG-Satzung Rn. 1; Klinke, Rn. 328 ff.

Gründen gem. Art. 37 Abs. 1 EG-Satzung beitreten.[12] Die Gerichte stellen in diesen Fällen ihre Beteiligung ohne vorherige Anhörung der Parteien fest.[13]
Demgegenüber können „andere Personen“ als nicht-privilegierte Streithelfer einem anhängigen Rechtsstreit gem. Art. 37 Abs. 2 Hs. 1 EG-Satzung nur beitreten, wenn sie ein berechtigtes Interesse am Ausgang des Rechtsstreits glaubhaft machen.[14] Letzterem Personenkreis ist außerdem der Beitritt zu einem institutionellen Rechtsstreit, d.h. zu einem Verfahren zwischen Mitgliedstaaten, zwischen Gemeinschaftsorganen oder zwischen Mitgliedstaaten und Gemeinschaftsorganen, gem. Art. 37 Abs. 2 Hs. 2 EG-Satzung, Art. 38 Abs. 2 Hs. 2 EAG-Satzung verwehrt. Hier besteht ein grundlegender Unterschied zwischen der Regelung in Art. 37 EG-Satzung und Art. 38 EAG-Satzung einerseits und Art. 34 Abs. 1 EGKS-Satzung andererseits, wo eine vergleichbare Einschränkung fehlt. Daraus wird geschlossen, dass im Recht der EGKS eine Streithilfe von natürlichen oder juristischen Personen auf der Seite eines Mitgliedstaates oder eines Gemeinschaftsorgans möglich sei.[15]
In Hinblick auf die Rechtsstellung des Streithelfers werden Art. 37 EG-Satzung, Art. 34 EGKS-Satzung, Art. 38 EAG-Satzung durch Art. 93 EuGH-VfO und Art. 115, 116 EuG-VfO ergänzt.
Durch Ratsbeschluss vom 22. Dezember 1994[16] wurde Art. 37 EG-Satzung geändert und im Hinblick auf das Abkommen über den EWR der neue Abs. 3 eingefügt, welcher das Interventionsrecht der Vertragsstaaten des EWR und der EFTA-Überwachungsbehörde in Anlehnung an das der privilegierten Streithelfer regelt. Die bisherige Fassung war gleichlautend mit Art. 38 EAG-Satzung, während Art. 34 EGKS-Satzung nicht zwischen privilegierten und nicht-privilegierten Streithelfern unterscheidet. Diese beiden Regelungen sind im Hinblick auf den EWR-Vertrag nicht geändert worden.
Der Wortlaut der Interventionsgrundlagen der EGKS stellt sich auch in anderer Hinsicht unterschiedlich dar. So sieht Art. 34 Abs. 1 EGKS-Satzung vor, dass alle natürlichen und juristischen Personen mit einem berechtigten Interesse am Ausgang eines beim EuGH anhängigen Rechtsstreits sich an diesem beteiligen können. Art. 41 Abs. 2 EGKS-Satzung legt fest, dass bei Streitigkeiten zwischen Mitgliedstaaten über die Anwendung des EGKSV nach Art. 89 EGKSV den anderen Mitgliedstaaten das Recht zur Verfahrensbeteiligung zusteht.
Die Regelung in Art. 37 EG-Satzung wurde durch Ratsbeschluss vom 6. Juni 1995[17] indirekt geändert, indem das EuG in Art. 46 Abs. 2 Satz 2 EG-Satzung ermächtigt wurde, in seiner Verfahrensordnung von der Regelung in Art. 37 Abs.

---

[12] Dauses/Henkel, EuZW 2000, 581 (581); G/T/E/*Hackspiel*, Art. 37 EG-Satzung Rn. 1; Klinke, Rn. 328.
[13] EuGH Rs. 61/77 (Kommission/Irland), Slg. 1978, 417 (424).
[14] Dauses/Henkel, EuZW 2000, 581 (581); Klinke, Rn. 329.
[15] R/M/G, Rn. 671.
[16] In Kraft getreten am 1.04.1995; ABl. Nr. L 379 v. 31.12.1994, S. 1 ff.
[17] ABl. 1995 Nr. L 131, S. 33 ff.

4 EG-Satzung abzuweichen, um den Besonderheiten der Rechtsstreitigkeiten auf dem Gebiet der Rechte des geistigen Eigentums Rechnung zu tragen.[18] Dies ist mit der Einfügung von Art. 130 – 136 EuG-VfO geschehen. Damit ist in Art. 134 § 1 EuG-VfO eine auf Verfahrensordnungsebene platzierte Interventionsgrundlage geschaffen worden. Diese Vorschrift bestimmt, dass sich in Rechtsstreitigkeiten betreffend die Rechte des geistigen Eigentums die Parteien des Verfahrens vor den Beschwerdekammern des Harmonisierungsamtes für den Binnenmarkt und des Sortenamtes der Gemeinschaft mit Ausnahme des Klägers als Streithelfer am Verfahren vor dem EuG beteiligen können.

Bislang gibt es also für jede der drei Gemeinschaften eine eigene Satzung für den EuGH. Dies soll sich nach dem Vertrag von Nizza ändern. Der Vertrag von Nizza wurde am 26. Februar 2001 von den Außenministern der bislang fünfzehn Mitgliedstaaten der EU unterzeichnet.[19] Er stellt einen völkerrechtlichen Vertrag zur Änderung des EUV, der Gemeinschaftsverträge sowie einiger weiterer Gemeinschaftsrechtsakte dar. Für das In-Kraft-Treten des Vertrages ist nun die Ratifikation durch die nationalen Parlamente der Mitgliedstaaten erforderlich, die bis Ende 2002 abgeschlossen sein soll.[20] Der Vertrag von Nizza tritt gem. seines Art. 12 Abs. 2 am ersten Tag des zweiten auf die Hinterlegung der letzten Ratifikationsurkunde folgenden Monats in Kraft.

In Deutschland wurde die 1. Lesung im Bundesrat am 11. Mai 2001 abgeschlossen. Der Bundestag hat das Ratifikationsgesetz am 18. Oktober 2001 gebilligt. Die Billigung durch den Bundesrat erfolgte am 9. November 2001. Der Bundespräsident hat das Gesetz am 21. Dezember 2001 unterzeichnet.[21] Die nach Art. 12 Abs. 1 Vertrag von Nizza vorgesehene Hinterlegung der Ratifikationsurkunde bei der Regierung der Italienischen Republik ist am 11. Februar 2002 erfolgt.

Nach dem Vertrag von Nizza soll für die nach dem Auslaufen des EGKSV am 23. Juli 2002[22] verbleibenden zwei Gemeinschaften EG und EAG eine einzige Satzung des EuGH festgelegt werden. Gem. Art. 7 Vertrag von Nizza werden die EG-Satzung und die EAG-Satzung aufgehoben und durch das dem Vertrag von Nizza beigefügte Protokoll über die Satzung des Gerichtshofs ersetzt. Die EGKS-Satzung wird gem. Art. 8 Vertrag von Nizza teilweise aufgehoben. Unbeschadet der in Geltung bleibenden Artikel der EGKS-Satzung findet gem. Art. 9 Vertrag von Nizza das neue Protokoll über die Satzung des Gerichtshofs Anwendung, wenn der EuGH seine Befugnisse nach dem EGKSV ausübt.

---

[18] ABl. 1995 Nr. L 172, S. 3 ff.

[19] Vertrag von Nizza zur Änderung des Vertrags über die Europäische Union, der Verträge zur Gründung der Europäischen Gemeinschaften sowie einiger damit zusammenhängender Rechtsakte v. 26.02.2001, ABl. Nr. C 80 v. 10.03.2001, S. 1 ff.

[20] Mit Stand v. 14.05.2002 haben bereits elf Mitgliedstaaten den Vertrag ratifiziert und die Ratifizierungsurkunde hinterlegt.

[21] In Kraft getreten am 29.12.2001; BGBl. 2001 II, S. 1666 ff.

[22] Die Geltungsdauer des EGKSV endete gem. Art. 97 EGKSV am 23.07.2002.

Die Fragen, die sich im Zusammenhang mit dem Ablauf des EGKSV stellen, sind Gegenstand eines Protokolls zum Vertrag von Nizza.[23] Die Abwicklung der EGKS wird dergestalt organisiert, dass deren gesamtes Vermögen nach Art. 1 Abs. 1 des Protokolls am 24. Juli 2002 auf die EG übergeht. Die Erträge aus diesem Vermögen, der „Forschungsfond für Kohle und Stahl", sollen gem. Art. 1 Abs. 3 des Protokolls in die Forschung in den mit der Kohle- und Stahlindustrie zusammenhängenden Sektoren eingespeist werden.
Ebenso wird der Beschluss des Rates zur Errichtung des EuG[24] gem. Art. 10 Vertrag von Nizza mit Ausnahme von Art. 3 aufgehoben.
Nach dem In-Kraft-Treten des Vertrages von Nizza richtet sich das Streithilfeverfahren nach Art. 40 Protokoll über die Satzung des Gerichtshofs n.F. Daraus ergibt sich jedoch lediglich eine Umnummerierung und keine inhaltliche Veränderung.

[23] Protokoll über die finanziellen Folgen des Ablaufs der Geltungsdauer des EGKSV und über die Errichtung und Verwaltung des Forschungsfonds für Kohle und Stahl, ABl. Nr. C 80 v. 10.03.2001, S. 67 f.
[24] Beschluss des Rates zur Errichtung eines Gerichts erster Instanz der Europäischen Gemeinschaften v. 24.10.1988, ABl. 1988 Nr. L 319, S. 1 ff.

C. Wesen und Bedeutung der Streithilfe

Das Streithilfeverfahren, d.h. die Beteiligung eines Dritten an einem fremden Rechtsstreit im eigenen Interesse zur Unterstützung einer Hauptpartei,[25] dient der Gewährung eines umfassenden Rechtsschutzes. Hier können frühzeitig die Interessen und Rechtsansichten des Streithelfers Berücksichtigung finden, dem sonst unter Umständen keine andere Möglichkeit der Sicherung seiner Rechtsposition offen steht. Der Streithelfer macht dabei nicht unmittelbar eigene Rechte geltend oder begehrt Rechtsschutz für sich selbst, sondern unterstützt gem. Art. 37 Abs. 4 EG-Satzung i.V.m. Art. 93 § 1 lit. e EuGH-VfO, Art. 115 § 2 lit. e EuG-VfO die Anträge einer der beiden Hauptparteien.

Eine ähnliche Funktion erfüllen die Nebenintervention des deutschen, der *intervento volontario* des italienischen oder die *intervention accessoire* des französischen Zivilprozessrechts gem. §§ 66 ff. ZPO; Art. 105 ff. Codice di proc. civ.; Art. 330 N.C.P.C.[26]

Der Zweck des Streithilfeverfahrens ist zunächst darauf gerichtet, dass die unterstützte Hauptpartei im Prozess obsiegt. Jedoch liegt der eigentliche Sinn und Zweck des Streithilfeverfahrens aus der Sicht des Streithelfers darin, die mit einem eventuellen Prozessverlust der unterstützten Partei für ihn nachteiligen Folgen in Bezug auf die eigene Rechtsposition bereits in einem vor dem EuGH oder EuG anhängigen Rechtsstreit zwischen Dritten abzuwenden.[27]

Daneben kommt dem Streithilfeverfahren im Hinblick auf die begrenzten Klagemöglichkeiten der Gemeinschaftsverträge eine ergänzende Rechtsschutzfunktion zu. Die Intervention ermöglicht es einem unbeteiligten Dritten, im Rahmen eines anhängigen Prozesses seine Interessen auch dann deutlich zu machen, wenn er an sich nach den Gemeinschaftsverträgen keine Klagemöglichkeit besitzt. Diese ergänzende Rechtsschutzfunktion ist insbesondere dann bedeutsam, wenn es um die Aufhebung oder Erhaltung von Rechtsakten der Gemeinschaftsorgane geht, die den Streithelfer in gleicher Weise betreffen. Die Streithilfe dient somit auch der ergänzenden Sicherung der eigenen Rechtsposition. Sie ermöglicht es, im Rahmen eines anhängigen Rechtsstreits frühzeitig eigene Interessen und Rechtsansichten mit in das Verfahren einfließen zu lassen.[28]

Stellt damit das Streithilfeverfahren einen Ausgleich für die beschränkten Klagemöglichkeiten der Gemeinschaftsverträge dar, so kann sich eine Versäumung dieser Einflussmöglichkeit nachteilig auf den Rechtsschutz eines möglichen Streithelfers auswirken. Eine dieser Folgen besteht in der Präkludierung anderer Rechtsbehelfe. So scheidet nach Art. 39 EG-Satzung, Art. 36 EGKS-Satzung, Art. 40 EAG-Satzung i.V.m. Art. 97 § 1 lit. c EuGH-VfO, Art. 123 § 1 lit. c EuG-VfO

---

[25] Ehle/Schiller, EuR 1982, 48 (49); EuGH Verb. Rs. 116, 124 und 143/77 (Amylum u.a./Rat und Kommission), Slg. 1978, 893 (894).

[26] Hasselbach, ZZP 109 (1996), 195 (203).

[27] Ehle/Schiller, EuR 1982, 48 (49).

[28] Ehle/Schiller, EuR 1982, 48 (48); Klinke, Rn. 335.

eine Drittwiderspruchsklage aus, wenn der Drittwiderspruchskläger die Möglichkeit gehabt hätte, seine Rechtsbeeinträchtigung im Wege eines Streithilfeverfahrens geltend zu machen.[29] Daraus lässt sich schließen, dass die Möglichkeit einer Streithilfe in all den Fällen in Betracht gezogen werden sollte, in denen eine Drittwiderspruchsklage möglich wäre und generell dann, wenn die wirtschaftlichen und rechtlichen Interessen eines möglichen Streithelfers durch ein zwischen zwei anderen Personen anhängiges Verfahren berührt werden könnten.[30]

Der Streithelfer ist während des Hauptverfahrens nicht allein darauf beschränkt, die Rechtsposition der unterstützten Hauptpartei zu stärken und sich alle deren Argumente zu eigen zu machen, sondern kann auch neue Elemente des Sachverhalts sowie ergänzende rechtliche Hinweise in das Verfahren einführen. Er kann auch einen vom Ansatz der unterstützten Hauptpartei verschiedenen Ansatz vertreten, sofern er den oder die prozessualen Anträge der Hauptpartei unterstützt.[31] Nimmt etwa ein Verband die Position als Streithelfer wahr, kann das zur Entscheidung berufene Gericht über die über den konkreten Rechtsstreit hinausgehenden Auswirkungen einer bevorstehenden Entscheidung informiert und somit ein abgewogeneres oder ausführlicher begründetes Urteil erreicht werden, das für den betroffenen Rechtskreis besser verständlich und leichter anwendbar ist.[32] Auf diese Weise lassen sich die entsprechenden Verbands- und Organisationsinteressen, die sich vom spezifischen Interesse der unterstützten Partei deutlich unterscheiden können, in ein Verfahren vor dem EuGH oder dem EuG einbringen.[33]

---

[29] Ehle/Schiller, EuR 1982, 48 (50).
[30] Ehle/Schiller, EuR 1982, 48 (50); R/M/G, Rn. 673.
[31] EuGH Rs. 30/59 (Gezamenlijke Steenkolenmijnen/Hohe Behörde), Slg. 1961, 99 (101).
[32] Hasselbach, ZZP 109 (1996), 195 (204).
[33] Hasselbach, ZZP 109 (1996), 195 (204).

D. Gang der Untersuchung

Wie bereits dargestellt befasst sich die vorliegende Untersuchung mit dem Rechtsinstitut der Streithilfe oder auch dem Streithilfeverfahren als rechtliche Möglichkeit der Drittbeteiligung im europäischen Verfahrensrecht.

Dabei werden zunächst der Anwendungsbereich des Streithilfeverfahrens vor dem EuGH und dem EuG bestimmt und die Zulassungsvoraussetzungen im Allgemeinen erläutert. Im Hinblick auf die Interventionsberechtigten wird dann die Unterscheidung zwischen den Interventionsmöglichkeiten der privilegierten und der nicht-privilegierten potentiellen Streithelfer deutlich gemacht. Im Zusammenhang mit der Interventionsmöglichkeit der nicht-privilegierten „anderen Personen" wird zu ermitteln sein, was unter der Wendung des „berechtigten Interesses" zu verstehen ist und woran dieses bestehen muss. Weiterhin gehört zu den Zulässigkeitsvoraussetzungen eine etwaige doppelte Beschränkung der Interventionsmöglichkeiten für nicht-privilegierte Streithelfer und demnach eine ausführliche Behandlung des Art. 37 Abs. 2 Hs. 2 EG-Satzung, wonach andere Streithelfer als Mitgliedstaaten und Gemeinschaftsorgane in Streitigkeiten zwischen ebensolchen ausgeschlossen sein sollen.

Anschließend wird der möglichen Unterteilung des Streithilfeverfahrens in das Zulassungsverfahren und das eigentliche Streithilfeverfahren gefolgt. Die Zulassungsvoraussetzungen eines Streithilfeverfahrens werden im Einzelnen erläutert, wobei auf die Anforderungen des Zulassungsantrags und die einzuhaltende Frist sowie auf die Auswirkungen der etlichen Änderungen der Verfahrensvorschriften des Gemeinschaftsrechts auf diese Anforderungen eingegangen wird. Weiter sind die möglichen Entscheidungen über den Zulassungsantrag und das gegen die Ablehnung der Zulassung zulässige Rechtsmittel zu untersuchen.

Bei der anschließenden Betrachtung des eigentlichen Streithilfeverfahrens wird die Rechtsstellung des zugelassen Streithelfers im Hauptverfahren erläutert, wobei beim zu gewährenden Zugang zu den Verfahrensdokumenten des anhängigen Rechtstreits zwischen den Unterlagen der Hauptparteien und denen des Streithelfers zu differenzieren ist. Im weiteren Verlauf der Untersuchung wird dann darauf eingegangen, welche Möglichkeiten dem Streithelfer zustehen, die Anträge einer Partei durch sein Vorbringen zu unterstützen und wodurch und in welchem Umfang diese Möglichkeiten begrenzt werden.

Bei den Rechtswirkungen der Intervention geht es u.a. um die Einordnung des Streithelfers in die personale Struktur des anhängigen Rechtsstreits, d.h. um die Frage, ob der Intervenient wie Kläger und Beklagter Partei des Rechtsstreits wird, oder ob ihm eine andere Beteiligtenstellung zukommt. Damit in engem Zusammenhang steht darauffolgend die sich möglicherweise aus dem Urteil ergebenden Wirkungen der materiellen Rechtskraft gegenüber dem Streithelfer. Zu den Rechtswirkungen der Streithilfe gehören zudem die durch die Intervention unter Umständen hervorgerufenen Kosten. Darüber hinaus wird die Möglichkeit eines Anschlussrechtsmittels durch den Streithelfer erörtert, wobei für Verfahren vor

dem EuG die Besonderheiten bei Rechtsstreitigkeiten betreffend die Rechte des geistigen Eigentums relevant werden. Daran anschließend wird die Möglichkeit eines Drittwiderspruchs durch den Streithelfer in Betracht gezogen.
Die für eine Beteiligung Dritter an einem anhängigen Rechtsstreit im deutschen Zivilprozessrecht vorgesehenen Rechtsinstitute der Nebenintervention und der Streitverkündung erfahren eine eingehende Betrachtung, wobei Unterschiede und Gemeinsamkeiten mit dem Streithilfeverfahren des Gemeinschaftsrechts aufgezeigt werden.
Zunächst werden die Voraussetzungen der Nebenintervention und das Verfahren im Falle des Beitritts des Nebenintervenienten dargestellt. Dabei wird vertieft auf den möglichen Zwischenstreit eingegangen, den es bei der Intervention im Gemeinschaftsrecht nicht gibt. Es folgen die Handlungsmöglichkeiten des Nebenintervenienten im Hauptverfahren. Dabei sind wiederum die Rechtsstellung des Nebenintervenienten im Verfahren und seine Befugnisse sowie die Beschränkungen dieser Befugnisse von Belang. Ein Schwerpunkt liegt dabei auf der Erörterung der Voraussetzungen und vor allem des Umfangs der Interventionswirkung in subjektiver und objektiver Hinsicht, die in dieser Form im Gemeinschaftsrecht nicht besteht und damit ein wesentliches Unterscheidungsmerkmal ausmacht. Anschließend werden die Besonderheiten der streitgenössischen Nebenintervention in Bezug auf ihre Voraussetzungen, die Rechtsstellung des streitgenössischen Nebenintervenienten und die Interventionswirkung untersucht.
Die Behandlung des Rechtsinstituts der Streithilfe als der zweiten Möglichkeit zur Drittbeteiligung folgt einem ähnlichen Aufbau. Es werden zunächst die Voraussetzungen der Streitverkündung und der Verfahrensablauf aufgezeigt. Ein Schwerpunkt liegt dann darin, die Wirkungen der Streitverkündung auf den anhängigen Prozess und im Folgeverfahren, sowie die materiellrechtlichen Folgen einer zulässigen Streitverkündung dar zu tun.
Abschließend wird die Möglichkeit untersucht, eine erzwungene Intervention in Form der Nebenintervention oder der Streitverkündung in das europäische Verfahrensrecht einzuführen. Prämisse dabei ist, dass die Einführung eines solchen Instituts nur sinnvoll sein kann, soweit dadurch die Bindungswirkungen einer ergangenen Entscheidung auch auf einen noch nicht einbezogenen Dritten erstreckt werden könnten. Denn andernfalls würde sich unter Umständen kein Anwendungsbereich für das neu geschaffene Rechtsinstitut eröffnen. Für den Fall, dass diese Prämisse zutrifft, soll die rechtspolitische Erwägung in Formulierungsvorschlägen für die neu einzufügenden Vorschriften des europäischen Verfahrensrechts münden.

E. Terminologiefragen

Aus dem Ansatz der Untersuchung ergibt sich Klarstellungsbedarf für die Verwendung bestimmter Begriffe. Daher werden folgende terminologische Festlegungen getroffen.

Wenn im Verlauf der Untersuchung von den Gerichten oder den Gemeinschaftsgerichten gesprochen wird, sind damit der EuGH und das EuG gemeint. Dies ist an sich ungenau, als das EuG seiner formellen Stellung nach ein Teil des Organs „Gerichtshof" i.S.d. Art. 7 Abs. 1 EGV, Art. 3 Abs. 1 EAGV, Art. 7 EGKSV ist. So spricht Art. 1 des Beschlusses des Rates zur Errichtung eines Gerichts erster Instanz der Europäischen Gemeinschaften[34] von der Beiordnung des Gerichts und weiter davon, das Gericht habe seinen Sitz bei dem Gerichtshof. Um die Darstellung zu vereinfachen wird unterstellt, das EuG sei organisatorisch ein eigenständiges Gericht und nicht Teil des EuGH.

Der Begriff des Dritten soll im Rahmen der Untersuchung in einem umfassenden Sinne verstanden werden. Nicht nur Dritte mit eigener Rechtspersönlichkeit, wie etwa natürliche und juristische Personen des deutschen Privatrechts oder juristische Personen des deutschen Öffentlichen Rechts, sollen unter den Begriff des Dritten fallen, sondern auch bestimmte Einrichtungen, die, wie etwa die Gemeinschaftsorgane, keine eigene Rechtspersönlichkeit besitzen, denen das Gemeinschaftsrecht aber Beteiligungsmöglichkeiten bei den verschiedenen Verfahrensarten bietet.

[34] Beschluss des Rates zur Errichtung eines Gerichts erster Instanz der Europäischen Gemeinschaften v. 24.10.1988, ABl. 1988 Nr. L 319, S. 1 ff.

1. Teil

Streithilfe in Verfahren vor dem EuGH und dem EuG

A. Anwendungsbereich der Streithilfe

Eine Streithilfe gem. Art. 37 EG-Satzung, Art. 34 EGKS-Satzung, Art. 38 EAG-Satzung ist in allen Direktklageverfahren möglich.[35] In mit einem Hauptverfahren akzessorisch verbundenen Nebenverfahren wie bei der Gewährung einstweiligen Rechtsschutzes gem. Art. 36 EG-Satzung, Art. 33 EGKS-Satzung, Art. 37 EAG-Satzung i.V.m. Art. 83 – 90 EuGH-VfO, Art. 104 – 110 EuG-VfO[36] oder bei der Urteilsauslegung gem. Art. 40 EG-Satzung, Art. 37 EGKS-Satzung, Art. 41 EAG-Satzung i.V.m. Art. 102 EuGH-VfO, Art. 129 EuG-VfO[37] ist ein Streithilfeverfahren ebenso möglich, und zwar unabhängig von einer Intervention im Hauptverfahren.[38] Auch in einem Rechtsmittelverfahren ist gem. Art. 49 Abs. 2 EG-Satzung, Art. 49 Abs. 2 EGKS-Satzung, Art. 50 Abs. 2 EAG-Satzung i.V.m. Art. 123 EuGH-VfO ein Beitritt von Streithelfern möglich, die am erstinstanzlichen Verfahren nicht beteiligt waren.[39]

I. Ausschluss der Streithilfe in Vorabentscheidungsverfahren

Demgegenüber wird eine Streithilfe in Verfahrensarten, die keine „ordentlichen Streitverfahren" sind, wie das Vorabentscheidungsverfahren gem. Art. 234 EGV, Art. 41 EGKSV, Art. 150 EAGV i.V.m. Art. 20 EG-Satzung, Art. 21 EAG-Satzung, Art. 103 ff. EuGH-VfO und das Verfahren zur Erstattung von Gutachten gem. Art. 300 Abs. 6 EGV, Art. 103 EAGV i.V.m. 107 ff. EuGH-VfO, wegen ihres nicht streitigen Charakters in der europarechtlichen Literatur überwiegend abgelehnt.[40] Dies wird mit dem Wesen des Streithilfeverfahrens begründet, dass zwei Streitparteien voraussetze und diese eben in diesen Verfahrensarten fehlten.[41] Es handele sich dabei nicht um einen Parteiprozess, so dass eine Unterstüt-

---

[35] EuGH Rs. C-181/95 (Biogen/Smithkline Beecham Biologicals), Slg. 1996, I-717 (721); Dauses/Henkel, EuZW 2000, 581 (581); Ehle/Schiller, EuR 1982, 48 (51); G/T/E/*Hackspiel*, Art. 37 EG-Satzung Rn. 3; Klinke, Rn. 332; R/M/G, Rn. 675.

[36] EuG Rs. T-23/90 R (Peugeot/Kommission), Slg. 1990, II-195 (198).

[37] EuGH Rs. 9/81 (Rechnungshof/Williams), Slg. 1983, 2859 (2861).

[38] EuG Verb. Rs. T-7 und 9/93 R (Langnese-Iglo und Schöller/Kommission), Slg. 1993, II-131 (137).

[39] EuGH Rs. C-242/90 P(R) (Kommission/Albani u.a.), Slg. 1990, I-4329 (4333); EuGH Rs. C-149/95 P(R) (Kommission/Atlantic Container Line u.a.), Slg. 1995, I-2165 (2176).

[40] Dauses/Henkel, EuZW 2000, 581 (581); Ehle/Schiller, EuR 1982, 48 (51); G/T/E/*Hackspiel*, Art. 37 EG-Satzung Rn. 3; Klinke, Rn. 332; R/M/G, Rn. 675.

[41] Ehle/Schiller, EuR 1982, 48 (51); R/M/G, Rn. 675.

zung der „Anträge einer Partei" i.S.d. Art. 37 Abs. 4 EG-Satzung, Art. 34 Abs. 2 EGKS-Satzung, Art. 38 Abs. 3 EAG-Satzung schon formal nicht möglich sei. Weiterhin enthalte Art. 20 Abs. 2 EG-Satzung, der für das Vorabentscheidungsverfahren die Einreichung von Schriftsätzen durch die Parteien des Ausgangsverfahrens, die Mitgliedstaaten und die Kommission sowie gegebenenfalls das Europäische Parlament, den Rat und die Europäische Zentralbank vorsieht, eine abschließende Regelung, die eine zusätzliche Zulassung von Streithelfern ausschließe.[42] Darüber hinaus wird auf Entscheidungen des EuGH verwiesen, um diese Ansicht zu stützen.[43]

II. Streithilfemöglichkeit auch in Vorabentscheidungsverfahren

Dagegen wird eingewandt, diese Auffassung werde weder der gewandelten Funktion des Vorabentscheidungsverfahrens, noch dem Sinn und Zweck des Art. 20 Abs. 2 EuGH-Satzung gerecht.[44] In den Anfangsjahren der Gemeinschaft sei das Vorabentscheidungsverfahren als eine Art besonderes Gutachten oder Normenkontrollverfahren angesehen worden, vergleichbar mit dem Gutachtenverfahren nach Art. 300 Abs. 6 EGV, Art. 103 EAGV i.V.m. Art. 107 ff. EuGH-VfO, bei dem der EuGH ohne einen engeren Bezug zu einem bestimmten Rechtsstreit lediglich abstrakte Rechtsfragen des Gemeinschaftsrechts entscheide. Mittlerweile sei das Vorabentscheidungsverfahren aber zu einem entscheidenden Teil einer Vielzahl von nationalen Rechtsstreitigkeiten geworden. Dies werde daran deutlich, dass die Parteien des Ausgangsverfahrens fast immer am Verfahren vor dem EuGH teilnähmen und zu ihren Anträgen im Ausgangsverfahren vortrügen. Deshalb nähere sich das Vorabentscheidungsverfahren mehr und mehr einem normalen Parteiprozess an, weshalb nicht einzusehen sei, warum nicht auch dort die Streithilfe zulässig sein sollte.[45]
Auch die Regelung des Art. 20 Abs. 2 EuGH-Satzung stehe diesem Ergebnis nicht entgegen, da sie nicht den Zweck habe, bestimmte Personenkreise von der Teilnahme am Vorabentscheidungsverfahren auszuschließen. Vielmehr solle sie den ohnehin am Ausgangsverfahren beteiligten Parteien sowie den Mitgliedstaaten und den Gemeinschaftsorganen die Teilnahme am Verfahren vor dem EuGH erleichtern. Eine darüber hinausgehende Bedeutung habe die Vorschrift nicht, da sie mit ganz anderen Fristen arbeite als das Streithilfeverfahren und nicht auf den Begriff des „berechtigten Interesses" eingehe. Sie entfalte in der Praxis ohnehin

---

[42] EuGH Rs. 19/68 (De Cicco/Landesversicherungsanstalt Schwaben), Slg. 1968, 707 (717); Ehle, Art. 37 Protokoll Gerichtshof Rn. 5.
[43] EuGH Rs. 6/64 (Costa/ENEL), Slg. 1964, 1307 (1310); Rs. 19/68 (De Cicco/Landesversicherungsanstalt Schwaben), Slg. 1968, 707 (716); Rs. C-181/95 (Biogen/Smithkline Beecham Biologicals), Slg. 1996, I-717 (721).
[44] Hasselbach, ZZP 109 (1996), 195 (209).
[45] Hasselbach, ZZP 109 (1996), 195 (210).

keine Sperrwirkung, da interessierte Verbände und Unternehmen vielfach schon als Streithelfer am Ausgangsverfahren beteiligt und daher äußerungsbefugt seien.[46]
Von Vertretern der anderen Ansicht wird eine Ausdehnung der Streithilfe auf das Vorabentscheidungsverfahren und das Gutachtenverfahren durchaus als vom Meinungsbildungsprozess her wünschenswert angesehen.[47] Es wird jedoch darauf hingewiesen, dass Streithelfer des Ausgangsverfahrens, die nach dem maßgeblichen mitgliedstaatlichem Verfahrensrecht beigetreten sind, Beteiligte gem. Art. 20 EG-Satzung im Vorabentscheidungsverfahren vor dem EuGH sind.[48] Wenn eine Beteiligung von bestimmten Wirtschafts- oder Berufverbänden im Rahmen des Vorabentscheidungsverfahrens gewünscht sei, sollten Musterverfahren in solchen Mitgliedstaaten eingeleitet werden, die eine großzügige Zulassung von Streithelfern kennen. Dadurch könne die gewünschte Beteiligung der Wirtschafts- und Berufsverbände gewährleistet werden.[49]

Scheinbar wird also von dem überwiegenden Teil der europarechtlichen Literatur abseits vom Meinungsbildungsprozess ein sonst nicht zu erfüllendes praktisches Bedürfnis für die Ausweitung der Streithilfe im Rahmen des Vorabentscheidungsverfahrens nicht erkannt, da eine Äußerungsbefugnis vor dem EuGH auch durch eine Beteiligung als Streithelfer im Ausgangsverfahren erreicht werden kann. Da also das gleiche Ergebnis auch bei der vorhandenen Rechtslage erreicht werden kann, gibt es keinen zwingenden Grund über die vorgebrachten dogmatischen Erwägungen durch Beispiele aus der Praxis hinweg zu gehen und den Wortlaut von Art. 37 Abs. 4 EG-Satzung, Art. 34 Abs. 2 EGKS-Satzung, Art. 38 Abs. 3 EAG-Satzung zu ignorieren. Insofern bedürfte es einer klarstellenden Änderung der Vorschrift durch die Mitgliedstaaten.
Auch der EuGH hat an seiner bisherigen Rechtsprechung festgehalten und festgestellt, dass das Vorabentscheidungsverfahren kein Streitverfahren sei, sondern die einheitliche Auslegung des Gemeinschaftsrechts durch Zusammenarbeit des EuGH mit den nationalen Gerichten gewährleisten solle. In Fällen der Vorabentscheidung richte sich die Beteiligung nach Art. 20 Abs. 1, 2 EG-Satzung. Mit der Wendung „beteiligte Parteien“ meine die Bestimmung nur die Personen, die diese Eigenschaft im Verfahren vor dem nationalen Gericht hätten. Eine solche Sondervorschrift hätte keinen Sinn, wenn das Recht zur Beteiligung allen Personen zustünde, die i.S.v. Art. 37 EG-Satzung, Art. 34 EGKS-Satzung, Art. 38 EAG-Satzung ein berechtigtes Interesse glaubhaft machten. Daher habe eine Person, welche die Zulassung ihres Beitritts nicht beim nationalen Gericht erfolgreich

---

[46] Hasselbach, ZZP 109 (1996), 195 (210).
[47] Ehle/Schiller, EuR 1982, 48 (51).
[48] EuGH Rs. 62/72 (Bollmann), Slg. 1973, 269 (275); Ehle/Schiller, EuR 1982, 48 (51); Dauses/Henkel, EuZW 2000, 581 (581); Klinke, Rn. 332.
[49] Ehle/Schiller, EuR 1982, 48 (51).

beantragt habe, kein Recht, i.S.d. Art. 20 EG-Satzung Erklärungen vor dem EuGH abzugeben.[50]
Somit ist Streithilfe im Vorabentscheidungsverfahren und im Gutachtenverfahren nicht zulässig.

Die Streithilfe hängt grundsätzlich von der Initiative des Intervenienten ab. Eine Beiladung i.S.d. deutschen Verwaltungsprozessrechts kennt das Prozessrecht der Gemeinschaften nicht.[51] Allerdings kann als Vorstufe einer Beteiligung von Amts wegen die Zustellung der Klagschrift an bestimmte Dritte angesehen werden, die in Art. 18 Abs. 2 EG-Satzung, Art. 21 Abs. 2 EGKS-Satzung, Art. 18 Abs. 2 EAG-Satzung i.V.m. Art. 16 § 7 EuGH-VfO, Art. 24 §7 EuG-VfO sowie in Art. 133 EuG-VfO angeordnet ist. Für Mitgliedstaaten und Organe kann auch Art. 21 EG-Satzung, Art. 24 EGKS-Satzung, Art. 22 EAG-Satzung eine der Beiladung ähnliche Funktion erfüllen. Abgesehen davon werden mögliche Streithelfer nur durch die Veröffentlichung einer Mitteilung im Amtsblatt gem. Art. 16 § 6 EuGH-VfO, Art. 24 § 6 EuG-VfO über die Klageerhebung und den Inhalt der Klageschrift informiert.

---

[50] EuGH Rs. C-181/95 (Biogen/Smithkline Beecham Biologicals), Slg. 1996, I-717 (721).

[51] EuGH Rs. 12/69 (Wonnerth), Slg. 1969, 577 (584); EuG Rs. T-1/90 (Perez-Minguez Casariego/Kommission), Slg. 1991, II-143 (159); Ehle, Art. 37 Protokoll Gerichtshof Rn. 2.

B. Zulassungsvoraussetzungen

Das Streithilfeverfahren gliedert sich in zwei aufeinanderfolgende Teile: das Zulassungsverfahren gem. Art. 93 § 1 – 3 EuGH-VfO, Art. 115, 116 § 1, 2 EuG-VfO und das eigentliche Streithilfeverfahren gem. Art. 93 § 4 – 6 EuGH-VfO, Art. 116 § 3 – 5 EuG-VfO. Um als Streithelfer zugelassen zu werden, müssen folgende Voraussetzungen kumulativ vorliegen. Ein Interventionsberechtigter muss einen Antrag auf Zulassung als Streithelfer für einen anhängigen Rechtsstreit stellen. Handelt es sich bei dem Interventionsberechtigten um eine „andere Person" i.S.d. Art. 37 Abs. 2 EG-Satzung, Art. 38 Abs. 2 EAG-Satzung ist zusätzlich ein Interventionsgrund, nämlich ein berechtigtes Interesse am Ausgang des anhängigen Rechtsstreits glaubhaft zu machen.

I. Anhängiger Rechtsstreit

Eine Zulassung als Streithelfer setzt einen zwischen den Hauptparteien anhängigen Rechtsstreit i.S.v. Art. 19 EG-Satzung, Art. 22 Abs. 1 EGKS-Satzung, Art. 19 EAG-Satzung voraus. Die Zulassung kann daher erst mit Einreichung einer an den Kanzler zu richtenden Klageschrift erfolgen.
Gem. Art. 93 § 1 EuGH-VfO a.F. war es möglich, die Anträge bis zur Eröffnung der mündlichen Verhandlung zu stellen. Dies konnte zu einer erheblichen Verlängerung von Verfahren durch den Beitritt von Streithelfern führen. Denn wenn eine Intervention erst kurz vor der mündlichen Verhandlung erfolgte, eröffnete sie nach Art. 93 § 5 Abs. 2 EuGH-VfO a.F. eine weitere Phase des schriftlichen Verfahrens, bestehend aus der schriftlichen Begründung der Anträge des Streithelfers und aus der Antwort der Parteien des Hauptverfahrens. Da insbesondere von Seiten der Mitgliedstaaten von der Möglichkeit der Streithilfe bis 1979 zunehmend Gebrauch gemacht wurde, war eine Änderung dieser Vorschrift notwendig.[52]
Diese wurde am 12. September 1979 vom EuGH in ihrer endgültigen Fassung beschlossen und im Amtsblatt der Europäischen Gemeinschaften veröffentlicht.[53]
Nach dieser Neufassung von Art. 93 § 1 EuGH-VfO konnten Anträge auf Zulassung als Streithelfer nur noch innerhalb einer Frist von drei Monaten nach der in Art. 16 § 6 EuGH-VfO bezeichneten Veröffentlichung gestellt werden. Die Frist führte in der Regel dazu, dass Anträge auf Zulassung als Streithelfer so rechtzeitig gestellt wurden, dass sie das schriftliche Verfahren nicht verlängerten. Nach Ablauf der Frist wurden Zulassungsanträge ohne weiteres als unzulässig zurückgewiesen.[54]

---

[52] Jung, EuR 1980, 372 (378).
[53] In Kraft getreten am 6.10.1979; ABl. Nr. L 238 v. 21.09.1979, S 1 ff.
[54] Jung, EuR 1980, 372 (378).

Zur weiteren Verkürzung der Verfahrensdauer wurde die EuGH-VfO am 28. November 2000 erneut geändert und die Frist für den Zulassungsantrag auf sechs Wochen verkürzt.[55] Gleichzeitig wurde Art. 93 EuGH-VfO um § 7 ergänzt. Nach dieser Vorschrift kann ein nach Ablauf der in Art. 93 § 1 EuGH-VfO genannten Frist von nun sechs Wochen eingegangener Zulassungsantrag berücksichtigt werden, wenn er vor dem in Art. 44 § 3 EuGH-VfO vorgesehenen Beschluss zur Eröffnung der mündlichen Verhandlung gestellt wird. In diesem Fall kann der Streithelfer, wenn der Präsident dem Zulassungsantrag stattgibt, auf der Grundlage des ihm übermittelten Sitzungsberichts in der mündlichen Verhandlung Stellung nehmen, wenn eine solche stattfindet.
In der bis zum 1. Februar 2001 geltenden Fassung der EuGH-VfO verlängerte sich die Frist von drei Monaten für jeden Streithelfer um die für ihn gem. Art. 81 § 2 EuGH-VfO a.F. in Anlage II festgelegte zusätzliche Entfernungsfrist. Diese Entfernungsfrist reichte von zwei Tagen bis zu einem Monat.
Durch die Änderung der EuGH-VfO vom 28. November 2000 sollte auch die Kommunikation zwischen dem EuGH und den Parteien und den anderen Beteiligten den modernen Kommunikationstechniken angepasst werden. Dafür wurden die Nutzung der Übermittlung von Dokumenten insbesondere durch Fernkopie geregelt und damit einhergehend die Vorschriften über die Entfernungsfristen geändert. Aufgrund der Möglichkeit, Schriftstücke sofort zu übermitteln, brauchte bei den Entfernungsfristen nicht mehr nach dem Wohnsitz der Parteien unterschieden zu werden. Nach Art. 81 § 2 EuGH-VfO werden die Verfahrensfristen nun pauschal um eine Entfernungsfrist von zehn Tagen verlängert, so dass sich für den Zulassungsantrag eine Frist von sechs Wochen und zehn Tagen ergibt.
Durch die Anknüpfung des Fristbeginns für den Zulassungsantrag an die in Art. 16 § 6 EuGH-VfO vorgesehene Veröffentlichung der Klageerhebung ist dieser Mitteilung größere Bedeutung verliehen worden. Die Veröffentlichung des Klageantrags ist nicht ausreichend, um für Außenstehende erkennbar zu machen, dass ihre Interessen durch ein Verfahren berührt werden. Die Befristung des Beitritts von Streithelfern findet daher ihre Entsprechung in einer Erweiterung der Publizität der Klageerhebung.[56] Gem. Art. 16 § 6 EuGH-VfO sind über jede Klage der Tag der Eintragung der Klageschrift in das Register, Namen und Wohnsitz der Parteien, der Streitgegenstand und der Klageantrag sowie die Angabe der geltend gemachten Klagegründe und die wesentlichen Argumente im Amtsblatt der Europäischen Gemeinschaften zu veröffentlichen. Insbesondere durch die Angabe der Klagegründe und der wesentlichen Argumente des Klägers wird es Dritten ermöglicht, rechtzeitig eine Entscheidung über die Zweckmäßigkeit des Beitritts zu treffen.
Als zweites Gegenstück zur Befristung der Interventionsmöglichkeit ist die neu eingeführte Bestimmung des Art. 16 § 7 EuGH-VfO zu sehen, nach der der Rat

[55] In Kraft getreten am 1.02.2001; ABl. Nr. L 322 v. 19.12.2000, S. 1 ff.
[56] Jung, EuR 1980, 372 (378).

oder die Kommission, sofern sie nicht Partei sind, eine Abschrift der Klageschrift und der Klagebeantwortung erhalten, um feststellen zu können, ob die Unanwendbarkeit einer ihrer Rechtsakte i.S.d. Art. 241 EGV, Art. 36 Abs. 3 EGKSV, oder Art. 156 EAGV geltend gemacht wird.
Diese Beteiligungswirkung wurde durch die Änderung der EuGH-VfO vom 3. April 2001[57] insofern noch ausgeweitet, als dem Art. 16 § 7 EuGH-VfO ein Satz angefügt wurde. Danach wird eine Abschrift der Klageschrift und der Klagebeantwortung in der gleichen Weise dem Europäischen Parlament übermittelt, damit es feststellen kann, ob die Unanwendbarkeit eines von ihm und vom Rat gemeinsam erlassenen Rechtsakts i.S.d. Art. 241 EGV geltend gemacht wird.
Für Verfahren vor dem EuG wurde die für den Antrag auf Zulassung als Streithelfer in Art. 115 § 1 EuG-VfO in der Fassung bis zum 1. Februar 2001 geltende Frist von ebenfalls drei Monaten nach der in Art. 24 § 6 EuG-VfO bezeichneten Veröffentlichung durch eine Änderung der EuG-VfO vom 6. Dezember 2000[58] zur Verfahrensbeschleunigung auf sechs Wochen verkürzt. Gleichzeitig wurde Art. 116 § 6 EuG-VfO eingefügt. Nach dieser Vorschrift kann ein nach Ablauf der in Art. 115 § 1 EuG-VfO genannten Frist von nun sechs Wochen eingegangener Zulassungsantrag berücksichtigt werden, wenn er vor dem in Art. 53 EuG-VfO vorgesehenen Beschluss zur Eröffnung der mündlichen Verhandlung gestellt wird. In diesem Fall kann der Streithelfer, wenn der Präsident dem Zulassungsantrag stattgibt, auf der Grundlage des ihm übermittelten Sitzungsberichts in der mündlichen Verhandlung Stellung nehmen, wenn eine solche stattfindet.
Durch die Änderung der EuG-VfO vom 6. Dezember 2000 wurde auch die Möglichkeit, für die Übermittlung von Dokumenten moderne Kommunikationsmittel und insbesondere Fernkopierer zu nutzen, erweitert. Damit einhergehend wurden auch die Vorschriften über die Entfernungsfristen geändert. Nach Art. 102 § 2 EuG-VfO werden nun die Verfahrensfristen um eine pauschale Entfernungsfrist von zehn Tagen verlängert, so dass sich für den Zulassungsantrag eine Frist von sechs Wochen und zehn Tagen ergibt.
Weitgehend inhaltsgleiche Vorschriften mit Art. 16 § 6 und 7 EuGH-VfO finden sich für Verfahren vor dem EuG in Art. 24 § 6 und 7 EuG-VfO. Dabei regelt Art. 24 § 6 EuG-VfO die Anforderungen an die im Amtsblatt der Europäischen Gemeinschaften zu veröffentlichende Mitteilung über die Klageerhebung, und Art. 24 § 7 EuG-VfO entspricht Art. 16 § 7 EuGH-VfO in der Fassung vor dem 3. April 2001.

[57] In Kraft getreten am 1.06.2001; ABl. Nr. L 119 v. 27.04.2001, S. 1.
[58] In Kraft getreten am 1.02.2001; ABl. Nr. L 322 v. 19.12.2000, S. 4 ff.

II. Interventionsberechtigte

Als Interventionsberechtigte sind zunächst die Mitgliedstaaten zu nennen. Diese können jedem Rechtsstreit beitreten, gleichgültig ob er zwischen zwei anderen Mitgliedstaaten, zwischen einem Gemeinschaftsorgan i.S.d. Art. 7 EGV, Art. 7 EGKSV, Art. 3 EAGV und einem anderen Mitgliedstaat, zwischen zwei Gemeinschaftsorganen oder zwischen einer natürlichen oder juristischen Person und einem Gemeinschaftsorgan anhängig ist.[59]
Ein umfassendes Interventionsrecht steht ebenfalls den Gemeinschaftsorganen zu. Sie können einem Rechtsstreit unter den Mitgliedstaaten, einem Rechtsstreit zwischen einem Mitgliedstaat und einem anderen Gemeinschaftsorgan oder zwischen zwei anderen Gemeinschaftsorganen sowie einem Rechtsstreit zwischen einer Privatperson und einem Organ als Streithelfer beitreten. Die Beteiligung gem. Art. 18 Abs. 2 EuGH-Satzung, Art. 21 Abs. 2 EGKS-Satzung, Art. 18 Abs. 2 EAG-Satzung schließt eine Intervention nicht aus. Dem EuGH als entscheidendem Organ steht kein Interventionsrecht in einem vor ihm oder dem EuG anhängigen Rechtsstreit zu.[60] Soweit daher im Folgenden von den Gemeinschaftsorganen die Rede ist, sollen die Gerichte davon ausgenommen sein.
Des Weiteren interventionsberechtigt sind alle „anderen Personen" i.S.d. Art. 37 Abs. 2 Hs. 1 EG-Satzung, Art. 38 Abs. 2 Hs. 1 EAG-Satzung, wenn sie ein berechtigtes Interesse am Ausgang des Rechtsstreits glaubhaft machen. In Art. 34 Abs. 1 EGKS-Satzung ist dagegen von natürlichen und juristischen Person die Rede. Dementsprechend erfasst der Begriff der anderen Personen zumindest die natürlichen oder juristischen Personen des Privatrechts und des öffentlichen Rechts.[61] Natürliche und juristische Personen sollen jedoch gem. Art. 37 Abs. 2 Hs. 2 EG-Satzung, Art. 38 Abs. 2 Hs. 2 EAG-Satzung nicht einem institutionellem Rechtsstreit, also einem Rechtsstreit zwischen Gemeinschaftsorganen oder zwischen Mitgliedstaaten oder zwischen Gemeinschaftsorganen und Mitgliedstaaten beitreten können.[62]
Daneben ist vom EuGH eine Interventionsfähigkeit von Organisationen anerkannt worden, die zwar nach der jeweiligen mitgliedstaatlichen Rechtsordnung keine Rechtspersönlichkeit besitzen, aber die ähnlich den juristischen Personen über organschaftliche Strukturen verfügen. Als ähnliche Merkmale im Vergleich zu juristischen Personen, welche die Grundlage einer Rechtspersönlichkeit ausmachen, werden insbesondere Selbständigkeit und Haftungsfähigkeit angesehen.[63]

---

[59] Ehle, Art. 37 Protokoll Gerichtshof Rn. 7.
[60] Ehle, Art. 37 Protokoll Gerichtshof Rn. 8.
[61] Ehle, Art. 37 Protokoll Gerichtshof Rn. 9; G/T/E/*Hackspiel*, Art. 37 EG-Satzung Rn. 7; Klinke, Rn. 329; R/M/G, Rn. 676.
[62] Klinke, Rn. 329; R/M/G, Rn. 671.
[63] EuGH Verb. Rs. 41, 43 – 48, 50, 111, 113 und 114/73 (Générale Sucrière u.a./Kommission), Slg. 1973, 1465 (1468); Dauses/Henkel, EuZW 2000, 581 (581); Ehle/Schiller, EuR 1982, 48 (52); G/T/E/*Hackspiel*, Art. 37 EG-Satzung Rn. 7; R/M/G, Rn. 676.

Der Kreis möglicher Streithelfer ist in EGKS-Verfahren dagegen eingeschränkt. Nach Art. 34 Abs. 1 EGKS-Satzung können sich ausdrücklich nur natürliche und juristische Personen an einem anhängigen Rechtsstreit beteiligen. Ob darunter wie nach der EG-Satzung auch Organisationen fallen, die nach der mitgliedstaatlichen Rechtsordnung nicht- oder teilrechtsfähig sind, ist von der Rechtsprechung noch nicht geklärt.[64] Das EuG hat jedoch in einem Beschluss ausgeführt, dass repräsentative Berufsverbände und Gewerkschaften grundsätzlich aus Gründen der Verfahrensökonomie als Streithelfer in Bedienstetenstreitigkeiten zugelassen werden können.[65]

III. Interventionsgrund

Die Mitgliedstaaten und die Gemeinschaftsorgane müssen aufgrund ihrer besonderen Stellung in der Gemeinschaftsrechtsordnung kein berechtigtes Interesse an einer Intervention darlegen.[66] Die Gerichte stellen in solchen Fällen ihre Beteiligung ohne vorherige Anhörung der Parteien fest.[67] Die „anderen Personen" i.S.v. Art. 37 Abs. 2 EG-Satzung, Art. 38 Abs. 2 EAG-Satzung sind demgegenüber nur streithilfeberechtigt, wenn sie mit ihrem Antrag gleichzeitig ein berechtigtes Interesse am Ausgang des anhängigen Rechtsstreits glaubhaft machen können. Dabei handelt es sich rechtsdogmatisch um einen Interventionsgrund, mit dem Popularklagen ausgeschlossen und die Gerichte vor einer Überlastung mit Streithilfeanträgen geschützt werden sollen.[68] Die Notwendigkeit eines Schutzes vor Popularklagen oder Popularanträgen und der daraus resultierenden möglichen Überlastung folgt aus dem Sinn und Zweck der Streithilfe und aus dem Rechtsschutzbedürfnis, das Bestandteil jeder Verfahrensordnung ist.[69]

---

[64] Dauses/Henkel, EuZW 2000, 581 (581).
[65] EuG Verb. Rs. T-97, 111/92 (Rijnout und Hocken/Kommission), Slg. 1993, II-587 (595).
[66] EuGH Verb. Rs. 56 und 58/64 (Consten u.a./Kommission), Slg. 1966, 321 (329).
[67] EuGH Rs. 61/77 (Kommission/Irland), Slg. 1978, 417 (424).
[68] Ehle/Schiller, EuR 1982, 48 (53).
[69] Ehle/Schiller, EuR 1982, 48 (53).

C. Streithilfe von Mitgliedstaaten und Gemeinschaftsorganen

Als privilegierte Streithelfer brauchen die Mitgliedstaaten und die Gemeinschaftsorgane i.S.d. Art. 7 EGV, Art. 7 EGKSV, Art. 3 EAGV kein besonderes Interesse darzulegen, um zugelassen zu werden. Ihr allgemeines Interesse an der Wahrung der Gemeinschaftsrechtsordnung gibt ihnen das Recht zum Beitritt in allen Direktklageverfahren.[70] Dies gilt in der Praxis auch für die Intervention nach Art. 34 EGKS-Satzung, obwohl die Vorschrift nicht zwischen der Intervention von Mitgliedstaaten, Gemeinschaftsorganen und natürlichen oder juristischen Personen unterscheidet, sondern generell ein „berechtigtes Interesse am Ausgang" des Rechtsstreits voraussetzt.[71] Die Interventionsmöglichkeit der privilegierten Streithelfer erfasst auch den Beitritt auf Seiten eines Einzelnen, so auch auf Seiten eines eigenen Staatsbürgers eines Mitgliedstaates.[72] Für das Vorabentscheidungsverfahren gem. Art. 234 EGV i.V.m. Art. 20 EG-Satzung, Art. 103 ff. EuGH-VfO besteht für die Mitgliedstaaten und die Kommission nicht das Problem, das sie aufgrund des nicht streitigen Charakters des Verfahrens von einer Beteiligung ausgeschlossen wären. Zwar ist im Vorabentscheidungsverfahren eine Streithilfe nicht möglich. Gem. Art. 20 Abs. 1 EG-Satzung sind aber die Mitgliedstaaten, die Kommission und gegebenenfalls das Europäische Parlament, der Rat und die Europäische Zentralbank über die Entscheidung des Gerichts eines Mitgliedstaates, den Rechtsstreit auszusetzen und dem EuGH nach Art. 234 EGV vorzulegen, zu unterrichten. Sie haben dann gem. Art. 20 Abs. 2 EG-Satzung die Möglichkeit, eine schriftliche Erklärung abzugeben. Damit werden sie gleichzeitig zu Verfahrensbeteiligten des Vorabentscheidungsverfahrens und haben das Recht, vor dem EuGH aufzutreten.

Durch die neue Vorschrift des Art. 37 Abs. 3 EG-Satzung werden die Vertragsstaaten des EWR, die nicht Mitgliedstaaten sind,[73] und die EFTA-Überwachungsbehörde für die Intervention in Rechtsstreitigkeiten, die den Anwendungsbereich des EWR-Abkommens betreffen, den Mitgliedstaaten und Gemeinschaftsorganen gleichgestellt. Sonstigen Rechtsstreitigkeiten können sie gem. Art. 37 Abs. 2 EG-Satzung, Art. 38 Abs. 2 EAG-Satzung unter den gleichen Voraussetzungen beitreten wie die „anderen Personen".

D. Streithilfe anderer Personen

Im folgenden Teil soll untersucht werden, welche Anforderungen an eine Intervention der „anderen Personen" i.S.d. Art. 37 Abs. 2 EG-Satzung, Art. 38 Abs. 2

[70] G/T/E/*Hackspiel*, Art. 37 EG-Satzung Rn. 5; H/S, S. 163; Klinke, Rn. 328.
[71] G/T/E/*Hackspiel*, Art. 37 EG-Satzung Rn. 5.
[72] H/S, S. 163.
[73] Norwegen, Island und Liechtenstein.

EAG-Satzung im Einzelnen zu stellen sind. Dabei ist zunächst zu ermitteln, was der Begriff umfasst.

I. Begriff der „anderen Person"

In Art. 37 Abs. 2 EG-Satzung, Art. 38 Abs. 2 EAG-Satzung ist nicht wie in Art. 230 Abs. 4, 232 Abs. 3 EGV für die Nichtigkeits- und die Untätigkeitsklage, Art. 39 EG-Satzung, Art. 40 EAG-Satzung für die Drittwiderspruchsklage und Art. 34 Abs. 1 EGKS-Satzung von „natürlichen und juristischen" Personen, sondern von „anderen" Personen die Rede.

Der Wortlautunterschied könnte einerseits bedeuten, dass mit den verschiedenen Formulierungen auch ein inhaltlicher Unterschied hinsichtlich der Eigenschaften der möglichen Intervenienten oder Kläger zum Ausdruck gebracht wird. Diese Betrachtungsweise hat in der Literatur Befürworter gefunden, ohne dass hierauf allerdings näher eingegangen wird.[74] Dafür könnte auch ein Beschluss des EuGH aus dem Jahre 1962 sprechen, in dem dieser feststellte, der Ausdruck „alle anderen Personen" sei so weit wie möglich zu fassen.[75] Andererseits mag die Wendung „alle anderen Personen" auch so zu verstehen sein, dass hiermit kein inhaltlicher Gegensatz erzeugt werden soll, sondern die Begrifflichkeit vielmehr nur festschreiben soll, dass die Intervention der nicht-privilegierten Streithelfer von der Glaubhaftmachung eines Interventionsgrundes abhängig sein soll, ohne dabei indes eigenständige Anforderungen aufstellen zu wollen.[76] In diesem Sinne wird dann eine inhaltliche Unterscheidung zwischen den Formulierungen „alle anderen Personen" und „natürliche oder juristische Personen" nicht mehr festgestellt, sondern vielmehr beide Wendungen synonym verstanden.[77]

Der Begriff umfasst somit jedenfalls die Personen und Vereinigungen, die nach Art. 230 Abs. 4 EGV und Art. 232 Abs. 3 EGV und den entsprechenden Regelungen der anderen Klagearten vor dem EuGH parteifähig sind.[78] Dies sind zunächst alle natürlichen und juristischen Personen des Privatrechts und des öffentlichen Rechts, soweit sie nach der Rechtsordnung des jeweiligen Mitgliedstaates rechtsfähig und damit parteifähig sind.[79]

---

[74] G/T/E/*Hackspiel*, Art. 37 EG-Satzung Rn. 7; Hasselbach, ZZP 109 (1996), 195 (204); R/M/G, Rn. 676.

[75] EuGH Verb. Rs. 16 und 17/62 (Confédération nationale des producteurs de fruits et légumes u.a./Rat), Slg. 1962, 997 (1000).

[76] Ehle/Schiller, EuR 1982, 49 (52); H/S, S. 163; Kirschner/Klüpfel, Rn. 170; Klinke, Rn. 329;

[77] Nissen, S. 122.

[78] Ehle, Art. 37 Protokoll Gerichtshof Rn. 9; G/T/E/*Hackspiel*, Art. 37 EG-Satzung Rn. 7.

[79] Ehle/Schiller, EuR 1982, 48 (52); Dauses/Henkel, EuZW 2000, 581 (581).

Erfasst sind auch öffentlich-rechtliche Anstalten und Körperschaften einschließlich der deutschen Bundesländer und Gemeinden.[80]
Neben den rechtsfähigen Organisationen sind aber noch andere Vereinigungen interventionsberechtigt. Der EuGH hat sich für eine großzügige Auslegung des Begriffs ausgesprochen und wiederholt auch Vereinigungen als Streithelfer zugelassen, die nach der mitgliedstaatlichen Rechtsordnung keine Rechtspersönlichkeit besitzen.[81] Voraussetzung für die Zulassung einer solchen Vereinigung ist, dass sie wenigstens in beschränktem Umfang Merkmale aufweist, an welche die Rechtspersönlichkeit anknüpft.[82] Zu diesen Merkmalen rechnet der EuGH insbesondere eine organschaftliche Strukturierung, Selbständigkeit und Haftungsfähigkeit.[83] Ob und wieweit diese Merkmale vorliegen, ist anhand des Statuts oder der Satzung der jeweiligen Vereinigung zu prüfen.[84] So ist der Personalvertretung des Europäischen Parlaments die Interventionsberechtigung abgesprochen worden, da ihr die erforderliche (beschränkte) Autonomie und Verantwortlichkeit fehle. Stattdessen nehme sie hauptsächlich eine interne Verwaltungstätigkeit wahr.[85]
Demgegenüber sind Verbände zur Intervention berechtigt, wenn sie Träger eigener Rechte sind und berufsständische Interessen in einer selbständigen und eigenverantwortlichen Weise nach außen vertreten.[86] Die Gerichte haben demzufolge auch Wirtschafts-, Berufs- und Interessenverbände als Streithelfer zugelassen, wenn es um die ihnen satzungsmäßig auferlegten Mitgliederinteressen ging.[87] Dazu gehören auch die Gewerkschaften und andere nicht rechtsfähige Vereine.[88]
Durch die Zulassung als Streithelfer soll gewährleistet werden, dass vor allem die in der Regel nicht rechtsfähig organisierten Interessenverbände bestimmter Wirtschaftszweige den Interessen ihrer Mitglieder durch optimale Zusammenfassung und Koordination im Rahmen einer Streithilfe Geltung verschaffen können. Klagt ein Unternehmen auf Schadensersatz, reicht es für eine Gewerkschaft in ihrer Eigenschaft als Organisation zur Vertretung der Arbeitnehmer eines Wirtschafts-

---

[80] EuGH Verb. Rs. 3 – 18, 25 und 26/58 (Barbara Erzbergbau u.a./Hohe Behörde), Slg. 1960, 373 (379); Rs. 13/60 (Geitling u.a./Hohe Behörde), Slg. 1962, 179 (288).
[81] EuGH Rs. 155/79 (AM & S/Kommission), Slg. 1982, 1575 (1580).
[82] Dauses/Henkel, EuZW 2000, 581 (581); Ehle/Schiller, EuR 1982, 48 (52); G/T/E/*Hackspiel*, Art. 37 EG-Satzung Rn. 7; R/M/G, Rn. 676.
[83] EuGH Verb. Rs. 41, 43 – 48, 50, 111, 113 und 114/73 (Générale Sucrière u.a./Kommission), Slg. 1973, 1465 (1468); Dauses/Henkel, EuZW 2000, 581 (581); Ehle/Schiller, EuR 1982, 48 (52); G/T/E/*Hackspiel*, Art. 37 EG-Satzung Rn. 7; R/M/G, Rn. 676.
[84] Ehle, Art. 37 Protokoll Gerichtshof Rn. 10.
[85] EuGH Rs. 15/63 (Lassalle/Parlament), Slg. 1964, 108 (111, 123).
[86] EuGH Verb. Rs. 16 und 17/62 (Confédération nationale des producteurs de fruits et légumes u.a./Rat), Slg. 1962, 997 (1000).
[87] EuG Rs. T-44/90 (La Cinq/Kommission), Slg. 1992, II-1 (5); Rs. T-41/90 (Giuseppe Barassi/Kommission), Slg. 1992, II-159 (164).
[88] EuGH Verb. Rs. 41, 43 – 48, 50, 111, 113 und 114/73 (Générale Sucrière u.a./Kommission), Slg. 1973, 1465 (1468); Rs. 175/73 (Gewerkschaftsbund Europäischer Öffentlicher Dienst u.a./Rat), Slg. 1974, 917 (925); Verb. Rs. 228 und 229/92 (Ford/Kommission), Slg. 1984, 1129 (1137).

zweiges zu dem das klagende Unternehmen gehört allerdings nicht aus, am Erfolg des betroffenen Unternehmens lediglich insofern interessiert zu sein, als sich der Erfolg günstig auf die wirtschaftliche Lage des Unternehmens und so auf dessen Bestand an Arbeitsplätzen auswirken könnte. Ein solches mittelbares und fernliegendes Interesse genügt für einen Streitbeitritt nicht, solange die Hauptpartei mit der Klage einen Schadensersatzanspruch geltend macht.[89]

II. Berechtigtes Interesse am Ausgang des Rechtsstreits

Nur die „anderen Personen“ müssen gem. Art. 37 Abs. 2 EG-Satzung, Art. 38 Abs. 2 EAG-Satzung i.V.m. Art. 93 § 1 Abs. 2 lit. f EuGH-VfO, Art. 115 § 2 lit. f EuG-VfO ein berechtigtes Interesse am Ausgang des anhängigen Rechtsstreits darlegen und glaubhaft machen. Bei den privilegierten Streithelfern wird das berechtigte Interesse aufgrund ihrer besonderen Stellung in der Gemeinschaft vermutet.[90] Bei der Klärung der Frage, was unter dem „berechtigtem Interesse am Ausgang eines anhängigen Rechtsstreits“ zu verstehen ist, sind zwei Bereiche zu unterscheiden. Zum einen ist zu ermitteln, was unter „berechtigtem Interesse“ zu verstehen ist. Zum anderen ist zu klären, woran dieses berechtigte Interesse bestehen muss oder wann ein solches „am Ausgang des anhängigen Rechtsstreits“ besteht.

1. Begriff des „berechtigten Interesses“

Den deutschen Fassungen der Satzungen des EuGH lassen sich Hinweise auf die Art des Beitrittsinteresses nicht entnehmen. Art. 37 Abs. 2 EG-Satzung, Art. 34 Abs. 1 EGKS-Satzung, Art. 38 Abs. 2 EAG-Satzung sprechen einfach von einem „berechtigten Interesse“. Auch Art. 93 § 1 Abs. 2 lit. f EuGH-VfO, Art. 115 § 2 lit. f EuG-VfO führen nicht weiter, zumal der in Art. 93 § 2 Abs. 1 lit. d EuGH-VfO a.F. lediglich wiederholte Begriff durch die Wendung ersetzt wurde, dass die „Umstände, aus denen sich das Recht zum Streitbeitritt ergibt“ darzustellen sind. Für den EuGH und die europarechtliche Literatur stellte sich damit die Frage, welcher Art das „berechtigte Interesse“ sein muss, ideeller, wirtschaftlicher oder rechtlicher Natur. Während bei Festschreibung eines „rechtlichen“ Interesses wie in § 66 Abs. 1 ZPO schon aus dem Wortlaut des Merkmals zum Ausdruck kommt, dass nur die Betroffenheit der Rechtssphäre des Dritten von Belang und nur problematisch sein kann, wie weit diese zu ziehen ist, weist die hier in Frage stehende Tatbestandsvoraussetzung keinen deskriptiven Charakter auf, sondern ist aus-

[89] EuGH Verb. Rs. 197 – 200, 243, 245 und 247/80 (Ludwigshafener Walzmühle u.a./EWG), Slg. 1981, 1041 (1043).
[90] Ehle, Art. 37 Protokoll Gerichtshof Rn. 12.

schließlich normativer Natur. Ob ein Interesse berechtigt ist, hängt nämlich allein von einer wertenden Entscheidung ab. Die Vertragsstaaten haben insofern den Gerichten mit der gewählten Formulierung einen weiten Spielraum bei der Bestimmung des Interventionsgrundes gelassen.[91]

a) Rechtliche und wirtschaftliche Interessen

Zunächst ist festzustellen, dass der Begriff des „berechtigten Interesses" vom EuGH in Anbetracht der Funktion des Streithilfeverfahrens weit ausgelegt und nicht auf ein rechtliches Interesse beschränkt worden ist.[92] Ein rechtliches Interesse am Ausgang eines Rechtsstreits bildet jedoch stets einen Interventionsgrund.[93] Ein rechtliches Interesse besteht dann, wenn die zu erwartende Entscheidung des Rechtsstreits Einfluss auf die Rechte und Pflichten des beitrittswilligen Dritten haben kann. So kann der Adressat einer ihn begünstigenden Entscheidung, die von einem anderen angefochten wurde, dem Nichtigkeitsprozess beitreten.[94] In einem solchen Verfahren wird über die Frage der Aufhebung einer dem Dritten zustehenden Rechtsposition entschieden. Die Entscheidung regelt mithin unmittelbar seine Rechte. Ein rechtliches Interesse besteht weiterhin, wenn das Verfahren für den Dritten nur eine präjudizielle Wirkung entfaltet. Das gilt für Personen, gegenüber denen vor den Gerichten von der Kommission ein Einschreiten begehrt wird,[95] und zwar auch im Wege einstweiliger Maßnahmen.[96] Gleichermaßen gilt dies für den Empfänger einer mitgliedstaatlichen Beihilfe, deren Zulässigkeitsbestätigung durch die Kommission von einem Mitgliedstaat oder einem Mitbewerber angefochten wurde.[97] Ebenso besteht ein rechtliches Interesse für Dritte, die mit dem Kläger des vor dem EuGH anhängigen Verfahrens einen innerstaatlichen Rechtsstreit führen, für dessen Ausgang die vor dem EuGH aufgeworfenen Rechtsfragen von maßgebender Bedeutung sind.[98]

---

[91] Kirschner/Klüpfel, Rn. 170.

[92] EuGH Rs. 72/74 (Union Syndicale u.a./Rat), Slg. 1975, 401 (407); Ehle, Art. 37 Protokoll Gerichtshof Rn. 13; Dauses/Henkel, EuZW 2000, 581 (582); G/T/E/*Hackspiel*, Art. 37 EG-Satzung Rn. 10; Hasselbach, ZZP 1996, 195 (205);

[93] Dauses/Henkel, EuZW 2000, 581 (582); Ehle/Schiller, EuR 1982, 48 (53).

[94] EuGH Verb. Rs. 341/85, 251, 258, 259 und 262/86, 222 und 232/87 (van der Stijl u.a./Kommission), Slg. 1989, 552 (554); EuG Rs. T-16/91 (Rendo u.a./Kommission), Slg. 1992, II-2421 (2428); Rs. T-88/92 (Leclerc/Kommission), Slg. 1996, II-1967 (1982).

[95] EuGH Verb. Rs. 142 und 156/84 (BAT und Reynolds/Kommission), Slg. 1987, 4566 (4568); EuG Rs. T-74/92 (Ladbroke Racing/Kommission), Slg. 1993, II-536 (538).

[96] EuG Rs. T-44/90 (La Cinq/Kommission), Slg. 1992, II-3 (10).

[97] EuGH Rs. C-313/90 (CIRFS u.a./Kommission), Slg. 1993, I-1125 (1130); EuGH Rs. C-225/91 (Matra/Kommission), Slg. 1993, I-3203 (3254); EuG Rs. T-330/94 (Salt Union/Kommission), Slg. 1995, II-2881 (2891); Rs. T-14/96 (BAI/Kommission), Slg. 1999, II-141 (148).

[98] EuGH Verb. Rs. 56 und 58/64 (Consten u.a./Kommission), Slg. 1965, 450 (452), 453 (455); EuG Rs. T-29/92 (SPO u.a./Kommission), Slg. 1993, II-2 (9); Rs. T-66/94 (Auditel/Kommission), Slg. 1995, II-239 (248).

Welche anderen Arten von Interessen als berechtigt anzusehen sind, wird in der europarechtlichen Literatur unterschiedlich beantwortet, wobei aber auch zahlreiche Gemeinsamkeiten bestehen.
Weitgehend wird angenommen, dass nicht nur ein rechtliches Interesse ausreichend ist, sondern auch wirtschaftliche oder prozessuale Belange.[99]
Für natürliche und juristische Personen wird zum Teil eine Einschränkung gemacht. Nach einer Ansicht sollte bei natürlichen und juristischen Personen allein ein rechtliches Interesse für ausreichend erachtet werden.[100] Dies wird mit dem Hinweis auf Sinn und Zweck der Streithilfe begründet, indem grundsätzlich nur ein rechtliches Interesse ausreichend sein sollte. Nur im Hinblick auf die anerkannten und gewünschten Beteiligungsfunktionen von Unternehmens- und Interessenverbänden solle man auch ein wirtschaftliches Interesse ausreichen lassen, um die von diesen Vereinigungen und Verbänden ausgehenden Konzentrations-, Informations-, Schutz- und Ausgleichsfunktionen auszunutzen.[101] Dies solle aber nur dann gelten, wenn es um wirtschaftliche Interessen geht, die im Rahmen des Satzungszwecks liegen und der Ausgang des anhängigen Rechtsstreits nachteilige faktische Wirkungen auf ihre Mitglieder haben könnte. Für natürliche und juristische Personen sollte demgegenüber an dem Grundsatz festgehalten werden, dass allein ein rechtliches Interesse ein Interventionsgrund sei.[102]
Dieser Grundsatz wird auf die Feststellung gestützt, die Literatur halte ein wirtschaftliches Interesse nicht für ausreichend und der EuGH habe die Frage noch nicht ausdrücklich entschieden. Allerdings wird eingeräumt, der EuGH neige dazu, auch ein wirtschaftliches Interesse als ausreichend anzusehen, da er für eine Verbrauchervereinigung ein wirtschaftliches Interesse ausreichen ließ.[103] Diese Tendenz hat sich fortgesetzt. Weiterhin erscheint auch in der europarechtlichen Literatur anerkannt, dass ein wirtschaftliches Interesse auch für natürliche und juristische Personen ausreichend ist, da in dieser Hinsicht nicht mehr differenziert wird.[104] Der Grundsatz besteht also in dieser Form nicht mehr. Des Weiteren lässt sich auch aus dem Wortlaut von Art. 37 Abs. 2 EG-Satzung eine Differenzierung in oben genannter Form nicht ableiten. Auch für natürliche und juristische Personen ist demnach ein wirtschaftliches Interesse als Interventionsgrund anzusehen.

---

[99] EuGH Verb. Rs. 41, 43 – 48, 50, 111, 113 und 114/73 (Générale Sucrière u.a./Kommission), Slg. 1973, 1465 (1468); Rs. 113/77 (NTN Toyo Bearing Company u.a./Rat), Slg. 1979, 1185 (1199); Verb. Rs. 209 – 215 und 218/78 R (Van Landewyck u.a./Kommission), Slg. 1978, 2111 (2113); Verb. Rs. 25 und 26/84 (Ford/Kommission), Slg. 1985, 2725 (2739); Dauses/Henkel, EuZW 2000, 581 (582); G/T/E/*Hackspiel*, Art. 37 EG-Satzung Rn. 10; Hasselbach, ZZP 109 (1996), 195 (205); R/M/G, Rn. 677.
[100] Ehle/Schiller, EuR 1982, 49 (54).
[101] Ehle/Schiller, EuR 1982, 49 (54).
[102] Ehle/Schiller, EuR 1982, 49 (54).
[103] Ehle/Schiller, EuR 1982, 49 (54).
[104] Dauses/Henkel, EuZW 2000, 581 (582); G/T/E/*Hackspiel*, Art. 37 EG-Satzung Rn. 10; Hasselbach, ZZP 109 (1996), 195 (205); R/M/G, Rn. 677.

b) Politische und ideelle Interessen

Zu untersuchen ist weiter, ob ein politisches Interesse oder ein Interesse ideeller Natur einen Interventionsgrund ergeben kann.
Der EuGH hat ein politisches Interesse als Interventionsgrund ausreichen lassen und mehrere deutsche Länder als Streithelfer zugelassen.[105] Eine Intervention eines mitgliedstaatlichen Teilgebiets aus neuerer Zeit findet sich zudem in einem Verfahren, in dem galizische Fischer die Nichtigerklärung einer Verordnung begehrten, mit der bestimmte Fangquoten für Schwarzen Heilbutt festgelegt worden waren. Das EuG erkannte es hier als ein ausreichendes Beitrittsinteresse der Xunta de Galicia an, dass dieser nach der spanischen Verfassung das Recht zugeordnet sei, die Interessen der autonomen Gemeinschaft von Galizien, deren wirtschaftliche und soziale Struktur im Wesentlichen durch Fischerei geprägt sei, vor nationalen und internationalen Stellen zu verteidigen.[106] Zudem hat der EuGH mehreren karibischen Staaten die Befugnis zuerkannt, sich als Streithelfer an einem Rechtsstreit zu beteiligen, bei dem sich die Staaten für ihre jeweiligen Bananenproduzenten einsetzen wollten.[107]
Nach anderer Ansicht wird die Durchsetzung politischer Interessen der Durchsetzung ideeller Interessen gleichgestellt und ohne nähere Begründung nicht als für eine Intervention ausreichend angesehen. Im Übrigen wird angezweifelt, ob der EuGH an seiner Rechtsansicht noch festhalten würde.[108] Dabei werden allerdings die hierzu ergangenen Entscheidungen des EuGH teilweise unbeachtet gelassen.
Überwiegend werden daher politische Interessen als Interventionsgrund anerkannt.[109]
Bezogen auf rein ideelle Interessen wurde Einigkeit in der Rechtsprechung des EuGH und der europarechtlichen Literatur darüber festgestellt, dass diese nicht zu einer Intervention berechtigen sollten.[110] Gestützt wurde diese Ablehnung auf einen Beschluss des EuGH. Das ideelle Interesse der Mutter eines verstorbenen Beamten daran, dass dessen geschiedene Ehefrau nicht als Witwe anerkannt werde, rechtfertige nicht die Zulassung im Rechtsstreit um die Hinterbliebenenversorgung der geschiedenen Ehefrau, da in diesem Verfahren keine Entscheidung über den Personenstand gefällt werden könne.[111] Daraus wurde geschlossen, dass ideelle Interessen eine Streithilfe überhaupt nicht rechtfertigen könnten.[112]

---

[105] EuGH Verb. Rs. 3 – 18, 25 und 26/58 (Barbara Erzbergbau u.a./Hohe Behörde), Slg. 1960, 373 (404); Rs. 13/60 (Geitling u.a./Hohe Behörde), Slg. 1962, 285 (287).
[106] EuG Rs. T-194/95 (Area Cova u.a./Rat), Slg. 1996, II-591 (596).
[107] EuGH Verb. Rs. 91 und 200/82 (Chris International Foods/Kommission), Slg. 1983, 417 (419).
[108] Hasselbach, ZZP 109 (1996), 195 (205).
[109] Dauses/Henkel, EuZW 2000, 581 (582); G/T/E/*Hackspiel*, Art. 37 EG-Satzung Rn. 10; R/M/G, Rn. 677.
[110] Ehle/Schiller, EuR 1982, 49 (53); R/M/G, Rn. 677.
[111] EuGH Rs. 40/79 (Frau P./Kommission), Slg. 1979, 3299 (3300).
[112] Ehle/Schiller, EuR 1982, 49 (53); Hasselbach, ZZP 109 (1996), 195 (205); R/M/G, Rn. 677.

Diese Schlussfolgerung geht nach anderer Ansicht zu weit. Auch ideelle Interessen könnten als Interventionsgrund ausreichend sein.[113] Als Begründung wird auf verschiedene andere Entscheidungen des EuGH verwiesen. So wurde etwa die Internationale Vereinigung für Menschenrechte als Streithelferin zugelassen, als es um die Frage ging, inwieweit das Grundrecht auf Achtung des Privatlebens die Gemeinschaftsorgane daran hindere, bei Stellenbewerbern, die ihre Zustimmung zu einem HIV-Test verweigert haben, Untersuchungen anzustellen, die indirekt den Verdacht einer solchen Infektion begründen können.[114] Bezogen auf das ideelle Interesse von Einzelpersonen wurde ein Mitglied einer Prüfungskommission, die eine angefochtene Entscheidung erlassen hatte, als Streithelfer des beklagten Organs zugelassen, soweit mit der Klage ein persönliches Fehlverhalten gerügt wurde.[115]

Im Gegensatz dazu wurde das Interesse der Mitglieder eines Personalausschusses eines Organs, der an der Besetzung einer Jury eines Wettbewerbs zur Auswahl von Kunstwerken für ein neues Gebäude des Organs mitgewirkt hatte, daran, eine von dieser Jury abgelehnten Künstlerin zu unterstützen, für eine Intervention zugunsten der abgelehnten Künstlerin als nicht ausreichend angesehen. Dies wurde mit der Erwägung begründet, die Antragsteller hätten keinen Umstand dargelegt, der ein persönliches Interesse an der Zulassung der Künstlerin für den weiteren Wettbewerb glaubhaft machen könnte.[116]

Diese Beispiele zeigen, dass die Gerichte mittlerweile bereit sind, mit gewissen Einschränkungen auch ideelle Interessen als Interventionsgrund anzuerkennen. Eine demgegenüber gänzlich ablehnende Haltung der Gerichte besteht nicht oder zumindest nicht mehr. Diese Entwicklung ist von der überwiegenden europarechtlichen Literatur noch nicht ausreichend gewürdigt worden. Ihre Ablehnung eines ideellen Interesses als Interventionsgrund stützt sich im Wesentlichen auf den oben genannten Beschluss des EuGH von 1979.[117] In der Tat erscheint es schwierig, ein Kriterium zu finden, nach dem in der neueren Rechtsprechung der Gerichte ein ideelles Interesse als Interventionsgrund anerkannt wird. Als Gemeinsamkeit aus den genannten ablehnenden Entscheidungen der Gerichte lässt sich aber entnehmen, dass sich das Urteil unmittelbar auf das geltend gemachte Interesse auswirken können muss. Denn sowohl das Interesse daran, die geschiedene Ehefrau in einem Rechtsstreit um ihre Hinterbliebenenversorgung nicht als Witwe anerkennen zu lassen als auch das Interesse am Verbleib einer abgelehnten Künstlerin im Wettbewerb konnten sich jeweils nicht unmittelbar auf die Rechtsstellung der Antragsteller auswirken. Insofern könnte man die Erwägungen der Antragsteller in diesen Entscheidungen, in denen ein ideelles Interesse nicht als ausreichend

[113] G/T/E/*Hackspiel*, Art. 37 EG-Satzung Rn. 10.
[114] EuGH Rs. C-404/92 (X/Kommission), Slg. 1994, I-4737 (4743).
[115] EuGH Rs. 143/84 (Vlachou/Rechnungshof), Slg. 1986, 459 (475).
[116] EuG Rs. T-108/94 (Candiotte/Rat), Slg. 1994, II-863 (867).
[117] Dauses/Henkel, EuZW 2000, 581 (582); Hasselbach, ZZP 109 (1996), 195 (205); R/M/G, Rn. 677.

anerkannt wurde, als eher moralische denn als ideelle, sie selbst unmittelbar berührende Interessen bezeichnen. Dieses Kriterium mag zunächst zur Differenzierung genügen. Die weitere Entwicklung der Rechtssprechung in dieser Hinsicht bleibt abzuwarten.

c) Gegenwärtigkeit und Unmittelbarkeit des Interesses

Um von einem berechtigten Interesse sprechen zu können, verlangt der EuGH darüber hinaus ein gegenwärtiges und unmittelbares Interesse am Ausgang des Rechtsstreits.[118] Dieses muss zu seiner Überzeugung hinreichend glaubhaft gemacht werden. Das ist der Fall, wenn eine hohe Wahrscheinlichkeit für ein berechtigtes Interesse am Ausgang des Rechtsstreits vorliegt.[119]
Ein in der Vergangenheit liegendes und damit hinfälliges Interesse reicht als Interventionsgrund nicht aus. Ein solches läge in Fällen vor, die auf Genugtuung oder auf die Bestätigung einer bestimmten Rechtsauffassung gerichtet sind. Soll durch die Intervention einer bestimmten Rechtsgestaltung durch die Gemeinschaftsorgane vorbeugt werden, so ist dieses als zukünftiges Interesse ebenso wenig ausreichend.[120] Eine derartige Beschränkung auf ein gegenwärtiges Interesse erscheint auch im Hinblick auf Sinn und Zweck des Streithilfeverfahrens sinnvoll. Bei der Beurteilung der Frage, ob es sich um ein nur mittelbares oder ein unmittelbares Interesse handelt, betrachtet das EuG die Gesamtumstände des Einzelfalls in ihrem jeweiligen Zusammenhang.[121] Der Begriff des berechtigten Interesses sei als unmittelbares Interesse am Schicksal der Anträge zu verstehen, die sich spezifisch auf die Handlung beziehen, deren Aufhebung beantragt wird.[122] Die nach diesem Grundsatz zuzulassenden Streithelfer seien zu unterscheiden von den Antragstellern, die nur ein mittelbares Interesse am Ausgang des Rechtsstreits aufgrund von Ähnlichkeiten zwischen ihrer Situation und der einer Partei glaubhaft machten.[123] Hinsichtlich des Kriteriums eines unmittelbaren und gegenwärtigen Interesses ist die Rechtsprechung des EuG und des EuGH uneinheitlich. Ein solches wurde in ähnlich gelagerten Fällen teils bejaht, teils verneint.[124] Es wird in der neueren Rechtsprechung des EuG auch aus prozessökonomischen Gründen

[118] EuGH Verb. Rs. 41, 43 – 48, 50, 111, 113 und 114/73 (Générale Sucrière u.a./Kommission), Slg. 1973, 1465 (1468).
[119] Dauses/Henkel, EuZW 2000, 581 (583); R/M/G, Rn. 677.
[120] Ehle/Schiller, EuR 1982, 48 (54); R/M/G, Rn. 677.
[121] EuG Rs. T-191/96 (CAS Succhi di Frutta/Kommission), Slg. 1998, II-573 (583).
[122] EuG Verb. Rs. T-97 und 111/92 (Rijnoudt und Hocken/Kommission), Slg. 1993, II-587 (593); Rs. T-87/92 (Kruidvat/Kommission), Slg. 1993, II-1375 (1379).
[123] EuG Verb. Rs. T-97 und 111/92 (Rijnoudt und Hocken/Kommission), Slg. 1993, II-587 (594); Rs. T-87/92 (Kruidvat/Kommission), Slg. 1993, II-1375 (1379).
[124] EuGH Rs. 111/63 (Lemmerz-Werke/Hohe Behörde), Slg. 1965, 941 (942); Beschluss v. 15.07.1981 Rs. 45/81 (Moksel/Kommission), nicht veröffentlicht; Rs. T-87/92 (Kruidvat/Kommission), Slg. 1993, II-1375 (1379).

zwischen Einzelpersonen in vergleichbarer Lage, die nicht interventionsberechtigt sind, und Gruppen und Verbänden unterschieden, die die Interessen solcher Personen vertreten.[125]

Bei der Zulassung von Verbänden als Streithelfer wird sehr großzügig verfahren. Zwar leitet sich ihr Interesse meistens von dem ihrer Mitglieder ab.[126] Es ist aber nicht erforderlich, dass einzelne Mitglieder der Vereinigung im konkreten Fall ein für die Zulassung als Streithelfer ausreichendes Interesse haben. Vielmehr kommt es auf die allgemeine Bedeutung der im Rahmen des Rechtstreits zu entscheidenden Fragen für die von der Vereinigung vertretenen Interessen an. So werden in dienstrechtlichen Streitigkeiten Gewerkschaften als Streithelfer zugelassen, wenn der Rechtstreit Fragen von allgemeiner Bedeutung für die gemeinsamen Interessen der Bediensteten betrifft.[127] Im Allgemeinen wird Gewerkschaften die Möglichkeit zum Verfahrensbeitritt zugestanden, wenn die in dem Rechtsstreit behandelten Probleme ihr Kollektivinteresse berühren und zuvor nicht geklärt worden sind.[128]

Die beratende Kommission der europäischen Anwaltschaften konnte als Streithelferin an einem Verfahren mitwirken, in dem der EuGH grundsätzlich zum Schutz der Vertraulichkeit des Schriftwechsels zwischen Anwalt und Mandant Stellung zu nehmen hatte.[129] Das Interesse einer Verbrauchervereinigung an der fehlerfreien Anwendung des EG-Wettbewerbsrechts, das auch verbraucherschützende Funktion hat, rechtfertigt ihre Intervention, soweit der Rechtsstreit den Markt betrifft, auf dem sie zum Schutz der Verbraucher tätig ist.[130] Eine Vereinigung von Urheberrechtsinhabern hat ein ausreichendes Interesse an einer Intervention, wenn das zu erwartende Urteil grundsätzliche Fragen des Urheberrechtsschutzes im Gemeinschaftsrecht betrifft und für die zukünftige Ausübung der Rechte der Mitglieder der Vereinigung den Charakter eines Präzedenzfalles hat.[131]

Für die Zulassung von Verbänden, Unternehmensvereinigungen u.a. als Streithelfer hat das EuG die Zulassungspraxis wie folgt zusammengefasst. Danach muss der Verband oder die Unternehmensvereinigung eine beträchtliche Anzahl in dem betreffenden Bereich tätiger Unternehmen vertreten, ihre Ziele den Schutz der Interessen ihrer Mitglieder einschließen, die Rechtssache Grundsatzfragen aufwerfen können, die das Funktionieren des betreffenden Sektors berühren und damit die Interessen ihrer Mitglieder durch das zu erlassende Urteil in erheblichem

[125] EuG Verb. Rs. T-97 und 111/92 (Rijnoudt und Hocken/Kommission), Slg. 1993, II-587 (593); Rs. T-87/92 (Kruidvat/Kommission), Slg. 1993, II-1369 (1371).

[126] EuGH Verb. Rs. 16 und 17/62 (Confédération nationale des producteurs de fruits et légumes u.a./Rat), Slg. 1962, 997 (1000).

[127] EuGH Rs. 72/74 (Union Syndicale u.a./Rat), Slg. 1975, 401 (410).

[128] EuG Rs. T-84/91 (Meskens/Parlament), Slg. 1992, II-1565 (1568).

[129] EuGH Rs. 155/79 (AM & S/Kommission), Slg. 1982, 1575 (1580).

[130] EuGH Verb. Rs. 41, 43 – 48, 50, 111, 113 und 114/73 (Générale Sucrière u.a./Kommission), Slg. 1973, 1465 (1468).

[131] EuGH Verb. Rs. C-241 und 242/91 P (RTE und ITP/Kommission), Slg. 1995, I-808 (811).

Maße beeinträchtigt werden können.[132] Diese Rechtsprechung ist durch den EuGH zwischenzeitlich bestätigt worden.[133]
Der EuGH gewährt insofern Streithilfemöglichkeiten für Verbände in weitreichendem Umfang.[134]
Zahlreiche weitere Beispiele liefert das Wettbewerbsrecht. Ein berechtigtes Interesse an der Streithilfe haben hier: Der Adressat einer begünstigenden Entscheidung, deren Aufhebung beantragt wird;[135] der Beschwerdeführer, wenn die auf seine Beschwerde hin ergangene Entscheidung angefochten wird;[136] die Parteien einer Vereinbarung, deren wettbewerbsrechtliche Beurteilung Gegenstand der angefochtenen Entscheidung war;[137] die Parteien eines Rechtsstreits vor nationalen Gerichten, in dem es darauf ankommt, ob die von der angefochtenen Entscheidung betroffene Entscheidung wirklich, wie von der Kommission entschieden, gegen Art. 85 EGV a.F. verstößt;[138] ein Unternehmen, dem der Beschwerdeführer wettbewerbswidriges Verhalten vorwirft, wenn dieser gegen die Untätigkeit der Kommission[139] oder gegen ihre Weigerung klagt, einstweilige Anordnungen zu erlassen.[140]
In Rechtsstreitigkeiten im Zusammenhang mit Antidumping- und Antisubventionsverfahren können die Unternehmen oder Verbände, deren Beschwerden Anlass zu der angefochtenen Maßnahmen waren, ebenso beitreten[141] wie der Importeur der mit einem Strafzoll belegten Ware[142] und Verbände, die die Interessen der betroffenen Drittlandsunternehmen vertreten.[143] Im Beihilferecht hat das durch die beabsichtigte Beihilfe begünstigte Unternehmen ein berechtigtes Interesse,[144] aber auch dessen Konkurrenten, die durch die Gewährung der Beihilfe beeinträchtigt werden,[145] solange die Wettbewerbssituation bestehen bleibt.[146] Im Beamtenrecht hat der Bedienstete, dessen Ernennung von einem Konkurrenten angefochten

---

[132] EuG Rs. T-87/92 (Kruidvat/Kommission), Slg. 1993, II-1375 (1380); Rs. T-87/92 (Kruidvat/Kommission), Slg. 1993, II-1383 (1384).
[133] EuGH Verb. Rs. C-151 und 157/97 P(I) (National Power und PowerGen/British Coal und Kommission), Slg. 1997, I-3491 (3513).
[134] Allkemper, EWS 1995, 336 (336); Kirschner/Klüpfel, Rn. 170.
[135] EuG Rs. T-16/91 (Rendo/Kommission), Slg. 1992, II-2417 (2428).
[136] EuG Rs. T-35/91 (Eurosport/Kommission), Slg. 1991, II-1359 (1361); Rs. T-66/94 (Auditel/Kommission), Slg. 1995, II-239 (248).
[137] EuGH Rs. 71/74 R (FRUBO/Kommission), Slg. 1974, 1031 (1095); EuG Verb. Rs. T-29 und 36/90 (Quantel/Kommission), Beschluss v. 23.01.1991, nicht veröffentlicht.
[138] EuG Rs. T-29/92 (SPO u.a./Kommission), Slg. 1993, II-1 (9).
[139] EuG Rs. T-74/92 (Ladbroke/Kommission), Slg. 1993, II-535 (538).
[140] EuG Rs. T-44/90 (La Cinq/Kommission), Beschluss v. 31.01.1991, nicht veröffentlicht.
[141] EuGH Verb. Rs. 260/85 und 106/86 (TEC/Rat), Slg. 1988, 5855 (5859).
[142] EuGH Verb. Rs. 260/85 und 106/86 (TEC/Rat), Slg. 1988, 5855 (5859).
[143] EuGH Rs. 187/85 (Fediol/Kommission), Slg. 1988, 4155 (4158).
[144] EuGH Rs. C-313/90 (CIRFS u.a./Kommission), Slg. 1993, I-1125 (1130).
[145] EuGH Rs. C-100/91 (Italgrani/Kommission), Beschluss v. 26.11.1991, nicht veröffentlicht.
[146] EuG Rs. T-435/93 (ASPEC u.a./Kommission), Slg. 1995, II-1281 (1298).

wird, ein berechtigtes Interesse an einer Intervention.[147] Geht es in einem dienstrechtlichen Verfahren um die Anerkennung einer Dienstkrankheit, so hat der Versicherer, bei dem das beklagte Organ dieses Risiko versichert hat, ein berechtigtes Interesse an der Streithilfe.[148]

2. Am Ausgang des anhängigen Rechtsstreits

Neben der Voraussetzung eines berechtigten Interesses ist gem. Art. 37 Abs. 2 EG-Satzung, Art. 38 Abs. 2 EAG-Satzung i.V.m. Art. 93 § 1 Abs. 2 lit. f EuGH-VfO, Art. 115 § 2 lit. f EuG-VfO zu fordern, dass dieses am Ausgang des anhängigen Rechtsstreits bestehen muss. Durch diese Anforderung an den Interventionsgrund wird die Möglichkeit eines Streitbeitritts zielgerichtet eingeschränkt. Denn dies geschieht durch die weite Auslegung des Merkmals „berechtigtes Interesse" in der Rechtsprechung der Gerichte nicht, da grundsätzlich jede Art von Interesse als Interventionsgrund anerkannt wird.
Dementsprechend ist es nicht ausreichend, wenn sich das Interesse des Streithelfers nur auf den Erfolg bestimmter Angriffs- oder Verteidigungsmittel richtet.[149] Dies ist davon zu unterscheiden, dass Darlegungen und Behauptungen, mit denen bestimmte von den Parteien vorgebrachte Angriffs- oder Verteidigungsmittel unterstützt werden sollen, nach erfolgter Zulassung geltend gemacht werden können. Ein Interesse, das nur auf die Entscheidung einer abstrakten Rechtsfrage gerichtet ist, genügt nicht für die Zulassung.[150] Voraussetzung für einen zulässigen Streithilfeantrag ist vielmehr, dass sich das Interesse auf die konkreten Anträge der von dem Streithelfer unterstützten Partei beziehen muss. Dies folgt aus Art. 37 Abs. 4 EG-Satzung i.V.m. Art. 93 § 1 Abs. 2 lit. e, § 5 Abs. 2 lit. a EuGH-VfO, Art. 115 § 2 lit. e, Art. 116 § 4 Abs. 2 lit. a EuG-VfO. Demnach muss der Streithilfeantrag die Anträge enthalten, die der Antragsteller unterstützen will und der Streithilfeschriftsatz die Anträge des Streithelfers, die der vollständigen oder teilweisen Unterstützung oder Bekämpfung der Anträge einer Partei zu dienen bestimmt sind. Damit erscheint auch die Frage geklärt, ob es ausreichend ist, wenn sich das Interesse des Streithelfers lediglich auf einen Teil der Anträge der von ihm unterstützten Partei bezieht. In Art. 37 EG-Satzung a.F. i.V.m. Art. 93 § 1 – 5 EuGH-VfO

[147] EuGH Verb. Rs. 341/85, 251, 258, 259, 262 und 266/86, 222 und 232/87 (van der Stijl und Cullington/Kommission), Slg. 1989, 511 (513).
[148] EuGH Rs. 189/82 (Seiler/Rat), Slg. 1984, 229 (234); EuG Rs. T-122/89 (F./Kommission), Slg. 1990, II-517 (522).
[149] EuGH Rs. 111/63 (Lemmerz-Werke/Hohe Behörde), Slg. 1965, 941 (942); EuGH Verb. Rs. 116, 124 und 143/77 (Amylum u.a./Rat und Kommission), Slg. 1978, 893 (894); EuGH Rs. C-151/97 P (National Power/British Coal und Kommission), Slg. 1997, I-3491 (3499).
[150] EuGH Rs. 111/63 (Lemmerz-Werke/Hohe Behörde), Slg. 1965, 941 (942); EuGH Verb. Rs. C-151 und 157/97 P(I) (National Power und PowerGen/British Coal und Kommission), Slg. 1997, I-3491 (3510); EuG Rs. T-191/96 (CAS Succhi di Frutta/Kommission), Slg. 1998, II-573 (583).

a.F. war dies noch nicht ausdrücklich geregelt. Aber schon unter der alten Rechtslage wurde diese Ansicht vertreten, da sich aus dem Sinn und Zweck des Streithilfeverfahrens eine Einschränkung dahin gehend, dass der Streithelfer sämtliche Anträge unterstützen müsse, nicht herleiten lasse.[151]

3. Zusammenfassung

Zusammenfassend ergeben sich für die Prüfung eines berechtigten Interesses am anhängigen Rechtsstreit durch die Gerichte im Allgemeinen folgende Anforderungen. Das Interesse bei einem Streithilfeantrag ist nach dem Gegenstand des betreffenden Rechtsstreits selbst zu bestimmen. Bei der Zulassung einer Intervention ist zu untersuchen, ob der Antragsteller durch die angefochtene Entscheidung unmittelbar betroffen und sein Interesse am Ausgang des Rechtsstreits erwiesen ist. Außerdem muss der Streithelfer ein unmittelbares und gegenwärtiges Interesse an den Anträgen selbst und nicht an geltend gemachten Angriffs- oder Verteidigungsmitteln nachweisen. Das insoweit erforderliche Interesse darf sich nicht auf die Entscheidung abstrakter juristischer Streitfragen beschränken, sondern muss in Bezug auf die Anträge einer Partei bestehen.
Schließlich ist zwischen Antragstellern, die ein unmittelbares Interesse an der Entscheidung über die bestimmte Handlung, deren Nichtigerklärung beantragt wird, besitzen, und solchen Antragstellern zu unterscheiden, die nur ein mittelbares Interesse am Ausgang des Rechtsstreits besitzen, weil ihre Situation derjenigen einer der Parteien ähnlich ist.[152] Ein solches nur mittelbares Interesse am Ausgang des anhängigen Rechtsstreits reicht als Interventionsgrund nicht aus.

III. Doppelte Beschränkung der Interventionsmöglichkeiten für nicht-privilegierte Streithelfer

Wie bereits angesprochen besteht im Bereich des EGV und des EAGV für eine Intervention nicht-privilegierter Streithelfer eine doppelte Beschränkung.

1. Ordentliches Streitverfahren

Zunächst ist die Intervention nach Art. 37 EG-Satzung, Art. 38 EAG-Satzung i.V.m. Art. 93 EuGH-VfO, Art. 115 und 116 EuG-VfO auf ein ordentliches Streitverfahren beschränkt. Der Begriff des ordentlichen Streitverfahrens ist dabei

---

[151] Ehle/Schiller, EuR 1982, 48 (55).

[152] EuGH Verb. Rs. C-151 und 157/97 P(I) (National Power und PowerGen/British Coal und Kommission), Slg. 1997, I-3491 (3510); EuG Rs. T-191/96 (CAS Succhi di Frutta/Kommission), Slg. 1998, II-573 (583).

als Gegensatz zu den Verfahren zu verstehen, die keine Streitparteien im eigentlichen Sinne kennen, wie etwa das Vorabentscheidungsverfahren gem. Art. 234 EGV, Art. 150 EAGV i.V.m. Art. 20 EG-Satzung, Art. 21 EAG-Satzung, Art. 103 ff. EuGH-VfO und das Verfahren zur Erstattung von Gutachten gem. Art. 300 Abs. 6 EGV i.V.m. 107 ff. EuGH-VfO. Für diese Verfahren wird eine Intervention mit Hinweis auf ihren nicht-streitigen Charakter von der europarechtlichen Literatur überwiegend abgelehnt.[153] Dem ist aus den bereits oben vorgetragenen Gründen zuzustimmen.[154]
Eine Intervention ist für nicht-privilegierte Streithelfer folglich in folgenden Verfahrensarten möglich. Zunächst sind die Direktklageverfahren zu nennen.[155] In mit einem Hauptverfahren akzessorisch verbundenen Nebenverfahren wie bei der Gewährung einstweiligen Rechtsschutzes gem. Art. 36 EG-Satzung i.V.m. Art. 83 – 90 EuGH-VfO, Art. 104 – 110 EuG-VfO[156] oder bei der Urteilsauslegung gem. Art. 40 EG-Satzung, Art. 37 EGKS-Satzung i.V.m. Art. 102 EuGH-VfO, Art. 129 EuG-VfO[157] ist eine Intervention möglich, und zwar unabhängig von einem Streitbeitritt im Hauptverfahren.[158] Auch in einem Rechtsmittelverfahren ist gem. Art. 49 Abs. 2 EG-Satzung i.V.m. Art. 123 EuGH-VfO ein Beitritt von Streithelfern möglich, die am erstinstanzlichen Verfahren nicht beteiligt waren.[159]

2. Ausschluss in Fällen gem. Art. 37 Abs. 2 Hs. 2 EG-Satzung

Neben der Beschränkung der Interventionsmöglichkeit auf die Verfahrensarten streitigen Charakters besteht für nicht-privilegierte Streithelfer eine weitere Einschränkung. Denn nach Art. 37 Abs. 2 Hs. 2 EG-Satzung, Art. 38 Abs. 2 Hs. 2 EAG-Satzung ist eine Streithilfe in institutionellen Rechtsstreitigkeiten, also in Verfahren zwischen Mitgliedstaaten, zwischen Gemeinschaftsorganen oder zwischen Mitgliedstaaten und Gemeinschaftsorganen, ausgeschlossen. Im Gegensatz dazu fehlt in Art. 34 Abs. 1 EGKS-Satzung eine vergleichbare Beschränkung. Daraus wird geschlossen, dass im Recht der EGKS eine Streithilfe von natürlichen oder juristischen Personen auf der Seite eines Mitgliedstaates oder eines

---

[153] Dauses/Henkel, EuZW 2000, 581 (581); Ehle/Schiller, EuR 1982, 48 (51); G/T/E/*Hackspiel*, Art. 37 EG-Satzung Rn. 3; Klinke, Rn. 332; R/M/G, Rn. 675.
[154] s.o. unter A. Anwendungsbereich der Streithilfe.
[155] EuGH Rs. C-181/95 (Biogen/Smithkline Beecham Biologicals), Slg. 1996, I-717 (721); Dauses/Henkel, EuZW 2000, 581 (581); Ehle/Schiller, EuR 1982, 48 (51); G/T/E/*Hackspiel*, Art. 37 EG-Satzung Rn. 3; Klinke, Rn. 332; R/M/G, Rn. 675.
[156] EuG Rs. T-23/90 R (Peugeot/Kommission), Slg. 1990, II-195 (198).
[157] EuGH Rs. 9/81 (Rechnungshof/Williams), Slg. 1983, 2859 (2861).
[158] EuG Verb. Rs. T-7 und 9/93 R (Langnese-Iglo und Schöller/Kommission), Slg. 1993, II-131 (137).
[159] EuGH Rs. C-242/90 P(R) (Kommission/Albani u.a.), Slg. 1990, I-4329 (4333); EuGH Rs. C-149/95 P(R) (Kommission/Atlantic Container Line u.a.), Slg. 1995, I-2165 (2176).

Gemeinschaftsorgans möglich sei.[160] Dies ist auch bereits geschehen. Der EuGH hat in einem Verfahren, in dem die niederländische Regierung gem. Art. 88 Abs. 2 EGKSV eine Entscheidung der Hohen Behörde angefochten hat, mehrere niederländische Unternehmen als Streithelfer zugelassen.[161]

Im Folgenden soll allerdings nur der Ausschluss für einen institutionellen Rechtsstreit auf dem Gebiet von EGV und EAGV den Gegenstand der Erörterung bilden. Die Ausführungen werden dabei aus Gründen der Vereinfachung auf die Vorschrift des Art. 37 Abs. 2 Hs. 2 EG-Satzung beschränkt. Sie gelten für die inhaltsgleiche Vorschrift des Art. 38 Abs. 2 Hs. 2 EAG-Satzung entsprechend.

a) Grundrechtskonforme Auslegung

Der Wortlaut von Art. 37 Abs. 2 Hs. 2 EG-Satzung erscheint für sich genommen eindeutig. Trotzdem werden gegen die Regelung Bedenken vorgebracht und sie als „an sich systemwidrig" bezeichnet.[162] Anknüpfungspunkt für die Kritik sind Fallgestaltungen im Bereich des Wettbewerbsrechts oder der Fusionskontrolle, in denen es nur vordergründig und formal um einen Rechtsstreit zwischen einem Mitgliedstaat und einem Gemeinschaftsorgan gehe, im Grunde aber um den Bestand einer Fusion zwischen mehreren Unternehmen, von denen keines eine rechtliche Qualität habe, die der eines Mitgliedstaates oder Gemeinschaftsorgans nahe komme.[163]

Dies soll am folgenden Sachverhalt[164] erläutert werden.

In einem Fusionskontrollverfahren[165] hatte die Kommission nach Prüfung gem. Art. 6 Abs. lit. c Fusionskontrollverordnung[166] den Zusammenschluss der beteiligten Unternehmen als i.S.v. Art. 8 Abs. 2 FKVO für mit dem gemeinsamen Markt vereinbar erklärt. Die Unternehmen haben den Zusammenschluss daraufhin vollzogen. Ein Mitgliedstaat hat Klage gegen die Kommission vor dem EuGH erhoben, mit der er angestrebt hat, die Entscheidung für nichtig erklären zu lassen. Ein an dem Zusammenschluss beteiligtes Unternehmen hat einen Streithilfeantrag gestellt, um die das Unternehmen begünstigende Entscheidung der Kommission verteidigen zu können. Der Antrag blieb gem. Art. 37 Abs. 2 Hs. 2 EG-Satzung erfolglos, da es sich um einen institutionellen Rechtsstreit zwischen einem Mitgliedstaat und der Kommission als einem Gemeinschaftsorgan handele.[167]

---

[160] R/M/G, Rn. 671.
[161] EuGH Rs. 25/59 (Niederlande/Hohe Behörde), Slg. 1960, 811 (816).
[162] Ehle/Schiller, EuR 1982, 48 (51); Quack, S. 748.
[163] Quack, S. 748.
[164] EuGH Verb. Rs. C-68/94 und 30/95 (Frankreich u.a./Kommission), Slg. 1998, I-1375 (1453).
[165] Verordnung (EWG) Nr. 4064/89 des Rates über die Kontrolle von Unternehmenszusammenschlüssen v. 21.12.1989, ABl. Nr. L 395 v. 30.12.1989, S. 1 ff.
[166] Im folgenden FKVO.
[167] EuGH Rs. C-68/94 (Frankreich u.a./Kommission), Beschluss v. 9.09.1994, nicht veröffentlicht.

An dieser Entscheidung wird kritisiert, dass ein solcher Rechtsstreit nichts mit den Organstreitigkeiten i.S.d. Art. 37 Abs. 2 Hs. 2 EG-Satzung zu tun habe und auch nicht deswegen zum Organstreit werde, weil ein Mitgliedstaat sich an einem Verfahren beteilige, das ihn nicht betreffe.[168] Vielmehr seien institutionelle Streitigkeiten i.S.d. Art. 37 Abs. 2 Hs. 2 EG-Satzung verfassungsrechtlicher Natur. In solchen Verfahren sei der Ausschluss angemessen, nicht aber wenn ein Rechtsstreit zwischen einem Mitgliedstaat und einem Gemeinschaftsorgan in der Sache die Rechte Einzelner betreffe, wie in der oben angesprochenen Entscheidung im Bereich der Fusionskontrolle. Bei Verfahren letzterer Art bestehe die Gefahr einer Verkürzung des rechtlichen Gehörs zu Lasten von Unternehmen und Einzelpersonen, die durch ein solche Entscheidung begünstigt werden.[169]
Der EuGH hat seit 1969 in ständiger Rechtsprechung aus dem System des Gemeinschaftsrechts Grundrechte abgeleitet. Diese werden als allgemeine Grundsätze des Gemeinschaftsrechts in wertender Rechtsvergleichung durch Rückgriff auf die in den Verfassungen der Mitgliedstaaten vorhandenen Grundrechte und durch Rückgriff auf die alle Mitgliedstaaten verpflichtenden völkerrechtlichen Verträge, insbesondere die EMRK,[170] gewonnen.[171] Die Existenz von gemeinschaftsrechtlichen Grundrechten als aus den gemeinsamen Verfassungsüberlieferungen der Mitgliedstaaten und der EMRK abgeleiteten Rechtsgrundsätzen wird seit dem 1. November 1993 durch Art. F Abs. 2 EUV a.F., Art. 6 Abs. 2 EUV[172] festgeschrieben. Damit wird die durch die Rechtsprechung des EuGH geprägte Grundrechtsdogmatik bestätigt.[173] Die vom EuGH gefundenen Grundrechte stehen in ihrem Rang dem primären Gemeinschaftsrecht gleich.[174]
Da diese Grundrechte dem Recht des EGV in ihrem Rang gleich stehen, sei es gerechtfertigt, Art. 37 Abs. 2 Hs. 2 EG-Satzung auf Grundrechtskonformität zu überprüfen. Der EuGH habe den Anspruch des Betroffenen auf rechtliches Gehör garantiert und dieses Grundrecht mehrfach bestätigt.[175] Sei der Anspruch auf rechtliches Gehör grundrechtlich geschützt, könne Art. 37 Abs. 2 Hs. 2 EG-Satzung nur unter Beachtung dieses Grundrechtsschutzes ausgelegt werden. Zwar

---

[168] Quack, S. 749.
[169] G/T/E/*Hackspiel*, Art. 37 EG-Satzung Rn. 1; Quack, S. 750.
[170] Konvention zum Schutze der Menschenrechte und Grundfreiheiten v. 4.11.1950, BGBl. 1952 II, S. 685 (953).
[171] EuGH Rs. 29/69 (Stauder/Stadt Ulm), Slg. 1969, 419 (425); Rs. 36/75 (Rutili/Minister des Innern), Slg. 1979, 1219 (1232); H/S/V, S. 342; Koenig/Haratsch, Rn. 84; Oppermann, Rn. 491 ff.; Schweitzer/Hummer, Rn. 792.
[172] Vertrag über die Europäische Union v. 7.02.1992, BGBl. 1992 II, S. 1253 ff.; in Kraft getreten am 1.05.1999 in der durch den Amsterdamer Vertrag v. 2.10.1997 geänderten Fassung, BGBl. 1999 II, S. 296 ff.
[173] H/S/V, S. 342; Oppermann, Rn. 494.
[174] Oppermann, Rn. 496; Quack, S. 750.
[175] EuGH Verb. Rs. 42 und 49/59 (SNUPAT/Hohe Behörde) , Slg. 1961, 109 (114); Rs. 85/76 (Hoffmann-La Roche/Kommission), Slg. 1979, 461 (511); Rs. 136/79 (National Panasonic/Kommission), Slg. 1980, 2033 (2058); Rs. 234/84 (Belgien/Kommission), Slg. 1986, 2263 (2289); Rs. C-135/92 (Fiskano AB/Kommission), Slg. 1992, I-2885 (2909).

sei auch im Gemeinschaftsrecht der Wortlaut Ausgangspunkt und Grenze jeder Auslegung, aber wenn der Wortlaut die Funktion der Norm nicht mehr decke, weil die Rechtsentwicklung gegenüber dem Entstehungszeitpunkt fortgeschritten sei, sei auf die Funktion der Norm abzustellen. Andernfalls würden die Grundsätze systematischer Auslegung verletzt und die schützenswerten Interessen der Beteiligten nicht gewürdigt.[176] Der Wortlaut einer Norm könne für eine grundrechtskonforme Auslegung insbesondere dann keine Grenze bilden, wenn durch das Festhalten am Wortlaut ein Grundrecht verletzt würde. Deshalb sei die Vorschrift des Art. 37 Abs. 2 Hs. 2 EG-Satzung grundrechtskonform dahin auszulegen, dass eine Beteiligung Dritter an einem verfassungsrechtlichen Organstreit ausgeschlossen sei. Denn dieser kenne keine „unmittelbar und individuell" Betroffenen. Ein verwaltungsrechtlicher Organstreit schließe dagegen die Beteiligung Dritter nicht aus, vorausgesetzt, dass sie wie im Fusionskontrollverfahren „unmittelbar und individuell" betroffen seien.[177] Eine solche Auslegung stelle keine Änderung der vertragsgleichen EG-Satzung dar, sondern eine zulässige Schließung einer bestehenden Lücke. Der EuGH dürfe das Gemeinschaftsrecht fortbilden und dabei Lücken ausfüllen. Dabei sei es auch seine Aufgabe, den grundrechtlichen Anspruch des vom Verfahren Betroffenen auf rechtliches Gehör zu wahren und durchzusetzen, auch wenn dies bei Auslegung einer Norm die Ausfüllung einer Lücke erfordere.[178] Diese Lücke könne darüber hinaus nicht durch die Drittwiderspruchsklage gem. Art. 39 EG-Satzung i.V.m. Art. 97 EuGH-VfO, Art. 123, 124 EuG-VfO geschlossen werden. Zwar könnten Mitgliedstaaten, Gemeinschaftsorgane und alle sonstigen natürlichen und juristischen Personen Drittwiderspruch gegen ein Urteil erheben, wenn dieses Urteil ihre Rechte beeinträchtige und in einem Rechtsstreit erlassen worden sei, an dem sie nicht teilgenommen hätten. Dieser Antrag sei aber gem. Art. 97 § 1 EuGH-VfO, Art. 123 § 1 EuG-VfO gegen sämtliche Parteien des Hauptverfahrens zu richten und verkürze darüber hinaus den Anspruch auf rechtliches Gehör. Der Nebenintervenient trete einer Partei bei und unterstütze diese, während er das Begehren der anderen Partei bekämpfe. Das Drittwiderspruchsverfahren dagegen richte sich gegen ein rechtskräftiges Urteil, das in einem Verfahren ergangen sei, auf das der Widersprechende keinen Einfluss hat nehmen können. Damit befinde er sich in der schwierigen Situation, ein Gericht davon überzeugen zu müssen, dass sein Urteil unzutreffend gewesen sei. Weiter erhöhe sich wegen der Einbeziehung aller Parteien das Kostenrisiko, so dass der Nachteil des Drittwiderspruchverfahrens gegenüber einer Streithilfe im Erkenntnisverfahren nicht verkannt werden könne.[179]

Aber auch die Verkürzung des Anspruchs auf rechtliches Gehör verbiete die Annahme, das Drittwiderspruchsverfahren vermeide eine Lücke. Denn dieser An-

[176] Quack, S. 750.

[177] G/T/E/*Hackspiel*, Art. 37 EG-Satzung Rn. 1; Quack, S. 751.

[178] Quack, S. 751.

[179] Quack, S. 751 f.

spruch bestehe schon im Verwaltungsverfahren und sei gerichtlich nicht nachträglich erfüllbar. Erst recht müsse er in einem gerichtlichen Verfahren beachtet werden, in welchem eine Streithilfe möglich sei, wenn sie denn verfassungskonform zugelassen werden könne und deswegen auch zugelassen werden müsse. Schließlich werde der Individualrechtsschutz bei umfassender und unterschiedsloser Anwendung des Art. 37 Abs. 2 Hs. 2 EG-Satzung unzulässig verkürzt. Der Individualrechtsschutz gegen Gemeinschaftakte sei aber sowieso schon hinter dem Individualrechtsschutz zurück geblieben, der die Durchsetzung von Gemeinschaftsrechts gegenüber nationalem Recht betreffe. Insofern stünde es dem EuGH wohl an, wenn er sich dieses Mangels annehme und Art. 37 Abs. 2 Hs. 2 EG-Satzung grundrechtskonform auslegte und anwendete. Dann hätte es auch keiner vom Deutschen Juristentag 1994 mit großer Mehrheit geforderten Streichung[180] dieser Bestimmung bedurft.[181]

b) Wortlautgetreue Auslegung

Gegen dieses nachdrückliche Eintreten für eine grundrechtskonforme Auslegung wird in erster Linie der eindeutige Wortlaut der Vorschrift angeführt, der eine Beteiligung eines Einzelnen an einem institutionellen Rechtsstreit nicht möglich mache.[182] Weiter wird angeführt, dass nach dem Willen der Vertragsgeber des EGV im Bereich der Beziehungen zwischen den Hoheitsträgern der Mitgliedstaaten und den Gemeinschaftsorganen anderen Personen keinerlei Einwirkungsmöglichkeit zustehen solle.[183]

Für eine wortlautgetreue Anwendung von Art. 37 Abs. 2 Hs. 2 EG-Satzung spricht in erster Linie die Klarheit der Regelung. Dies wird auch von Vertretern der grundrechtskonformen Auslegung gesehen, indem eingeräumt wird, es bestehe keine Möglichkeit, an dieser Einschränkung der Streithilfe vorbeizukommen.[184] Dafür spricht auch, dass bei der Satzungsgebung von Art. 37 EG-Satzung offenbar ein Bedürfnis für diese Einschränkung erkannt wurde. Denn im zeitlich vorangehenden Art. 34 Abs. 1 EGKS-Satzung fehlt eine solche Einschränkung.
Auf der anderen Seite wird gefordert, die Vorschrift insofern eng auszulegen, als von den institutionellen Streitigkeiten nur diejenigen erfasst werden sollen, die

---

[180] Für die Streichung des Hs. 2 in Art. 37 Abs. 2 EG-Satzung die Europarechtliche Abteilung des 60. Deutschen Juristentages, Münster 1994, Beschlüsse Punkt N.III.7.
[181] Quack, S. 752.
[182] EuG Rs. T-88/94 (Société commerciale des potasses et de l'azote u.a./Kommission), Slg. 1995, II-221 (227); Dauses/Henkel, EuZW 2000, 581 (581); Ehle/Schiller, EuR 1982, 48 (51); Klinke, Rn. 329; R/M/G, Rn. 671.
[183] EuGH Rs. 6/64 (Costa/ENEL), Slg. 1964, 1307 (1309); Klinke, Rn. 329; Matthies, FS Hallstein, S. 319; R/M/G, Rn. 671.
[184] Ehle/Schiller, EuR 1982, 48 (51).

ihrer Art nach verfassungsrechtlicher Natur seien, und nicht in der Sache die Rechte Einzelner betreffen. Denn andernfalls werde der grundrechtlich geschützte Anspruch auf rechtliches Gehör zu Lasten von Unternehmen und Einzelpersonen verkürzt.

Dagegen lässt sich einwenden, dass jede natürliche oder juristische Person nach Art. 230 Abs. 4 EGV Nichtigkeitsklage gegen eine sie belastende Entscheidung erheben kann, sofern sie unmittelbar und individuell betroffen ist. Sie ist also nicht von der Initiative eines Mitgliedstaates abhängig, um Rechtsschutz zu erlangen.

Der wortlautgetreuen Auslegung wird weiterhin vorgeworfen, sie führe dazu, in der Situation einer Konkurrentenklage die Beteiligung des unmittelbar betroffenen Unternehmens dadurch auszuschließen, dass Konkurrenten ihre Regierungen dazu bewegten, die Klägerrolle zu übernehmen. Eine solche von einem Mitgliedstaat gegen eine Entscheidung der Kommission erhobene Klage verlange nämlich weder ein Rechtsschutzbedürfnis noch unmittelbare und individuelle Betroffenheit, schließe dafür aber die wirklich Betroffenen von dem Verfahren aus, in dessen Mittelpunkt sie stünden.[185] Allein die Möglichkeit einer solchen Einflussnahme Dritter verbiete das Festhalten am Wortlaut der Vorschrift.[186]

Diese in der Tat bedenkliche Möglichkeit der Einflussnahme eines Mitgliedstaates für seine Wirtschaft ist in der Praxis bisher nur in dem oben angesprochenen Fall vorgekommen. Auch steht dem von der Streithilfe ausgeschlossenen Konkurrenzunternehmen immer noch der Weg der Nichtigkeitsklage gem. Art. 230 Abs. 4 EGV offen. Eine derartige Einflussnahme eines Mitgliedstaates für eine natürliche Person erscheint unwahrscheinlich. Auch der Satzungsgeber hat in der bisher erfolgten Änderung der Vorschrift[187] Art. 37 Abs. 2 EG-Satzung unberührt gelassen. Dies zeigt, dass der Wille der Vertragsstaaten des EGV, im Bereich der Beziehungen zwischen den Hoheitsträgern der Mitgliedstaaten und den Gemeinschaftsorganen anderen Personen keine Einwirkungsmöglichkeit zugestehen zu wollen, auch durch den in Form der Änderung betätigten Willen des Satzungsgebers Vorrang vor den oben genannten Bedenken einer möglichen Einflussnahme von Mitgliedstaaten bei Konkurrentenklagen hat. Auch die Gerichte sind der Aufforderung einer auf institutionelle Rechtsstreitigkeiten verfassungsrechtlicher Art beschränkten Auslegung der Vorschrift durch Rechtsfortbildung bisher nicht gefolgt. Dies vor dem Hintergrund, dass der EuGH dem Europäischen Parlament eine im EGV nicht vorgesehene Klagebefugnis bei Art. 230 EGV durch Rechtsfortbildung zuerkannt hat, was über eine bloße Auslegung von Art. 230 EGV hinausgeht.[188]

---

[185] Quack, S. 752 f.; Sedemund, Referat für die Europarechtliche Abteilung des Sechzigsten Deutschen Juristentages, Münster 1994, S. N 50 f.

[186] Quack, S. 753.

[187] Beschluss des Rates v. 22.12.1994, ABl. 1994 Nr. L 379, S. 1 ff.

[188] EuGH Rs. C-70/88 (Europäisches Parlament/Rat), Slg. 1990, I-2067 (2073); Rs. C-316/91 (Parlament/Rat), Slg. 1994, I-653 (657).

Der EuGH hat insofern also auch keinen Anlass zur Rechtsfortbildung im Sinne einer Beschränkung von Art. 37 Abs. 2 Hs. 2 EG-Satzung auf institutionelle Streitigkeiten verfassungsrechtlicher Art gesehen. In der Praxis wäre eine Abgrenzung zwischen einer Streitigkeit verfassungsrechtlicher und verwaltungsrechtlicher Art sicherlich nur durch wenig genaue Kriterien möglich. Insofern bleibt eine möglicherweise sinnvolle Streichung von Art. 37 Abs. 2 Hs. 2 EG-Satzung oder eine Änderung i.S.d. grundrechtskonformen Auslegung dem Satzungsgeber vorbehalten.
Nicht-privilegierte Streithelfer sind somit von institutionellen Rechtsstreitigkeiten bislang ausgeschlossen.

E. Zusammenfassung

Ein Streithilfeverfahren vor dem EuGH und dem EuG ist in allen Verfahrensarten möglich, bei denen sich zwei Streitparteien im eigentlichen Sinne gegenüber stehen. Dies sind vor allem die Direktklagen, nicht jedoch das Vorabentscheidungsverfahren und das Verfahren zur Erstattung von Gutachten. Als Voraussetzungen für eine Zulassung als Streithelfer müssen im Allgemeinen ein von einem Interventionsberechtigten in einem anhängigen Rechtsstreit gestellter Antrag auf Zulassung und ein Interventionsgrund vorliegen. Es ist jedoch zwischen der Streithilfe durch Mitgliedstaaten und Gemeinschaftsorgane als privilegierte Streithelfer und durch „andere Personen" i.S.d. Art. 37 Abs. 2 EG-Satzung zu unterscheiden. Die privilegierten Streithelfer können in jedem vor dem EuGH und EuG anhängigen Rechtsstreit auftreten, ohne einen Interventionsgrund darlegen zu müssen. Dagegen sind natürliche und juristische Personen des Privatrechts und des öffentlichen Rechts und andere nicht-privilegierte Streithelfer mehreren Beschränkungen ihres Interventionsrechts unterworfen. Zum einen haben sie ein berechtigtes Interesse am Ausgang des anhängigen Rechtsstreits glaubhaft zu machen. Zum anderen ist ihnen ein Beitritt zu einem institutionellen Rechtsstreit, also einem Verfahren zwischen Mitgliedstaaten, zwischen Gemeinschaftsorganen oder zwischen Mitgliedstaaten und Gemeinschaftsorganen, verwehrt. In derartigen Rechtssachen können nur die Mitgliedstaaten und die Gemeinschaftsorgane Streithilfe leisten.

2. Teil

Das Zulassungsverfahren

Bei einem Streithilfeverfahren können zwei aufeinanderfolgende Teile unterschieden werden: Das Zulassungsverfahren gem. Art. 93 §§ 1 – 3, 7 EuGH-VfO, Art. 115, 116 §§ 1, 2, 6 EuG-VfO und das eigentliche Streithilfeverfahren gem. Art. 93 § 4 – 6 EuGH-VfO, Art. 116 § 3 – 5 EuG-VfO. Im Folgenden soll nun auf Einzelheiten des Zulassungsverfahrens genauer eingegangen werden.

A. Voraussetzungen für die Zulassung als Streithelfer

Das Zulassungsverfahren ist ein Antragsverfahren. Es wird demnach eingeleitet durch einen an die Kanzlei des EuGH oder des EuG gerichteten Schriftsatz des potentiellen Streithelfers, der mit der Bezeichnung „Antrag auf Zulassung als Streithelfer" überschrieben werden sollte. Von entscheidender Bedeutung ist dabei die Einhaltung der Antragsfrist, denn sie ist eine Ausschlussfrist.

I. Antragsfrist

An die Antragsfrist werden dabei folgende Anforderungen gestellt.

1. Anforderungen an die Antragsfrist

Der Antrag auf Zulassung als Streithelfer bei Direktklageverfahren muss gem. Art. 93 § 1 EuGH-VfO, Art. 115 § 1 EuG-VfO innerhalb von sechs Wochen nach der Veröffentlichung der in Art. 16 § 6 EuGH-VfO, Art. 24 § 6 EuG-VfO bezeichneten Mitteilung im Amtsblatt der EG (Teil C) erfolgen.
Bis zu der im Interesse der Straffung des Verfahrens vorgenommenen Änderung von Art. 93 EuGH-VfO im Jahre 1979 konnte ein Antrag auf Zulassung bis zur Eröffnung der mündlichen Verhandlung gestellt werden. Dies konnte zu einer erheblichen Verlängerung von Verfahren führen. Denn wurde ein Zulassungsantrag erst kurz vor der mündlichen Verhandlung gestellt, eröffnete er gem. Art. 93 § 5 Abs. 2 EuGH-VfO a.F. ein erneutes schriftliches Verfahren, bestehend aus der schriftlichen Begründung der Anträge des Streithelfers und aus der Antwort der Parteien des Hauptverfahrens.[189]

---

[189] Jung, EuR 1980, 372 (378).

Zur weiteren Beschleunigung des Ablaufs des Verfahrens wurde die EuGH-VfO am 28. November 2000 geändert und die Frist für den Zulassungsantrag von drei Monaten auf sechs Wochen verkürzt.[190] Gleichzeitig wurde Art. 93 EuGH-VfO um § 7 ergänzt. Nach dieser Vorschrift kann ein nach Ablauf der in Art. 93 § 1 EuGH-VfO genannten Frist von nun sechs Wochen eingegangener Zulassungsantrag berücksichtigt werden, wenn er vor dem in Art. 44 § 3 EuGH-VfO vorgesehenen Beschluss zur Eröffnung der mündlichen Verhandlung gestellt wird. In diesem Fall kann der Streithelfer, wenn der Präsident dem Zulassungsantrag stattgibt, auf der Grundlage des ihm übermittelten Sitzungsberichts in der mündlichen Verhandlung Stellung nehmen, falls eine solche stattfindet.
Für Verfahren vor dem EuG wurde die für den Antrag auf Zulassung als Streithelfer in Art. 115 § 1 EuG-VfO in der Fassung bis zum 1. Februar 2001 geltende Frist von ebenfalls drei Monaten nach der in Art. 24 § 6 EuG-VfO bezeichneten Veröffentlichung durch eine Änderung der EuG-VfO vom 6. Dezember 2000[191] zur Verfahrensbeschleunigung auf sechs Wochen verkürzt. Gleichzeitig wurde Art. 116 § 6 EuG-VfO eingefügt. Nach dieser Vorschrift kann ein nach Ablauf der in Art. 115 § 1 EuG-VfO genannten Frist von nun sechs Wochen eingegangener Zulassungsantrag berücksichtigt werden, wenn er vor dem in Art. 53 EuG-VfO vorgesehenen Beschluss zur Eröffnung der mündlichen Verhandlung gestellt wird. In diesem Fall kann der Streithelfer gleichermaßen, wenn der Präsident dem Zulassungsantrag stattgibt, auf der Grundlage des ihm übermittelten Sitzungsberichts in der mündlichen Verhandlung Stellung nehmen, falls eine solche stattfindet.
Auch für die Antragsfristen galt der Beschluss des EuGH über die Verlängerung der Verfahrensfristen mit Rücksicht auf die räumliche Entfernung.[192] Die Fristen verlängerten sich demnach gem. Art. 81 § 2 EuGH-VfO, Art. 102 § 2 EuG-VfO a.F. um die in Anlage II Art. 1 EuGH-VfO a.F. genannten zusätzlichen Entfernungsfristen. Bei der Bestimmung der Entfernungsfrist war dabei auf den Wohnsitz bzw. Sitz des Antragstellers abzustellen, nicht auf den seines Prozessbevollmächtigten.[193]
Durch die Änderung der EuGH-VfO vom 28. November 2000 sollte auch die Kommunikation zwischen dem EuGH und den Parteien und den anderen Beteiligten den modernen Kommunikationstechniken angepasst werden. Dafür wurden die Nutzung der Übermittlung von Dokumenten insbesondere durch Fernkopie geregelt und damit einhergehend die Vorschriften über die Entfernungsfristen geändert. Aufgrund der Möglichkeit, Schriftstücke sofort zu übermitteln, brauchte bei den Entfernungsfristen nicht mehr nach dem Wohnsitz der Parteien unterschieden zu werden. Nach Art. 81 § 2 EuGH-VfO werden die Verfahrensfristen

---

[190] In Kraft getreten am 1.02.2001; ABl. Nr. L 322 v. 19.12.2000, S. 1 ff.
[191] In Kraft getreten am 1.02.2001; ABl. Nr. L 322 v. 19.12.2000, S. 4 ff.
[192] Beschluss des Gerichtshofes v. 19.06.1991, ABl. 1991 Nr. L 176, S. 32.
[193] Dauses/Henkel, EuZW 2000, 581 (583).

nun pauschal um eine Entfernungsfrist von zehn Tagen verlängert, so dass sich für den Zulassungsantrag eine Frist von sechs Wochen und zehn Tagen ergibt.
Für Verfahren vor dem EuG wurde Art. 102 § 2 EuG-VfO am 6. Dezember 2000 aus den gleichen Erwägungen geändert. Die Verfahrensfristen werden nun auch um eine pauschale Entfernungsfrist von zehn Tagen verlängert, so dass sich auch hier für den Zulassungsantrag eine Frist von sechs Wochen und zehn Tagen ergibt.
In einem Rechtsmittelverfahren gegen Urteile des EuG beträgt die Antragsfrist gem. Art. 123 EuGH-VfO dagegen einen Monat nach der in Art. 16 § 6 EuGH-VfO bezeichneten Veröffentlichung.
Diese Fristsetzungen verfolgen mehrere Ziele. Zum einen sollen die Parteien nach Ablauf von sechs Wochen bzw. einem Monat wissen, wer sich zusätzlich auf der einen oder anderen Seite beteiligt. Vor weiteren überraschenden Streithelfern ist man daher nach Ablauf der Frist sicher. Zum anderen muss der Streithelfer gem. Art. 93 § 5 EuGH-VfO, Art. 116 § 3 EuG-VfO den Rechtsstreit in der Lage annehmen, in der er sich zur Zeit des Beitritts befindet. Der Zwang zum Beitritt innerhalb von sechs Wochen bzw. einem Monat kann dem Streithelfer Gelegenheit geben, schon in einem frühen Stadium am Rechtsstreit teilzunehmen, um so seine Richtung möglicherweise beeinflussen zu können.

2. Rechtsfolgen bei Fristversäumung

Durch die Änderungen der EuGH-VfO vom 28. November 2000 und der EuG-VfO vom 6. Dezember 2000 wurden Art. 93 § 7 EuGH-VfO, Art. 116 § 6 EuG-VfO eingefügt. Nach diesen Vorschriften kann ein nach Ablauf der in Art. 93 § 1 EuGH-VfO, Art. 115 § 1 EuG-VfO genannten Frist eingegangener Zulassungsantrag berücksichtigt werden, wenn er vor dem in Art. 44 § 3 EuGH-VfO, Art. 53 EuG-VfO vorgesehenen Beschluss zur Eröffnung der mündlichen Verhandlung gestellt wird. In diesem Fall kann der Streithelfer, wenn der Präsident dem Zulassungsantrag stattgibt, auf der Grundlage des ihm übermittelten Sitzungsberichts in der mündlichen Verhandlung Stellung nehmen, falls eine solche stattfindet.
Die Fristen sind nicht verlängerbar. Versäumt der Antragsteller eine Frist ohne sein Verschulden oder infolge höherer Gewalt und ohne dass Art. 93 § 7 EuGH-VfO, Art. 116 § 6 EuG-VfO eingreifen, so bleibt nur noch ein Antrag auf Wiedereinsetzung in den vorigen Stand gem. Art. 42 Abs. 2 EG-Satzung, Art. 39 Abs. 3 EGKS-Satzung, Art. 43 Abs. 2 EAG-Satzung.[194] Angesichts der Vorschriften der Art. 16 § 6 EuGH-VfO, Art. 24 § 6 EuG-VfO kann der Antrag auf Wiedereinset-

[194] EuGH Rs. 349/85 (Dänemark/Kommission), Beschluss v. 15.10.1986, nicht veröffentlicht; Dauses/Henkel, EuZW 2000, 581 (583); Ehle/Schiller, EuR 1982, 48 (57); G/T/E/*Hackspiel*, Art. 37 EG-Satzung Rn. 13; Hasselbach, ZZP 109 (1996), 195 (207); Jung, EuR 1980, 372 (378); R/M/G, Rn. 681.

zung nicht auf mangelnde Kenntnis von der Anhängigkeit der Hauptsache gestützt werden.[195]
Das EuG hat die Auffassung bestätigt, dass unter Umständen einem Beitrittswilligen eine Wiedereinsetzung in den vorigen Stand gewährt werden kann. Daran sind dann aber strenge Voraussetzungen zu stellen. Ein Zufall oder ein Fall höherer Gewalt i.S.d. Art. 42 Abs. 2 EG-Satzung setzte voraus, dass ungewöhnliche, vom Willen des Beitrittswilligen unabhängige Schwierigkeiten vorliegen würden, die selbst bei Beachtung aller erforderlichen Sorgfalt unvermeidbar erschienen. Weder die Kompliziertheit der Verfahren noch die Langsamkeit des internen Kommunikationsablaufs stellten solche Umstände dar. Insbesondere könne sich eine Partei nicht auf das schlechte Funktionieren ihrer Dienstellen berufen.[196]
Liegt eine anderweitige Fristversäumung vor, werden die Zulassungsanträge ohne weiteres als unzulässig zurückgewiesen. Zwischen privilegierten und nichtprivilegierten Antragstellern wird dabei nicht unterschieden.[197] Die Antragsfrist erhält so den Charakter einer Ausschlussfrist.

II. Zulassungsantrag

Der Beitritt als Streithelfer setzt einen schriftlichen Zulassungsantrag an die Kanzlei des Gerichts voraus, vor dem der Rechtsstreit anhängig ist.
Nach bisheriger Rechtslage bis zum 28. April 2001 war eine Einreichung mittels Fax gem. Art. 10 Abs. 3 Dienstanweisung für den Kanzler des EuG[198] nicht gestattet.[199] Dies erschien insbesondere dann fraglich, wenn es um die Fristwahrung des Antrags ging und die Einreichung von Schriftsätzen bei Gericht durch Fax ebenso wie die Einreichung durch andere neu entstandene Kommunikationsmittel in den einzelnen Mitgliedstaaten anerkannt waren.
Zur Begründung wurde für das Verfahren vor dem EuG angeführt, dass nach Art. 43 § 1 EuG-VfO die Urschrift des Streithilfeantrags vom Bevollmächtigten oder vom Anwalt der Partei zu unterzeichnen sei. Dieses Erfordernis sei nur erfüllt, wenn die unterzeichnete Urschrift tatsächlich bei der Kanzlei eingegangen sei. Der Eingang einer bloßen Kopie oder eines Fax bei der Kanzlei genüge hierfür nicht. Daher dürfe der Kanzler nach Art. 6 Abs. 3 der Dienstanweisung für den Kanzler a.F. nur Schriftstücke annehmen, die die Originalunterschrift des Anwalts oder des Bevollmächtigten der Partei tragen. Der Kanzler nehme gem. Art. 10 Abs. 3 der Dienstanweisung a.F. die Einreichung eines durch Fax eingegangenen

[195] G/T/E/*Hackspiel*, Art. 37 EG-Satzung Rn. 13; Hasselbach, ZZP 109 (1996), 195 (207); Jung, EuR 1980, 372 (378); R/M/G, Rn. 681.
[196] EuG Rs. T-194/95 intv II (Area Cova u.a./Rat), Slg. 1996, II-343 (349).
[197] Jung, EuR 1980, 372 (378).
[198] Dienstanweisung für den Kanzler des EuG v. 3.03.1994, ABl. 1994 Nr. L 78, S. 32 ff.
[199] EuG Rs. T-194/95 intv II (Area Cova u.a./Rat), Slg. 1996, II-343 (349); Dauses/Henkel, EuZW 2000, 581 (583); G/T/E/*Hackspiel*, Art. 37 EG-Satzung Rn. 15.

Schriftstücks als fristgerecht erfolgt an, sofern es sich um eine Frist handele, die verlängert werden konnte und die Urschrift dieses Schriftstücks sodann unverzüglich eingereicht werde. Da eine Verlängerung der Frist für die Zulassung als Streithelfer weder nach Art. 115 noch nach Art. 103 EuG-VfO möglich sei, bestimme Art. 10 Abs. 3 Satz 2 der Dienstanweisung a.F. ausdrücklich, dass die Einreichung von Streithilfeanträgen durch Fax nicht zulässig sei.[200]

Die Dienstanweisung für den Kanzler des EuG ist am 29. März 2001 in mehrfacher Hinsicht geändert worden.[201] Die Vorschrift des Art. 10 Abs. 3 Dienstanweisung für den Kanzler a.F. wurde gestrichen. Des Weiteren wurden die Möglichkeiten der fristwahrenden Einreichung von Schriftstücken erheblich erweitert. Art. 6 § 3 Dienstanweisung für den Kanzler wurde der bereits am 6. Dezember 2000 erfolgten Änderung der EuG-VfO[202] in der Hinsicht angepasst, als der Kanzler zwar grundsätzlich wie bei der bisherigen Regelung nur Schriftstücke annimmt, die die Originalunterschrift des Anwalts oder des Bevollmächtigten der Partei tragen. Davon ausgenommen sind nun jedoch Schriftsätze, die dem neu eingefügten Art. 43 § 6 EuG-VfO entsprechend mittels Fax oder sonstiger technischer Kommunikationsmittel mit fristwahrender Wirkung eingereicht werden können. Dies ist der Fall, wenn eine Kopie der unterzeichneten Urschrift eines Schriftsatzes einschließlich des in Art. 43 § 4 EuG-VfO genannten Urkundenverzeichnisses mittels Fernkopierer oder sonstiger beim EuG vorhandener technischer Kommunikationsmittel bei der Kanzlei eingeht, sofern die Urschrift des Schriftsatzes und die in Art. 43 § 1 Abs. 2 EuG-VfO genannten Anlagen und Abschriften spätestens zehn Tage danach bei der Kanzlei eingereicht werden. Unter die sonstigen beim EuG vorhandenen technischen Kommunikationsmittel fällt auch die Übertragung mittels E-Mail, so dass nun auch die Zusendung einer Kopie der unterzeichneten Urschrift im Anhang zu einer E-Mail in Form einer gescannten Kopie fristwahrend wirkt, sofern die unterzeichnete Urschrift spätestens zehn Tage danach bei der Kanzlei eingeht.

Für Verfahren vor dem EuGH wurden die Regelungen bereits durch eine Änderung der EuGH-VfO vom 28. November 2000[203] umgesetzt. So wurde mit Art. 37 § 6 EuGH-VfO eine der Regelung des Art. 44 § 6 EuG-VfO entsprechende Vorschrift neu eingefügt.

Durch diese Änderungen der EuG-VfO, der Dienstanweisung für den Kanzler des EuG und der EuGH-VfO ist die Möglichkeit, für den Schriftverkehr zwischen der Kanzlei des EuG und des EuGH und den Anwälten und Bevollmächtigten der Parteien, Fax, E-Mail oder sonstige technische Kommunikationsmittel zu verwenden, stark erweitert worden. Somit ist den Ansprüchen der Praxis an neu entstandene technische Kommunikationsmittel Rechnung getragen worden.

---

[200] EuG Rs. T-194/95 intv II (Area Cova u.a./Rat), Slg. 1996, II-343 (349).
[201] In Kraft getreten am 28.04.2001; ABl. Nr. L 119 v. 27.04.2001, S. 2 ff.
[202] In Kraft getreten am 1.02.2001; ABl. Nr. L 322 v. 19.12.2000, S. 4 ff.
[203] In Kraft getreten am 1.02.2001; ABl. Nr. L 322 v. 19.12.2000, S. 1 ff.

1. Form und Inhalt

Die formalen Anforderungen an einen Antrag auf Zulassung als Streithelfer entsprechen weitgehend denen an eine Klageschrift, da Art. 93 § 1 EuGH-VfO, 115 § 2 EuG-VfO auf die Art. 37, 38 EuGH-VfO bzw. Art. 43, 44 EuG-VfO verweisen, die Vorschriften über die Klageerhebung im schriftlichen Verfahren bei allgemeinen Verfahrensarten enthalten. Demnach sind gem. Art. 37 § 1 Abs. 2 EuGH-VfO, Art. 43 § 1 Abs. 2 EuG-VfO zusammen mit der Urschrift des Zulassungsantrages und allen darin erwähnten Anlagen fünf Abschriften für das jeweilige Gericht und je eine Abschrift für jede andere am Rechtsstreit beteiligte Partei einzureichen, so dass also mindestens sieben Abschriften des Zulassungsantrages beizufügen sind. Die von der Partei eingereichten Abschriften sind von ihr zu beglaubigen.

Der Zulassungsantrag muss gem. Art. 93 § 1 Abs. 2 lit. a – f EuGH-VfO, Art. 115 § 2 lit. a – f EuG-VfO die genaue Bezeichnung der Rechtssache, auf die er sich bezieht, die Bezeichnung der Parteien, Namen und Wohnsitz des Antragstellers, die Angabe der Anträge der Hauptpartei, die der Antragsteller unterstützen will, die Benennung eines Zustellungsbevollmächtigten am Ort des Gerichtssitzes sowie für den Fall eines Antrags eines nicht-privilegierten Streithelfers, die Darstellung der Umstände enthalten, aus denen sich ein Recht zum Streitbeitritt ergibt. Die EWR-Vertragsstaaten und die EFTA-Überwachungsbehörde müssen daher ausführen, dass der Rechtsstreit einen der Anwendungsbereiche des EWR-Abkommens betrifft, während „andere Personen" in der Antragsschrift ihr Interesse am Ausgang des Rechtsstreits glaubhaft machen müssen.

Es können nur die Anträge bzw. ein Teil der Anträge des Klägers oder des Beklagten unterstützt werden, nicht die Anträge beider Parteien.[204]

Der anwaltliche Vertreter des Antragstellers hat gem. Art. 38 § 3 EuGH-VfO, Art. 44 § 3 EuG-VfO bei der Kanzlei des jeweiligen Gerichts eine Bescheinigung darüber zu hinterlegen, dass er berechtigt ist, vor einem Gericht eines Mitgliedstaates oder eines anderen Vertragsstaates des EWR-Abkommens aufzutreten.

Handelt es sich bei dem Antragsteller um eine juristische Person des Privatrechts, was bei Interessenverbänden in der Regel der Fall sein wird, so muss diese gem. Art. 38 § 5 EuGH-VfO, Art. 44 § 5 EuG-VfO schon mit der Antragsschrift ihre Rechtspersönlichkeit durch Einreichung ihrer Satzung oder eines neueren Auszugs aus dem Handels- oder dem Vereinsregister nachweisen. Darüber hinaus ist eine Bescheinigung darüber beizufügen, dass die Prozessvollmacht ihres Anwalts von einem hierzu Berechtigten ordnungsgemäß ausgestellt wurde.

Schließlich ist ein Kostenantrag zu stellen, da sonst jede Partei gem. Art. 69 § 5 Abs. 3 EuGH-VfO, Art. 87 § 5 Abs. 3 EuG-VfO ihre eigenen Kosten trägt.

---

[204] EuGH Rs. C-156/93 (Parlament/Kommission), Slg. 1995, I-2019 (2046); Rs. C-245/95 P (Kommission/NTN Corporation u.a.), Slg. 1996, I-559 (565); EuG Rs. T-66/94 (Auditel/Kommission), Slg. 1995, II-239 (248).

Der Antragsteller kann seinen Antrag jederzeit, selbst wenn er schon zugelassen sein sollte, wieder zurücknehmen.[205]
Wer bereits im erstinstanzlichen Verfahren als Streithelfer zugelassen war, ist nach Art. 49 EG-Satzung, Art. 49 EGKS-Satzung, Art. 50 EAG-Satzung als Partei am Rechtsmittelverfahren beteiligt. Ein erneuter Zulassungsantrag ist daher unzulässig.[206] Auch ein erstmals im Rechtsmittelverfahren zugelassener Streithelfer bleibt, wenn sich aus dem Rechtsmittelurteil nichts anderes ergibt, nach einer Zurückverweisung des Rechtsstreits an das EuG am Verfahren beteiligt.[207]

2. Verfahrenssprache

Nach Art. 29 § 3 Abs. 4 EuGH-VfO, Art. 35 § 3 Abs. 4 EuG-VfO dürfen sich Mitgliedstaaten ihrer eigenen Amtssprache bedienen, wenn sie als Streithelfer beitreten. Die anderen EWR-Vertragsstaaten, die nicht Mitgliedstaaten sind, sowie die EFTA-Überwachungsbehörde können gem. Art. 29 § 3 Abs. 5 EuGH-VfO, Art. 35 § 3 Abs. 5 EuG-VfO eine der in Art. 29 § 1 EuGH-VfO, Art. 35 § 1 EuG-VfO genannten Verfahrenssprachen wählen.
Andere Streithelfer müssen sich von ihrer Zulassung an grundsätzlich der Verfahrenssprache bedienen. Der Zulassungsantrag kann dagegen nach der Praxis des EuGH in einer anderen Sprache eingereicht werden.[208] Beim EuG reicht der in einer anderen Sprache gestellte Antrag zur Fristwahrung aus, er muss aber gem. Art. 6 Abs. 5 Satz 3 Dienstanweisung für den Kanzler des EuG innerhalb einer vom Kanzler gesetzten Frist in der Verfahrenssprache nachgereicht werden. Eine andere Sprache als die in Art. 29 § 1 EuGH-VfO, Art. 35 § 1 EuG-VfO genannten Verfahrenssprachen kann auf Antrag einer Partei nach Anhörung der Gegenpartei und des Generalanwalts gem. Art. 29 § 2 lit. c EuGH-VfO, Art. 35 § 2 lit. b EuG-VfO ganz oder teilweise als Verfahrenssprache zugelassen werden. Dies ist insbesondere dann möglich, wenn es sich um eine Ausnahme nur für die mündliche Verhandlung handelt.[209] Der Antrag kann nicht von einem Gemeinschaftsorgan gestellt werden.

---

[205] EuGH Verb. Rs. 6, 7/73 (Commercial Solvents/Kommission), Slg. 1974, 223 (227); Rs. 73/74 (Papiers Peints/Kommission), Slg. 1975, 1491 (1497); Ehle/Schiller, EuR 1982, 48 (57); R/M/G, Rn. 679.
[206] EuGH Rs. C-244/91 P (Pincherle/Kommission), Slg. 1993, I-6965 (7001); Rs. C-245/95 P (Kommission/NTN Corporation), Slg. 1996, I-553 (557).
[207] EuG Rs. T-43/89 RV (Gill/Kommission), Slg. 1993, II-303 (313).
[208] EuGH Rs. 30/59 (Gezamenlijke Steenkolenmijnen/Hohe Behörde), Slg. 1961, 99 (102).
[209] EuG Rs. T-330/94 (Salt Union/Kommission), Slg. 1995, II-2881 (2891).

3. Anwaltliche Vertretung

Nach Art. 93 § 1 EuGH-VfO, Art. 115 § 3 EuG-VfO gelten für die Vertretung des Streithelfers die Art. 17 EG-Satzung, Art. 20 Abs. 1, 2 EGKS-Satzung und Art. 17 EAG-Satzung. Für die Einreichung des Streithilfeantrages und das im Fall einer Zulassung durchzuführende Verfahren besteht somit für den Antragsteller, sofern es sich nicht um einen Mitgliedstaat, ein Gemeinschaftsorgan, einen anderen EWR-Vertragsstaat oder die EFTA-Überwachungsbehörde handelt, Anwaltszwang. Um vor den Gerichten auftreten zu können, muss der Anwalt gem. Art. 17 Abs. 4 EG-Satzung, Art. 20 Abs. 2 EGKS-Satzung, Art. 17 Abs. 4 EAG-Satzung berechtigt sein, vor einem Gericht eines Mitgliedstaates oder eines anderen Vertragstaates des EWR-Abkommens aufzutreten. Eine Bescheinigung darüber ist gem. Art. 38 § 3 EuGH-VfO, Art. 44 § 3 EuG-VfO bei der Kanzlei des jeweiligen Gerichts mit Einreichung des Streithilfeantrags zu hinterlegen. Ebenso wie eine Hauptpartei muss auch der Antragsteller im Streithilfeantrag gem. Art. 38 § 2 Abs. 1 EuGH-VfO, Art. 44 § 2 Abs. 1 EuG-VfO für die Zwecke des Verfahrens eine Zustellungsanschrift am Ort des Gerichtssitzes[210] angeben. Wird kein Zustellungsbevollmächtigter benannt, trägt der Antragsteller bis zur Behebung des Mangels das Verspätungsrisiko, da die Zustellung an den Bevollmächtigten oder Anwalt der Partei abweichend von Art. 79 § 1 EuGH-VfO, Art. 100 § 1 EuG-VfO mit der Aufgabe des Einschreibens zur Post am Ort des Gerichtssitzes als bewirkt gilt.
Durch die Änderungen der EuGH-VfO vom 28. November 2000 und der EuG-VfO vom 6. Dezember 2000 wurden Art. 38 § 2 Abs. 2 EuGH-VfO, Art. 44 § 2 Abs. 2 EuG-VfO eingefügt, um eine Abweichung von diesem Grundsatz zu ermöglichen. Nach diesen Vorschriften ist es möglich, dass der Kanzler der jeweiligen Gerichts Zustellungen an den Anwalt oder Bevollmächtigten einer Partei mittels Fernkopierer oder sonstiger technischer Kommunikationsmittel bewirken kann, wenn er zusätzlich zu oder statt der in Art. 38 § 2 Abs. 1 EuGH-VfO, Art. 44 § 2 Abs. 1 EuG-VfO genannten Zustellungsanschrift im Zulassungsantrag angegeben hat, dass er sich damit einverstanden erklärt.

4. Rechtsfolgen bei Nichteinhaltung der Formerfordernisse

Da die Vorschriften der Art. 37, 38 EuGH-VfO, Art. 43, 44 EuG-VfO über die Einreichung einer Klageschrift für einen Streithilfeantrag entsprechend gelten, lassen sich auch in diesem Zusammenhang konstitutive Formvorschriften gem. Art. 38 §§ 1, 2 EuGH-VfO, Art. 44 §§ 1, 2 EuG-VfO und nicht-konstitutive Merkmale gem. Art. 38 §§ 3 – 6 EuGH-VfO, Art. 44 §§ 3 – 5a EuG-VfO unter-

---

[210] Sitz des EuGH und des EuG ist Luxemburg.

scheiden. Letztere betreffen insbesondere den anwaltlichen Zulassungsnachweis sowie den Rechtspersönlichkeitsnachweis juristischer Personen des Privatrechts. Mängel bei konstitutiven Formerfordernissen verhindern grundsätzlich die Eintragung in das Register sowie den Eintritt der fristwahrenden Wirkung, da in diesem Fall kein Streithilfeantrag i.S.v. Art. 38 EuGH-VfO, Art. 44 EuG-VfO vorliegt. Liegen dagegen Mängel bei nicht-konstitutiven Formerfordernissen vor, wird der Streithilfeantrag in das Register eingetragen. Die fristwahrende Wirkung bleibt erhalten. Entspricht ein Streithilfeantrag nicht den nach Art. 38 §§ 3 – 6 EuGH-VfO, Art. 44 §§ 3 – 5 EuG-VfO[211] vorausgesetzten Formerfordernissen, so setzt der Kanzler des EuGH oder des EuG dem Beitrittswilligen gem. Art. 93 § 1, 38 § 7 EuGH-VfO, Art. 115 § 2, 44 § 6 EuG-VfO eine angemessene Frist zur Behebung der Mängel oder zur Beibringung der vorgeschriebenen Unterlagen. Kommt der Antragsteller dieser Aufforderung vor Ablauf der Frist nicht nach, so entscheidet das jeweilige Gericht nach Anhörung des Generalanwalts, ob die Nichtbeachtung der Formvorschriften die Unzulässigkeit des Streithilfeantrags zur Folge hat.
Allerdings entspricht es einer tatsächlichen Übung des EuGH für die Einreichung von Klageschriften, auch bei Mängeln konstitutiver Formerfordernisse gem. Art. 38 § 7 EuGH-VfO analog eine Frist zur Behebung einzuräumen, sofern der Mangel heilbar ist. Nicht heilbar ist die Versäumung einer Klagefrist.[212]

III. Zustellung an die Parteien und Stellungnahme

Ist der Zulassungsantrag form- und fristgerecht eingereicht, so wird er den Parteien des Hauptverfahrens sowie gegebenenfalls auch weiteren bereits zugelassenen Streithelfern gem. Art. 93 § 2 Abs. 1 EuGH-VfO, Art. 116 § 1 Abs. 1 EuG-VfO zugestellt. Vor einer Entscheidung über die Zulässigkeit des Streithilfeantrags können die Parteien grundsätzlich gem. Art. 93 § 2 Abs. 2 EuGH-VfO, Art. 116 § 1 Abs. 2 EuG-VfO schriftlich oder mündlich Stellung nehmen. Bei Anträgen privilegierter Streithelfer ist eine Stellungnahme der Parteien zur Frage der Zulässigkeit zwar überflüssig, sofern die Frist zum Beitritt gewahrt ist. Die Gelegenheit zur Äußerung gibt den Parteien des Hauptverfahrens aber auch in diesem Fall die Möglichkeit, vor einer Entscheidung über die Zulassung eines Streithelfers die vertrauliche Behandlung von Teilen der Verfahrensunterlagen zu beantragen. Deswegen ist auch im Falle des Beitritts eines privilegierten Streithelfers die Möglichkeit einer Stellungnahme durch die Parteien sinnvoll.

---

[211] Art. 44 § 5a EuG-VfO müsste in Art. 44 § 6 EuG-VfO aufgrund seines Regelungsgehaltes eigentlich auch genannt werden. Dies ist als ein rein redaktionelles Versehen bei der Einfügung von Art. 44 § 5a EuG-VfO zu bewerten.
[212] Koenig/Sander, Rn. 97.

Der Antragsteller kann nur dann auf diese Stellungnahmen antworten, wenn eine mündliche Anhörung über die Zulassung durchgeführt wird.

IV. Entscheidung über die Zulassung als Streithelfer

Über die Zulassung der Streithilfe entscheidet gem. Art. 93 § 2 Abs. 3 EuGH-VfO, Art. 116 § 1 Abs. 3 EuG-VfO der Präsident des Gerichts, vor dem das Hauptverfahren anhängig ist, durch Beschluss. In schwierigen Fällen können die Präsidenten die Entscheidung dem Plenum des EuGH oder des EuG übertragen. In dem Beschluss wird nur über die Zulassung der Streithilfe entschieden. Mit der Entscheidung werden keine weitergehenden Folgen für die vom Antragsteller angekündigten unterstützenden Anträge, ihre Zulässigkeit oder Begründetheit, oder das Hauptverfahren selbst getroffen.[213] Diese bleiben vielmehr der Endentscheidung vorbehalten. Deshalb ist eine auf Teilbereiche des Hauptverfahrens oder bestimmte Streitpunkte beschränkte Zulassung der Streithilfe möglich.[214]
Über Zulassungsanträge muss nicht entschieden werden, wenn die Klage im Hauptverfahren offensichtlich unzulässig ist und deshalb durch Beschluss abgewiesen wird.[215] Im Verfahren zur Gewährung einstweiligen Rechtsschutzes kann dem Dritten die Teilnahme an der mündlichen Anhörung unter dem Vorbehalt seiner Zulassung als Streithelfer gestattet und die Entscheidung über die Zulassung mit der Entscheidung über die Maßnahmen des einstweiligen Rechtsschutzes verbunden werden.[216] Ergibt sich dabei schon aus dem Vorbringen der Parteien des Hauptverfahrens, dass die Voraussetzungen für Maßnahmen des einstweiligen Rechtsschutzes nicht vorliegen, so kann es entbehrlich sein, über die Zulassung von Streithelfern des Antragsgegners zu entscheiden.[217]
Die Zulassung der Streithilfe hängt für den Fall eines nicht-privilegierten Antragsstellers allein davon ab, ob der Antragsteller ein berechtigtes Interesse am Ausgang des anhängigen Rechtsstreits glaubhaft machen kann.[218] Ist der Streithilfeantrag unzulässig, so wird er abgewiesen.[219]

---

[213] G/T/E/*Hackspiel*, Art. 37 EG-Satzung Rn. 17; R/M/G, Rn. 683.

[214] EuGH Verb. Rs. 41, 43 – 48, 50, 111, 113 und 114/73 (Générale Sucrière u.a./Kommission), Slg. 1973, 1465 (1469); EuGH Verb. Rs. 40 – 48, 50, 54 – 56, 111, 113 und 114/73 (Suiker Unie u.a./Kommission) Slg. 1975, 1663 (1697); G/T/E/*Hackspiel*, Art. 37 EG-Satzung Rn. 17; R/M/G, Rn. 683.

[215] EuG Rs. T-36/92 (SFEI/Kommission), Slg. 1992, II-2479 (2496); Rs. T-99/94 (Asocarne/Rat), Slg. 1994, II-871 (881).

[216] EuG Rs. T-395/94 R (Atlantic Container Line u.a./Kommission), Slg. 1995, II-595 (607).

[217] EuG Rs. T-2/95 R (Industrie des poudres sphériques/Rat), Slg. 1995, II-485 (501).

[218] Hasselbach, ZZP 109 (1996), 195 (207).

[219] EuGH Verb. Rs. 116, 124 und 143/77 (Amylum u.a./Rat und Kommission), Slg. 1978, 893 (895).

Die durch den unzulässigen Streithilfeantrag verursachten Kosten werden gem. Art. 69 § 2 EuGH-VfO, Art. 87 § 2 EuG-VfO dem Antragsteller auferlegt.[220] Wird die beantragte Streithilfe demgegenüber ganz oder teilweise zugelassen, bleibt die Kostenentscheidung dem Endurteil vorbehalten.[221] Unterliegt die vom Streithelfer unterstützte Partei im Hauptverfahren, so werden dem Streithelfer auch diejenigen Kosten auferlegt, die der gegnerischen Partei durch die Zulassung der Streithilfe zusätzlich entstanden sind.[222] Obsiegt die unterstütze Partei dagegen, so hat grundsätzlich die gegnerische Partei auch die dem Streithelfer entstandenen Kosten zu tragen.[223] Für eine Kostenerstattung bedarf es jedoch gem. Art. 69 § 2 EuGH-VfO, Art. 87 § 2 EuG-VfO eines gesonderten Antrags.

V. Rechtsmittel bei Ablehnung des Zulassungsantrags

Wird der Zulassungsantrag abgewiesen, so ist das Verfahren vor dem EuGH beendet. Der gescheiterte Antragsteller kann zwar seinen Antrag mit einem veränderten Sach- oder Rechtsvortrag erneut stellen, in der Regel wird ein derartiges Vorgehen aber am Ablauf der Antragsfrist scheitern.

Vor dem EuG hingegen steht dem Antragsteller gem. Art. 50 Abs. 1, 3 EG-Satzung, Art. 50 Abs. 1, 3 EGKS-Satzung, Art. 51 Abs. 1, 3 EAG-Satzung ein Rechtsmittel zum EuGH zu, das in einer Frist von zwei Wochen nach Zustellung der ablehnenden Entscheidung beim EuGH einzulegen ist. Im Vergleich zu der für ein Rechtsmittel zum EuGH grundsätzlich gem. Art. 49 Abs. 1 EG-Satzung, Art. 49 Abs. 1 EGKS-Satzung, Art. 50 Abs. 1 EAG-Satzung geltenden Frist von zwei Monaten ist diese Frist stark verkürzt. Dadurch soll sichergestellt werden, dass das Verfahren vor dem EuG durch das Rechtsmittel nicht unzumutbar verzögert wird.[224]

Über das Rechtsmittel entscheidet der Präsident des EuGH nach Art. 36 EG-Satzung, Art. 33 Abs. 1 EGKS-Satzung, Art. 37 EAG-Satzung in einem summarischen Verfahren, also nach den Vorschriften über die einstweilige Anordnung. Die Vorschriften des Art. 37 EAG-Satzung entsprechen wörtlich Art. 36 EG-Satzung. Art. 33 EGKS-Satzung ist zwar abweichend formuliert, inhaltlich besteht aber kein Unterschied zur Regelung in Art. 36 EG-Satzung.[225] In Ergänzung gel-

---

[220] EuGH Rs. 111/63 (Lemmerz-Werke/Hohe Behörde), Slg. 1965, 941 (943); Verb. Rs. 116, 124 und 143/77 (Amylum u.a./Rat und Kommission), Slg. 1978, 893 (895).

[221] EuGH Rs. 58/64 (Grundig/Kommission), Slg. 1966, 453 (456); Verb. Rs. 113/77 R und 113/77 R-Int. (NTN Toyo Bearing/Rat) Slg. 1977, 1721 (1726); Rs. 40/79 (Frau P./Kommission), Slg. 1979, 3299 (3300).

[222] EuGH Rs. 113/77 (NTN Toyo Bearing u.a./Rat), Slg. 1979, 1185 (1211); Rs. 118/77 (I.S.O./Rat), Slg. 1979, 1277 (1301).

[223] EuGH Rs. 130/75 (Prais/Rat), Slg. 1976, 1589 (1600); Rs. 73/74 (Papiers Peints/Kommission), Slg. 1975, 1491 (1497).

[224] G/T/E/*Jung*, Art. 168 a EGV Rn. 214.

[225] G/T/E/*Hackspiel*, Art. 36 EG-Satzung Rn. 3.

ten die Vorschriften der Art. 110 – 123 EuGH-VfO im Hinblick auf den Charakter als Rechtsmittel gegen Entscheidungen des EuG. Das abgekürzte Verfahren für Anträge im einstweiligen Rechtsschutz ist in den Art. 83 – 90 EuGH-VfO, Art. 104 – 110 EuG-VfO geregelt. Soweit Art. 36 EG-Satzung, Art. 33 EGKS-Satzung, Art. 37 EAG-Satzung im Rechtsmittelverfahren gelten, ordnet Art. 118 EuGH-VfO die entsprechende Anwendung dieser Vorschriften an.

Abweichungen zu den allgemeinen Verfahrensregeln der Satzungen bestehen vor allem im Hinblick auf Art. 18 EG-Satzung, Art. 21 EGKS-Satzung, Art. 18 EAG-Satzung. Das Verfahren nach Art. 36 EG-Satzung, Art. 33 Abs. 1 EGKS-Satzung, Art. 37 EAG-Satzung gliedert sich, anders als das Hauptsacheverfahren, nicht in einen schriftlichen und einen mündlichen Verfahrensabschnitt.[226]

Das Rechtsmittel steht nur dem Antragsteller zu, nicht aber der Partei des Hauptverfahrens, die er zu unterstützen beabsichtigt. Im Fall der unberechtigten Zulassung der Streithilfe ist die Eröffnung eines gesonderten Rechtsmittels nicht erforderlich. Denn die Parteien des Hauptverfahrens können dies gegebenenfalls als Verfahrensfehler im Rahmen eines Rechtsmittels gegen die Endentscheidung geltend machen.[227]

Das Rechtsmittel im summarischen Verfahren ist wie das allgemeine Rechtsmittel nach Art. 51 Abs. 1 EG-Satzung, Art. 51 Abs. 1 EGKS-Satzung, Art. 52 Abs. 1 EAG-Satzung auf die Überprüfung von Rechtsfragen beschränkt. Die Entscheidung über das Bestehen eines berechtigten Interesses am Ausgang des anhängigen Rechtsstreits beruht auf einer Wertung, bei der in der Regel Fragen der Sachverhaltswürdigung, die der Kontrolle in der Rechtsmittelinstanz nicht zugänglich sind, eine erhebliche Rolle spielen werden. Seine praktische Bedeutung ist daher begrenzt.[228] Ein Rechtsmittel könnte dagegen auf die Verkennung der rechtlichen Tragweite dieser Voraussetzungen gestützt werden. Ferner hat der Präsident des EuGH auch die Rüge einer Verletzung der allgemeinen Rechtsgrundsätze des effektiven Rechtsschutzes und der Verhältnismäßigkeit für zulässig erachtet.[229] Dabei hat er sich aber insoweit auf eine Prüfung offensichtlicher Beurteilungsfehler beschränkt.[230]

---

[226] G/T/E/*Hackspiel*, Art. 36 EG-Satzung Rn. 6.
[227] G/T/E/*Jung*, Art. 168 a EGV Rn. 213.
[228] G/T/E/*Jung*, Art. 168 a EGV Rn. 217.
[229] EUGH Rs. C-12/95 P (Transacciones Marítimas u.a./Kommission), Slg. 1995, I-467 (473).
[230] EuGH Rs. C-149/95 P (R) (Kommission/Atlantic Container Line u.a.), Slg. 1995, I-2168 (2186).

Die Verweisung auf das summarische Verfahren der Art. 36 EG-Satzung, Art. 33 Abs. 1 EGKS-Satzung, Art. 37 EAG-Satzung für die Entscheidung über dieses Rechtsmittel bezieht sich sowohl auf den Verfahrensablauf als auch auf die Zuständigkeit des Präsidenten des EuGH. Über Rechtsmittel nach Art. 50 Abs. 1, 3 EG-Satzung, Art. 50 Abs. 1, 3 EGKS-Satzung, Art. 51 Abs. 1, 3 EAG-Satzung entscheidet also grundsätzlich der Präsident nach einem abgekürzten schriftlichen Verfahren mit oder ohne mündliche Anhörung der Beteiligten.[231]
Da nur bei Ablehnung eines Zulassungsantrags durch das EuG ein Rechtsmittel gegeben ist, sieht Art. 116 § 1 Abs. 3 EuG-VfO auch nur für diesen Fall eine Begründung des Ablehnungsbeschlusses vor.

B. Zusammenfassung

Das Zulassungsverfahren beginnt mit der Einreichung des Zulassungsantrags bei der Kanzlei des EuGH oder des EuG. Dabei sind eine Urschrift und mindestens sieben Abschriften des Zulassungsantrags zu übersenden. Eine fristwahrende Einreichung einer Kopie der unterzeichneten Urschrift des Zulassungsantrags einschließlich des Urkundenverzeichnisses mittels Fernkopierer oder sonstiger bei den Gerichten vorhandener technischer Kommunikationsmittel ist möglich, sofern die unterzeichnete Urschrift des Schriftsatzes und die Anlagen und Abschriften spätestens zehn Tage danach bei der Kanzlei des EuGH oder EuG eingeht. Diese Möglichkeit umfasst die Einreichung mittels Fax oder im Anhang zu einer E-Mail als gescannte Kopie. Die Frist beträgt für eine Zulassung in einem Direktklageverfahren sechs Wochen nach der Veröffentlichung der in Art. 16 § 6 EuGH-VfO, Art. 24 § 6 EuG-VfO bezeichneten Mitteilung im Amtsblatt der EG (Teil C). Die Antragsfrist wird um eine pauschale Entfernungsfrist von zehn Tagen verlängert. In einem Rechtsmittelverfahren gegen Urteile des EuG beträgt die Antragsfrist dagegen einen Monat nach der in Art. 16 § 6 EuGH-VfO bezeichneten Veröffentlichung. Liegt ein Fall der Art. 93 § 7 EuGH-VfO, Art. 116 § 6 EuG-VfO nicht vor und versäumt der Antragsteller die Antragsfrist ohne sein Verschulden oder infolge höherer Gewalt, bleibt nur noch ein Antrag auf Wiedereinsetzung in den vorigen Stand. Der Wiedereinsetzungsantrag kann nicht auf die fehlende Kenntnis von der Anhängigkeit der Hauptsache gestützt werden.
Liegt eine anderweitige Fristversäumung vor, wird der Zulassungsantrag ohne weiteres als unzulässig abgewiesen. Die Antragsfrist erhält so den Charakter einer Ausschlussfrist.
Die formalen Anforderungen an den Zulassungsantrag entsprechen weitgehend denen an eine Klageschrift, da die für die Einreichung einer Klageschrift geltenden Vorschriften entsprechend anzuwenden sind. Neben der genauen Bezeichnung der Rechtssache und der Parteien des Hauptverfahrens sind die Anträge zu

---

[231] EUGH Rs. C-12/95 P (Transacciones Marítimas u.a./Kommission), Slg. 1995, I-467 (473).

benennen, die der Antragsteller unterstützen will. Ferner muss der Antragsteller, sofern er nicht privilegiert ist, die Gründe glaubhaft machen, aus denen sich sein Recht zum Streitbeitritt ergibt. Dies ist bei „anderen Personen“ ein Nachweis eines berechtigten Interesses am Ausgang des anhängigen Rechtsstreits. Ferner ist grundsätzlich die Benennung eines Zustellungsbevollmächtigten am Ort des Gerichtssitzes erforderlich. Ansonsten trägt der Antragsteller das Verspätungsrisiko. Zusätzlich oder anstelle der Zustellungsanschrift kann im Zulassungsantrag angegeben werden, dass sich der Anwalt oder der Bevollmächtigte der Partei damit einverstanden erklärt, dass Zustellungen an ihn mittels Fernkopierer oder sonstiger technischer Kommunikationsmittel erfolgen.

Handelt es sich bei dem Antragsteller um eine juristische Person des Privatrechts, so muss diese schon mit der Antragsschrift ihre Rechtspersönlichkeit durch Einreichung ihrer Satzung oder eines neueren Auszugs aus dem Handels- oder dem Vereinsregister nachweisen. Darüber hinaus ist eine Bescheinigung darüber beizufügen, dass die Prozessvollmacht ihres Anwalts von einem hierzu Berechtigten ordnungsgemäß ausgestellt wurde.

Schließlich ist ein Kostenantrag zu stellen. Der Antragsteller kann seinen Antrag jederzeit, selbst wenn er schon zugelassen sein sollte, wieder zurücknehmen.

Mitgliedstaaten dürfen sich ihrer eigenen Amtssprache bedienen. Die anderen EWR-Vertragsstaaten, die nicht Mitgliedstaaten sind, sowie die EFTA-Überwachungsbehörde können eine der in Art. 29 § 1 EuGH-VfO, Art. 35 § 1 EuG-VfO genannten Verfahrenssprachen wählen. Andere Streithelfer müssen sich von ihrer Zulassung an grundsätzlich der Verfahrenssprache bedienen. Der Zulassungsantrag kann dagegen nach der Praxis des EuGH in einer anderen Sprache eingereicht werden. Beim EuG reicht der in einer anderen Sprache gestellte Antrag zur Fristwahrung aus, er muss aber innerhalb einer vom Kanzler gesetzten Frist in der Verfahrenssprache nachgereicht werden. Eine andere Sprache als die in Art. 29 § 1 EuGH-VfO, Art. 35 § 1 EuG-VfO genannten Verfahrenssprachen kann auf Antrag einer Partei nach Anhörung der Gegenpartei und des Generalanwalts ganz oder teilweise als Verfahrenssprache zugelassen werden.

Für die Einreichung des Streithilfeantrages und das im Fall einer Zulassung durchzuführende Verfahren besteht für den Antragsteller, sofern es sich nicht um einen Mitgliedstaat, ein Gemeinschaftsorgan, einen anderen EWR-Vertragsstaat oder die EFTA-Überwachungsbehörde handelt, Anwaltszwang. Um vor den Gerichten auftreten zu können, muss der Anwalt berechtigt sein, vor einem Gericht eines Mitgliedstaates oder eines anderen Vertragstaates des EWR-Abkommens aufzutreten. Eine Bescheinigung darüber ist bei der Kanzlei des jeweiligen Gerichts mit Einreichung des Streithilfeantrags zu hinterlegen.

Erfüllt der Zulassungsantrag die formalen und inhaltlichen Anforderungen nicht, setzt der Kanzler des EuGH oder des EuG dem Antragsteller zur Behebung der Mängel eine angemessene Frist. Kommt der Antragsteller dieser Aufforderung vor Ablauf der Frist nicht nach, so entscheidet das betreffende Gericht nach An-

hörung des Generalanwalts, ob die Nichtbeachtung der Formvorschriften die Unzulässigkeit des Zulassungsantrags zur Folge hat.
Ist der Zulassungsantrag ordnungsgemäß eingegangen, wird er den Parteien des Hauptverfahrens sowie gegebenenfalls weiteren Streithelfern zur Stellungnahme zugestellt. Zuständig für die Entscheidung über die Zulassung des Antragstellers ist der Präsident des Gerichts, vor dem das Hauptverfahren anhängig ist. Vor der Entscheidung können die Parteien sowie gegebenenfalls weitere bereits zugelassene Streithelfer grundsätzlich schriftlich oder mündlich Stellung nehmen. Der Antragsteller kann auf diese Stellungnahmen nur antworten, wenn eine mündliche Anhörung über die Zulassung durchgeführt wird. Die Entscheidung ergeht durch Beschluss, der die Zulassung auf Teile des Rechtsstreits beschränken kann. Ist der Zulassungsantrag unzulässig, so wird er abgewiesen. Eine Begründung ist nur für den Fall vorgesehen, dass der Zulassungsantrag vor dem EuG zurückgewiesen wird. Denn nur in diesem Fall ist ein Rechtsmittel zum EuGH gegeben.
Wird der Zulassungsantrag vor dem EuGH abgewiesen, ist das Zulassungsverfahren beendet.
Das Rechtsmittel ist innerhalb von zwei Wochen nach Zustellung der ablehnenden Entscheidung beim EuGH einzulegen. Über das Rechtsmittel entscheidet der Präsident des EuGH in einem summarischen Verfahren. Das Rechtsmittel steht nur dem Antragsteller zu und ist auf die Überprüfung von Rechtsfragen beschränkt. Die Verweisung auf die Vorschriften der einstweiligen Anordnung bezieht sich sowohl auf den Verfahrensablauf als auch auf die Zuständigkeit des Präsidenten. Dies bedeutet, dass der Präsident in einem abgekürzten schriftlichen Verfahren mit oder ohne mündliche Anhörung der Beteiligten entscheidet.

3. Teil

Das Streithilfeverfahren

Im nun folgenden Teil sollen die Einzelheiten des eigentlichen Streithilfeverfahrens gem. Art. 93 § 4 – 6 EuGH-VfO, Art. 116 § 3 – 5 EuG-VfO untersucht werden. Dieses folgt nur, wenn der Zulassungsantrag zulässig ist und eine Intervention in dem anhängigen Rechtsstreit zugelassen wird.

A. Rechtsstellung des Streithelfers im Hauptverfahren

Wird dem Zulassungsantrag durch Beschluss stattgegeben, ist der Antragsteller für das Hauptverfahren zugelassen. Nach seiner Zulassung, kommt ihm als Streithelfer eine eigene verfahrensmäßige Position zu. Der Streithelfer ist weder Partei noch Vertreter einer Partei des Hauptverfahrens. Er handelt vielmehr in eigenem Namen neben oder anstelle der von ihm unterstützten Partei.[232] In einem normalen Klageverfahren ist er befugt, verfahrensmäßige Anträge zu stellen.
Demgegenüber steht ihm im abgekürzten Verfahren für Anträge auf einstweiligen Rechtschutz gem. Art. 36 EG-Satzung, Art. 33 EGKS-Satzung, Art. 37 EAG-Satzung i.V.m. Art. 83 – 90 EuGH-VfO, Art. 104 – 110 EuG-VfO kein eigenes Antragsrecht zu. Die Gerichte können sich somit auf die Anträge der Hauptparteien beschränken, was der Dringlichkeit der beantragten Entscheidung besser Rechnung trägt.[233]
Mit der Zulassung erhält der Streithelfer die Stellung eines Prozessbeteiligten. Am weiteren Fortgang des Hauptverfahrens wird der Streithelfer wie eine Partei beteiligt. Er hat demnach das Recht auf Benachrichtigung von allen Prozessterminen und wird zu den Terminen geladen. Weiterhin hat er das Recht, Fragen an die Zeugen und Sachverständigen zu richten und in der mündlichen Verhandlung zu plädieren.[234]

---

[232] Ehle/Schiller, EuR 1982, 48 (55); R/M/G, Rn. 686.
[233] R/M/G, Rn. 686.
[234] Ehle/Schiller, EuR 1982, 48 (57); Hasselbach, ZZP 109 (1996), 195 (208) R/M/G, Rn. 689.

I. Zugang zu Verfahrensdokumenten

1. Unterlagen der Hauptparteien

a) Grundsatz der Übermittlung der Verfahrensdokumente

Nach seiner Zulassung sind dem Streithelfer grundsätzlich alle den Parteien zugestellten Schriftstücke gem. Art. 93 § 3 EuGH-VfO, Art. 116 § 2 EuG-VfO zu übermitteln. Dies sind insbesondere die ausgetauschten Schriftsätze mit ihren Anlagen.
Bei einer Streithilfe nach Art. 134 § 1 EuG-VfO erhält der Streithelfer die Klageschrift gem. Art. 133 § 1, 2 EuG-VfO schon vor seiner Verfahrensbeteiligung.

b) Schutz geheimer oder vertraulicher Unterlagen

Die Parteien des Hauptverfahrens können allerdings ein schutzwürdiges Interesse daran haben, dass bestimmte Angaben, die diese Schriftstücke enthalten, den Streithelfern nicht zugänglich gemacht werden. Dies gilt insbesondere dann, wenn es sich bei den Streithelfern um ihre Konkurrenten handelt. Diesem Interesse wird dadurch Rechnung getragen, dass gem. Art. 93 § 3 Satz 2 EuGH-VfO, Art. 116 § 2 Satz 2 EuG-VfO auf Antrag der Parteien des Hauptverfahrens geheime oder vertrauliche Unterlagen von der Übermittlung an den Streithelfer ausgenommen werden können. Dagegen gibt es keine Rechtsgrundlage für einen Hinweis an den Streithelfer mit dem Inhalt, dass ihm die Unterlagen nur für die Zwecke des Rechtsstreits zur Verfügung gestellt werden.[235]
Zu diesen Unterlagen gehören einerseits Betriebs- und Geschäftsgeheimnisse der betroffenen Unternehmen, wie Angaben über Umsatz, Geschäftsergebnisse[236], Produktionsmengen und -kosten oder Informationen über Geschäftsbeziehungen und Verhandlungen[237] oder Verträge mit Dritten.[238] Ebenso kann die vertrauliche Behandlung durch bestimmte allgemeine Rechtsgrundsätze oder durch wesentliche Grundsätze, wie den des Schutzes der Vertraulichkeit des Schriftverkehrs zwischen Rechtsanwälten und Mandanten, zu berücksichtigen sein.[239] Dieser Schutz kann dabei sogar betriebsinterne Mitteilungen über den Inhalt der anwaltlichen Beratung umfassen.[240]
Für die Unterlagen des Rates und der Kommission kann die Einsichtnahme unter Berücksichtigung des Beschlusses des Rates vom 20. Dezember 1993 über den

---

[235] EuG Rs. T-30/89 (Hilti/Kommission), Slg. 1990, II-163 (168).
[236] EuG Rs. T-395/94 R (Atlantic Container Line u.a./Kommission), Slg. 1995, II-595 (602).
[237] EuG Rs. T-57/91 (NALOO/Kommission), Beschluss v. 31.03.1992, nicht veröffentlicht.
[238] EuG Rs. T-66/94 (Auditel/Kommission), Slg. 1995, II-239 (250).
[239] EuG Rs. T-30/89 (Hilti/Kommission), Slg. 1990, II-163 (168).
[240] EuG Rs. T-30/89 (Hilti/Kommission), Slg. 1990, II-163 (170).

Zugang der Öffentlichkeit zu Ratsdokumenten[241] und des Beschlusses der Kommission vom 8. Februar 1994 über den Zugang der Öffentlichkeit zu den der Kommission vorliegenden Dokumenten[242] nur noch in begründeten Ausnahmefällen ausgeschlossen werden.[243]

Der Wunsch der Parteien des Hauptverfahrens nach Vertraulichkeit kann in Widerspruch zum Anspruch des Streithelfers auf rechtliches Gehör geraten. Dieser Grundsatz besagt, dass die Gerichte ihre Entscheidungen nicht zum Nachteil des Streithelfers auf Tatsachen oder Unterlagen stützen dürfen, zu denen sich der Streithelfer nicht äußern konnte, weil sie ihm nicht zugänglich waren.[244]

Für Verfahren vor dem EuG ist durch die Änderung der EuG-VfO vom 6. Dezember 2000 Art. 67 § 3 EuG-VfO angefügt worden, der für das Vorgehen bei der allgemeinen Beweisaufnahme klarstellt, dass das EuG nur Unterlagen und Beweisstücke berücksichtigt, von denen die Anwälte und Bevollmächtigten der Parteien Kenntnis nehmen und zu denen sie Stellung nehmen konnten. Von diesem Grundsatz ausdrücklich ausgenommen sind dabei die Vorschriften der Art. 116 §§ 2, 6 EuG-VfO. Während der Prüfung, ob ein Schriftstück, das für die Entscheidung eines Rechtsstreits von Belang sein kann, gegenüber einer oder mehreren Parteien als vertraulich zu behandeln ist, wird das Schriftstück den Parteien nicht übermittelt. Ebenso wird ein Schriftstück den Parteien nicht übermittelt, in das ein Gemeinschaftsorgan die Einsicht verweigert hat, und das dem EuG zur Prüfung der Rechtmäßigkeit der Weigerung vorgelegt worden ist. Eine dem Art. 67 § 3 EuG-VfO entsprechende Vorschrift für Verfahren vor dem EuGH gibt es bislang nicht.

Aber auch Art. 67 § 3 EuG-VfO schreibt lediglich den Grundsatz rechtlichen Gehörs fest. Die Vorschrift gibt ansonsten keinen Hinweis, wie ein Interessenkonflikt zwischen dem Schutz vertraulicher Unterlagen und dem Anspruch auf rechtliches Gehör gelöst werden könnte.

Es wird daher vorgeschlagen, ein Interessenausgleich sei so vorzunehmen, dass vertrauliche Unterlagen aus den Prozessakten entfernt werden oder dass der Streithelfer oder sein Prozessbevollmächtigter die Verpflichtung übernimmt, die Vertraulichkeit bestimmter Angaben oder Unterlagen zu wahren.[245]

Soweit die Idee den Intervenienten selbst betrifft, erscheint schon ihre Effektivität und darüber hinaus auch ihre Durchsetzbarkeit zweifelhaft. Ist der Streithelfer ein Konkurrent des Klägers, ist mit der Weitergabe der Geschäftsinformationen an ihn der beabsichtigte Schutz der Unterlagen bereits verwirkt. Fraglich ist zudem, wie in der Praxis verhindert werden sollte, dass die erhaltenen Informationen nicht

---

[241] ABl. 1993 Nr. L 340 v. 31.12.1993, S. 43 ff.

[242] ABl. 1994 Nr. L 46 v. 18.02.1994, S. 58 f.

[243] EuG Rs. T-194/94 (Carvel und Guardian Newspapers/Rat), Slg. 1995, II-2765 (2789); Dauses/Henkel, EuZW 2000, 581 (584).

[244] Jung, EuR 1980, 372 (379); R/M/G, Rn. 367.

[245] EuGH Rs. 30/78 (Distillers Company/Kommission), Slg. 1980, 2229 (2237); Jung, EuR 1980, 372 (379).

doch anderen zugänglich gemacht werden. Die tatsächliche Weitergabe dürfte auch in den meisten Fällen nur schwer beweisbar sein.
Den Prozessbevollmächtigten des Streithelfers zur Verschwiegenheit gegenüber seinem Mandanten zu verpflichten, erscheint ebenfalls nicht als tragfähige Lösung. So wurde darauf hingewiesen, dass die anwaltlichen Standesrechte der Mitgliedstaaten die Rechtsanwälte sogar zum Teil ausdrücklich dazu verpflichten, Informationen an ihre Mandanten weiterzugeben. Als Folge einer unterlassenen Weitergabe könnten daher Regressverpflichtungen entstehen.[246]
Weiterhin stellt sich hier ebenso die Frage nach der Beweisbarkeit der Weitergabe von Informationen in der Praxis. Kommt der Rechtsanwalt der ihm auferlegten Verschwiegenheitspflicht allerdings nach, und ist dies auch standesrechtlich zulässig, führt die Zurückhaltung von Informationen gegenüber dem Mandanten gleichwohl immer noch zu einer unzumutbaren Beeinträchtigung des Vertrauensverhältnisses zwischen Mandant und Rechtsanwalt.
Nach alledem ist daran festzuhalten, dass die Gerichte gegebenenfalls darüber entscheiden müssen, ob bestimmte als vertraulich geltend gemachte Unterlagen dem Streithelfer übermittelt werden können, ohne die notwendige Abwägung im Einzelfall vermeiden zu können.
Bei der notwendigen Interessenabwägung über die vertrauliche Behandlung ist zu berücksichtigen, dass die EuGH-VfO und die EuG-VfO von dem Grundsatz ausgehen, dass alle den Parteien zugestellten Schriftstücke auch den Streithelfern zugänglich sein müssen. Die vertrauliche Behandlung bestimmter Unterlagen soll dagegen die Ausnahme bleiben.[247] Demnach ist es bei der Interessenabwägung erforderlich, das berechtigte Interesse der Partei des Hauptverfahrens am Schutz ihrer geschäftlichen Interessen und das ebenso berechtigte Interesse des Streithelfers an der wirksamen Wahrnehmung seiner Rechte in Ausgleich zu bringen.[248]
Die gleiche Abwägung erfolgt auch, wenn Mitgliedstaaten als Streithelfer auftreten.[249]
In abgekürzten Verfahren für Anträge auf einstweiligen Rechtschutz gem. Art. 36 EG-Satzung, Art. 33 EGKS-Satzung, Art. 37 EAG-Satzung i.V.m. Art. 83 – 90 EuGH-VfO, Art. 104 – 110 EuG-VfO kann allerdings die Feststellung genügen, dass die Unterlagen, deren vertrauliche Behandlung beantragt wird, auf den ersten Blick geeignet erscheinen, zu den Geschäftsgeheimnissen zu gehören.[250] Die Partei, die die vertrauliche Behandlung beantragt, muss substantiiert darlegen, dass die Übermittlung eines Schriftstücks ihre Interessen wesentlich beeinträchtigen

---

[246] Middeke, DVBl. 1991, 149 (151); R/M/G, Rn. 689.
[247] EuG Rs. T-30/89 (Hilti/Kommission), Slg. 1990, II-163 (168).
[248] EuG Rs. T-30/89 (Hilti/Kommission), Slg. 1990, II-163 (168); Rs. T-66/94 (Auditel/Kommission), Slg. 1995, II-239 (249).
[249] EuG Rs. T-102/96 (Gencor/Kommission), Slg. 1997, II-879 (892).
[250] EuG Verb. Rs. T-7 und 9/93 R (Langnese-Iglo und Schöller/Kommission), Slg. 1993, II-131 (138).

würde.[251] Soweit ein Schriftstück für die Entscheidung des Rechtsstreits nicht erforderlich ist, kann die Partei gegebenenfalls beantragen, es aus den Verfahrensakten entfernen zu lassen.

2. Unterlagen des Streithelfers

Die Art. 93 § 3 Satz 2 EuGH-VfO, Art. 116 § 2 Satz 2 EuG-VfO treffen keine Aussage darüber, ob auch der Streithelfer beantragen kann, bestimmte von ihm eingereichte Unterlagen den Hauptparteien nicht zugänglich zu machen. Für eine solche Regelung besteht jedoch auch kein Bedürfnis. Insbesondere folgt aus dem Anspruch auf rechtliches Gehör des Streithelfers nicht, diesem die Möglichkeit zu geben, bestimmte Unterlagen den Hauptparteien vorzuenthalten. Denn sonst bliebe zu Unrecht unberücksichtigt, dass die Parteien des Hauptverfahrens den Streitgegenstand des Verfahrens bestimmen. So wie es dem Streithelfer grundsätzlich gestattet sein muss, sämtliche Verfahrensunterlagen einzusehen, wenn in dem Rechtsstreit über seine Rechte entschieden wird, muss auch der Kläger die Möglichkeit haben, in dem von ihm angestrengten Verfahren zu allen Gesichtspunkten des Verfahrens Stellung zu nehmen. Andernfalls würde ein angemessener Rechtsschutz kaum verwirklicht werden.

II. Vorbringen des Streithelfers

Erst nach der Zulassung kann der Streithelfer Prozesshandlungen vornehmen.[252] So hat er innerhalb einer vom Präsidenten des EuGH oder des EuG gesetzten Frist gem. Art. 93 § 5 EuGH-VfO, Art. 116 § 4 EuG-VfO einen Schreithilfeschriftsatz einzureichen. Handelt es sich um einen Rechtsstreit betreffend die Rechte des geistigen Eigentums gem. §§ 130 ff. EuG-VfO, gilt hierfür nach § 135 Abs. 1 EuG-VfO eine Frist von zwei Monaten nach Zustellung der Klageschrift.
Der Streithilfeschriftsatz muss die Anträge des Streithelfers, die der vollständigen oder teilweisen Unterstützung oder Bekämpfung der Anträge einer Partei zu dienen bestimmt sind, die Angriffs- und Verteidigungsmittel sowie die Argumente des Streithelfers und gegebenenfalls die Bezeichnung der Beweismittel enthalten.
Durch die Änderung der EuGH-VfO vom 28. November 2000[253] und die Änderung der EuG-VfO vom 6. Dezember 2000[254] wurde als neuer Verfahrenstyp ein beschleunigtes Verfahren eingeführt, in dem das schriftliche Verfahren auf nur einen Schriftsatzwechsel zwischen den Parteien beschränkt ist. Nach Art. 62a § 2

---

[251] EuG Rs. T-14/96 (Société Bretagne Angleterre Irlande/Kommission), Beschluss v. 13.11.1996, nicht veröffentlicht.
[252] EuGH Rs. 30/59 (Gezamenlijke Steenkolenmijnen/Hohe Behörde), Slg. 1961, 99 (101).
[253] In Kraft getreten am 1.02.2001; ABl. Nr. L 322 v. 19.12.2000, S. 1 ff.
[254] In Kraft getreten am 1.02.2001; ABl. Nr. L 322 v. 19.12.2000, S. 4 ff.

EuGH-VfO, Art. 76a § 2 EuG-VfO kann ein Streithilfeschriftsatz ebenso wie die Erwiderung des Klägers[255] und die Gegenerwiderung des Beklagten[256] nur dann eingereicht werden, wenn der Präsident des EuGH oder EuG dies für erforderlich hält.

1. Unterstützung der Anträge einer Partei des Hauptverfahrens

Der Streithelfer kann gem. Art. 37 Abs. 4 EG-Satzung, Art. 38 Abs. 3 EAG-Satzung mit den gestellten Anträgen grundsätzlich nur die Anträge einer Partei unterstützen. Weiter gefasst ist Art. 34 Abs. 2 EGKS-Satzung, wonach der Streithelfer die Anträge einer Partei unterstützen oder deren Abweisung verlangen kann. Art. 93 § 5 EuGH-VfO, Art. 116 § 4 EuG-VfO tragen beiden Fassungen Rechnung, indem die Anträge der vollständigen oder teilweisen Unterstützung oder Bekämpfung der Anträge einer Partei dienen können. Der Streithelfer kann sich jedoch nicht darauf beschränken, nur einzelne Klagegründe zu unterstützen. Desgleichen kann er nicht die Anträge beider Parteien durch die Erhebung eines eigenen Antrags bekämpfen.[257] Ebenso wenig ist es möglich, dass eine Person auf beiden Seiten als Streithelfer auftritt oder alternative Anträge für die klagende oder die beklagte Partei stellt. Der Streithelfer muss sich entscheiden, welche der beiden Parteien er unterstützen will.[258]

Der Streithelfer kann keine Anträge stellen, die im Vergleich zu den Anträgen der Parteien des Hauptverfahrens einen eigenständigen Inhalt haben[259] oder den Streitgegenstand verändern.[260] Ausgeschlossen ist es insbesondere, dass in Wettbewerbssachen ein Streithelfer auf Seiten der Kommission beantragt, die in der angefochtenen Entscheidung festgesetzte Geldbuße zu erhöhen.[261]

Auch kann der Streithelfer nicht selbständig prozesshindernde Einreden erheben und die Abweisung der Klage als unzulässig beantragen, wenn die von ihm unterstützte Partei nur die Klageabweisung als unbegründet beantragt hat.[262] Dies war nach früherer Rechtsprechung anders. So konnte der Streithelfer die Abweisung der Klage als unzulässig beantragen, obwohl die von ihm unterstützte Partei eine Einrede der Unzulässigkeit nicht vorgebracht hatte. Er war dazu berechtigt, da die Einrede der Unzulässigkeit die Abweisung der Anträge der Klägerin zum Ziel

---

[255] Replik.
[256] Duplik.
[257] Ehle/Schiller, EuR 1982, 48 (56); R/M/G, Rn. 686.
[258] Ehle/Schiller, EuR 1982, 48 (56); R/M/G, Rn. 686.
[259] EuGH Rs. C-155/91 (Kommission/Rat), Slg. 1993, I-939 (969).
[260] EuG Rs. T-66/94 (Auditel/Kommission), Slg. 1995, II-239 (248).
[261] GA Jacobs Rs. C-53/92 P (Hilti/Kommission), Slg. 1994, I-669 (691).
[262] EuGH Rs. C-313/90 (CIRFS u.a./Kommission), Slg. 1993, I-1125 (1183); Rs. C-225/91 (Matra/Kommission), Slg. 1993, I-3203 (3254).

hatte.[263] Da Verfahrenshindernisse in der Regel gem. Art. 92 § 2 EuGH-VfO, Art. 113 EuG-VfO von Amts wegen zu prüfen sind, hat diese Einschränkung der Rechte des Streithelfers in der neueren Rechtsprechung auf den Ausgang des Rechtsstreits keinen Einfluss.
Nicht völlig geklärt ist demgegenüber, inwieweit der Streithelfer an die Angriffs- und Verteidigungsmittel gebunden ist, die die von ihm unterstützte Partei vorgebracht hat.

a) Bindung des Streithelfers an vorgebrachte Angriffs- und Verteidigungsmittel

Zum Teil wird dem Streithelfer verwehrt, den durch die Klageschrift und die Klageerwiderung bestimmten Rahmen des Rechtsstreits zu verlassen und andere Angriffs- und Verteidigungsmittel vorzubringen als die von ihm unterstützte Partei des Hauptverfahrens.[264] Als Begründung wird angeführt, der Streithelfer habe den Rechtsstreit gem. Art. 93 § 4 EuGH-VfO, Art. 116 § 3 EuG-VfO in der Lage anzunehmen, in der dieser sich zur Zeit der Intervention befinde. Des Weiteren dürfe das Streithilfeverfahren nicht dazu gebraucht werden, die in Art. 42 § 2 EuGH-VfO, Art. 48 § 2 EuG-VfO vorgeschriebene Präklusion neuer Angriffs- und Verteidigungsmittel zu umgehen.[265] Selbst wenn daher Art. 116 § 4 lit. b EuG-VfO vorschreibe, dass der Streithilfeschriftsatz die Angriffs- und Verteidigungsmittel sowie die Argumente des Streithelfers zu enthalten habe, dürfe daraus nicht geschlossen werden, dass neue Angriffs- und Verteidigungsmittel des Streithelfers zulässig seien. Die Vorschrift ermögliche diesem nur die Darlegung, welche Angriffs- und Verteidigungsmittel der von ihm unterstützten Partei er übernehme und mit welchen Argumenten er sie verstärke.[266]

b) Streithelfer kann unabhängig von der von ihm unterstützten Partei eigene Angriffs- und Verteidigungsmittel vorbringen

Andere Entscheidungen erlauben dem Streithelfer dagegen, eigene, von denen der von ihm unterstützten Partei unabhängige Rügen vorzubringen und sich sogar zu deren Argumenten in Widerspruch zu setzen, solange das Vorbringen geeignet ist,

---

263 EuGH Verb. Rs. 42 und 49/59 (SNUPAT/Hohe Behörde), Slg. 1961, 111 (157); Rs. 26/76 (Metro/Kommission), Slg. 1977, 1875 (1900).
264 EuG Verb. Rs. T-447, 448 und 449/93 (AITEC u.a./Kommission), Slg. 1995, II-1974 (2015).
265 GA Darmon Rs. 233/85 (Bonino/Kommission), Slg. 1987, 748 (753); Kirschner/Klüpfel, Rn. 174.
266 Kirschner/Klüpfel, Rn. 174.

die Anträge der Partei zu unterstützen, da anderenfalls das Streithilfeverfahren seines Sinnes entleert würde.[267]
Das Vorbringen des Streithelfers dürfe nicht im Widerspruch zu dem der von ihm unterstützten Partei stehen. Der Streithelfer könne jedoch Angriffs- und Verteidigungsmittel anführen, die die Partei des Hauptverfahrens nicht oder noch nicht vorgetragen habe.[268] Dies sei aber nur insoweit zulässig, als die Angriffs- oder Verteidigungsmittel in der Sache dazu geeignet seien, die Partei des Hauptverfahrens zu unterstützen, würden sie auch gegebenenfalls im Widerspruch zu denjenigen der unterstützten Partei des Hauptverfahrens stehen.[269] Soweit die Angriffs- und Verteidigungsmittel jedoch der unterstützten Partei schädlich seien, widerspreche es dem Sinn und Zweck der Streithilfe, dass der Streithelfer berechtigt sein soll, diese vorzutragen. Soweit dies doch geschehe, seien diese Darlegungen und Beweismittel auf Rüge der Partei als unzulässig zurückzuweisen und nicht zu beachten.[270]

Die letztgenannte Ansicht wird durch eine Untersuchung verschiedener Urteile bestätigt, insbesondere durch das Urteil „Nungesser",[271] das eine wettbewerbsrechtliche Entscheidung der Kommission auf dem Gebiet des Sortenschutzrechtes zum Gegenstand hatte. Die durch Streithelfer unterstützten Kläger beantragten, die Entscheidung für nichtig zu erklären und machten dafür verschiedene Klagegründe geltend, die auf fünf Rügen basierten. In den Klagegründen weist der EuGH zusätzlich auf das Vorbringen eines Streithelfers hin, das die Kläger selbst nicht vorgetragen haben.[272] Der ausdrückliche Hinweis des EuGH darauf wäre nicht verständlich, wenn der Argumentation der Streithelfer grundsätzlich keine eigenständige Bedeutung zukäme. Dies spricht für die Zulässigkeit zusätzlichen Vorbringens des Streithelfers, solange sich dieses im Rahmen der Angriffs- und Verteidigungsmittel der von ihm unterstützen Partei des Hauptverfahrens hält. Der letztgenannten Ansicht ist somit zuzustimmen.

[267] EuGH Rs. 30/59 (Gezamenlijke Steenkolenmijnen/Hohe Behörde), Slg. 1961, 3 (41); Rs. 13/83 (Parlament/Rat), Slg. 1985, 1556 (1598); EuG Rs. T-459/93 (Siemens/Kommission), Slg. 1995, II-1675 (1687); GA Gulmann Verb. Rs. C-241 und 242/91 P (RTE und ITP/Kommission), Slg. 1995, I-747 (754).
[268] Dauses/Henkel, EuZW 2000, 581 (584); Ehle/Schiller, EuR 1982, 48 (56); R/M/G, Rn. 687.
[269] EuGH Rs. 30/59 (Gezamenlijke Steenkolenmijnen/Hohe Behörde), Slg. 1961, 3 (41); Dauses/Henkel, EuZW 2000, 581 (584); Ehle/Schiller, EuR 1982, 48 (56); R/M/G, Rn. 687.
[270] Ehle/Schiller, EuR 1982, 48 (56); R/M/G, Rn. 687.
[271] EuGH Rs. 258/78 (Nungesser/Kommission), Slg. 1982, 2015 (2056).
[272] EuGH Rs. 258/78 (Nungesser/Kommission), Slg. 1982, 2015 (2056).

2. Funktionelle Begrenzung der Streithilfe durch Bindung des Streithelfers an den Stand des Verfahrens zur Zeit der Zulassung

Das anhängige Hauptverfahren wird durch das Streithilfeverfahren nicht unterbrochen. Der Streithelfer muss jedoch gem. Art. 93 § 4 EuGH-VfO, Art. 116 § 3 EuG-VfO den Rechtsstreit in der Lage annehmen, in der dieser sich zur Zeit der Zulassung der Streithilfe befindet. Danach soll der Streithelfer in seinem Schriftsatz also nur das vortragen dürfen, was auch den Parteien des Hauptverfahrens noch gestattet wäre. Er ist demnach immer im Verhältnis zur von ihm unterstützten Partei gebunden. Dies bedeutet zunächst, dass er Beweismittel uneingeschränkt geltend machen kann, denn gem. Art. 42 § 1 EuGH-VfO, Art. 48 § 1 EuG-VfO ist dies den Parteien des Hauptverfahrens nach Einreichung ihres ersten Schriftsatzes weiterhin erlaubt. Der Anwendungsbereich der Art. 93 § 4 EuGH-VfO, Art. 116 § 3 EuG-VfO beschränkt sich somit auf das Vorbringen von Angriffs- und Verteidigungsmitteln, weil das Gemeinschaftsrecht nur diese einer Präklusion unterwirft.[273]

Das kann zur Folge haben, dass der Streithelfer sich nicht mehr auf die Angriffs- und Verteidigungsmittel berufen kann, mit denen die von ihm unterstützte Partei des Hauptverfahrens bereits präkludiert ist. Dies folgt aus Art. 42 § 2 EuGH-VfO, Art. 48 § 2 EuG-VfO, wonach der Streithelfer ebenso wie beide Parteien im Stadium des schriftlichen Verfahrens nach der Replik des Klägers und der Duplik des Beklagten neue Angriffs- und Verteidigungsmittel im Laufe des Verfahrens nicht mehr vorbringen können, es sei denn, dass sie auf rechtliche oder tatsächliche Umstände gestützt werden, die erst während des Verfahrens aufgetreten sind. Dazu kommt die Bestandskraft des bisherigen Verfahrens, wie sie in Art. 93 § 4 EuGH-VfO, Art. 116 § 3 EuG-VfO zum Ausdruck kommt. Der Streithelfer könnte dann abweichend von Art. 93 § 5 lit. b EuGH-VfO, Art. 116 § 4 lit. b EuG-VfO auch mit weiteren Argumenten präkludiert sein.

Daher stellt sich die Frage, in welchem Verhältnis Art. 42 § 2 EuGH-VfO, Art. 48 § 2 EuG-VfO zu Art. 93 § 5 lit. b EuGH-VfO, Art. 116 § 4 lit. b EuG-VfO stehen. Einerseits soll der Streithelfer nach Art. 93 § 5 lit. b EuGH-VfO, Art. 116 § 4 lit. b EuG-VfO seine Angriffs- und Verteidigungsmittel benennen, andererseits sollen weitere Angriffs- und Verteidigungsmittel nach Vorliegen der Gegenerwiderung nach Art. 42 § 2 EuGH-VfO, Art. 48 § 2 EuG-VfO ausgeschlossen sein. Erfolgt die Intervention unter der Berücksichtigung der Frist von sechs Wochen gem. Art. 93 § 1 EuGH-VfO, Art. 115 § 1 EuG-VfO erst spät, kann die Gegenerwiderung schon vorliegen. In diesem Fall kann sich ein Wertungswiderspruch zwischen den Vorschriften ergeben.

Dies könnte zu der Ansicht führen, dass Art. 93 § 5 lit. b EuGH-VfO, Art. 116 § 4 lit. b EuG-VfO insofern eine Ausnahme zu Art. 42 § 2 EuGH-VfO, Art. 48 § 2 EuG-VfO normiert, als es dem Streithelfer möglich sein muss, sich nach der Frist-

[273] Nissen, S. 238.

setzung durch den Präsidenten des EuGH oder des EuG zumindest einmalig zur Sache zu äußern. Anderenfalls würde die Streithilfe keinen Effekt erzielen, wollte man dem Streithelfer nach dem Ende des schriftlichen Verfahrens die Möglichkeit nehmen, seine Angriffs- und Verteidigungsmittel vorzubringen.
Der EuGH scheint jedoch der Behandlung der Partei des Hauptverfahrens den Vorrang gegenüber der Vortragsmöglichkeit des Streithelfers eingeräumt zu haben.
In zwei kurz aufeinanderfolgenden Urteilen hat der EuGH seine bisherige Rechtsprechung zu den Grenzen einer Streithilfe bestätigt.[274] Dabei hat der EuGH entschieden, dass der Streithelfer im Verhältnis zur von ihm unterstützten Partei an die von dieser vorgebrachten Angriffs- und Verteidigungsmittel gebunden ist. Es können lediglich weitere Argumente für die Angriffs- und Verteidigungsmittel der von ihm unterstützten Partei vorgebracht werden. Dies soll sich dabei notwendigerweise auch auf die beschriebene Situation beziehen, da der EuGH erneut die Bestandskraft des bereits anhängigen Verfahrens betont habe.[275]
In beiden Verfahren hatte der auf der Seite der Beklagten als Streithelfer beigetretene Mitgliedstaat in seinem ersten Schriftsatz die Unzulässigkeit der Klage gerügt, die Kommission als Beklagte diesen Umstand jedoch nicht beanstandet. Der EuGH wies die Unzulässigkeitsrüge mit der Begründung zurück, dass die Kommission keine solche Rüge erhoben habe. Entscheidend war für den EuGH dabei stets, dass der Streithelfer grundsätzlich den Rechtsstreit in der Lage zur Zeit der Zulassung annehmen müsse.[276] Der Streithelfer ist dann an einem Vorbringen der von der von ihm unterstützten Partei durch Zeitablauf verwirkten Angriffs- und Verteidigungsmittel gehindert. Damit hat der EuGH auch den Art. 42 § 2 EuGH-VfO, Art. 48 § 2 EuG-VfO den Vorrang gegenüber den Art. 93 § 5 lit. b EuGH-VfO, Art. 116 § 4 lit. b EuG-VfO eingeräumt. Erfolgt die Intervention in einer Situation, in der die unterstützte Partei bereits keine neuen Angriffs- und Verteidigungsmittel mehr in den Rechtsstreit einbringen kann, ist der Streithelfer zwingend auf diese beschränkt. Art. 42 § 2 EuGH-VfO, Art. 48 § 2 EuG-VfO wirken daher aufgrund der Bestandskraft des Hauptverfahrens auch dem Streithelfer gegenüber. Art. 93 § 5 lit. b EuGH-VfO, Art. 116 § 4 lit. b EuG-VfO entbinden den Streithelfer nicht von der zwingenden Folge der Art. 42 § 2 EuGH-VfO, Art. 48 § 2 EuG-VfO und erhalten dadurch einen formalen Charakter. Nach Ansicht des EuGH sollen die Art. 93 § 5 lit. b EuGH-VfO, Art. 116 § 4 lit. b EuG-VfO eine Ergänzung zu Art. 42 § 2 EuGH-VfO, Art. 48 § 2 EuG-VfO und keine Ausnahmevorschriften sein.
Die Wirksamkeit einer Intervention hängt aus der Sicht des Streithelfers damit von dem Zeitpunkt der Zulassung ab, weil bereits eine Beschränkung der An-

---

[274] EuGH Rs. C-313/90 (CIRFS u.a./Kommission), Slg. 1993, I-1125 (1183); Rs. C-225/91 (Matra/Kommission), Slg. 1993, I-3203 (3254).
[275] Allkemper, EWS 1995, 336 (339).
[276] EuGH Rs. C-313/90 (CIRFS u.a./Kommission), Slg. 1993, I-1125 (1183); Rs. C-225/91 (Matra/Kommission), Slg. 1993, I-3203 (3254).

griffs- und Verteidigungsmittel durch die Partei des Hauptverfahrens und Art. 42 § 2 EuGH-VfO, Art. 48 § 2 EuG-VfO eingetreten sein kann.
Als Begründung der Ansicht des EuGH kann angenommen werden, dass dem Streithelfer nicht mehr erlaubt sein soll als der von ihm unterstützten Partei.[277] Demzufolge muss es bei Eingreifen der Art. 42 § 2 EuGH-VfO, Art. 48 § 2 EuG-VfO dem Streithelfer auch verwehrt sein, über den Hauptantrag hinausgehende Angriffs- und Verteidigungsmittel in den Rechtsstreit einzubringen. Art. 93 § 5 lit. b EuGH-VfO, Art. 116 § 4 lit. b EuG-VfO werden demnach als Formvorschriften verstanden, die keine Aussage darüber enthalten, ob der Streithelfer neue Angriffs- und Verteidigungsmittel vortragen darf. Des Weiteren soll damit auch verhindert werden, dass durch die Intervention Verfahrensverzögerungen entstehen.[278]
Dies bedeutet für das Recht der Streithilfe eine in der praktischen Wirksamkeit entscheidende Einschränkung und eine funktionelle Begrenzung. Der Erfolg eines Streithilfeantrages ist immer auch an das prozessuale Vorgehen der unterstützten Partei gebunden, so dass der Streithelfer Gefahr läuft, den lückenhaften Vortrag einer das Gemeinschaftsrecht verkennenden Partei zu unterstützen. Dadurch wird der Erfolg der Streithilfe von vornherein gefährdet, da dem Streithelfer in der beschriebenen Situation wenige Möglichkeiten bleiben, seine eigenen Vorstellungen der Rechtslage in den Rechtsstreit einzubringen. Für eine Streithilfe durch Verbände und Interessengruppen mag dies anders sein, da Hinweise zur Rechtslage auf gemeinschaftsrechtlicher Ebene und im Bereich des innerstaatlichen Rechts und allgemein erläuternde Ausführungen zur Sachlage nur selten präkludiert sein werden.[279]
Vor diesem Hintergrund bleibe abzuwarten, ob der EuGH seine Ansicht beibehalten werde, oder ob wegen dieser starken funktionellen Begrenzung der Streithilfe in der Praxis, Art. 93 § 5 lit. b EuGH-VfO, Art. 116 § 4 lit. b EuG-VfO als Ausnahmevorschriften zu Art. 42 § 2 EuGH-VfO, Art. 48 § 2 EuG-VfO aufgefasst werden könnten. Damit könnte der Streithelfer wenigstens einmalig seine Angriffs- und Verteidigungsmittel einschließlich entsprechender Begründung vorbringen.[280]
Auf der anderen Seite ist das Bestreben, zu verhindern, dass durch eine spätere Intervention für eine Partei bereits präkludierte Angriffs- und Verteidigungsmittel wieder in das Verfahren eingebracht werden und dadurch Verfahrensverzögerungen entstehen, überzeugend.

---

[277] GA Lagrange Rs. 30/59 (Gezamenlijke Steenkolenmijnen/Hohe Behörde), Slg. 1961, 63 (71); GA Lenz Rs. C-313/90 (CIRFS u.a./Kommission), Slg. 1993, I-1125 (1157); Dauses/Henkel, EuZW 2000, 581 (584).
[278] Dauses/Henkel, EuZW 2000, 581 (584).
[279] Hasselbach, ZZP 109 (1996), 195 (209).
[280] Allkemper, EWS 1995, 336 (339).

III. Äußerungsmöglichkeit der Parteien und weiteres Verfahren

Geht der Streithilfeschriftsatz ein, bevor die Parteien des Hauptverfahrens ihre Replik und Duplik eingereicht haben, so können sie in diesen Schriftsätzen, gegebenenfalls nach einer Fristverlängerung, auf das Vorbringen des Streithelfers antworten. Anderenfalls kann der Präsident des EuGH oder des EuG ihnen, soweit dies nach dem Inhalt des Streithilfeschriftsatzes angebracht erscheint, gem. Art. 93 § 6 EuGH-VfO, Art. 116 § 5 EuG-VfO eine Frist zur Äußerung setzen. Die einschränkende Formulierung „gegebenenfalls" lässt erkennen, dass dies jedoch aus Gründen der Verfahrensbeschleunigung dann nicht zugelassen werden muss, wenn der Streithilfeschriftsatz keine neuen Gesichtspunkte gegenüber dem Vorbringen der unterstützten Partei enthält.[281]

Das in Art. 93 § 5 Abs. 2 EuGH-VfO a.F. vorgesehene Recht der Parteien zur schriftlichen Antwort auf den Streithilfeschriftsatz wurde 1979 aus Gründen der Verfahrensbeschleunigung entfernt. Die Parteien hatten danach in der Regel nur noch in der mündlichen Verhandlung die Möglichkeit, auf das Vorbringen des Streithelfers zu erwidern.[282] Es wurde zu diesem Zeitpunkt schon erkannt, dass Fälle denkbar seien, in denen eine bloß mündliche Erwiderung der Parteien des Hauptverfahrens nicht ausreichen würde. Dies könne vor allem dann der Fall sein, wenn das Vorbringen des Streithelfers wesentliche neue Gesichtspunkte aufwerfe. Art. 93 § 5 Abs. 2 EuGH-VfO a.F. schließe die Gewährung einer Frist zur schriftlichen Äußerung für die Parteien des Hauptverfahrens wohl aber nicht grundsätzlich aus, wenn sie für die Gewährung rechtlichen Gehörs erforderlich sei.[283] Allerdings könne der EuGH in solchen Fällen auch gem. Art. 21 EG-Satzung, Art. 24 EGKS-Satzung, Art. 22 EAG-Satzung konkrete Fragen an die Parteien richten und sie auffordern, diese Fragen vor der mündlichen Verhandlung schriftlich zu beantworten. Die Parteien erhielten so Gelegenheit, sich zu wesentlichen neuen Gesichtspunkten zu äußern, ohne dass der Vorteil der Verfahrensbeschleunigung verloren gehe.[284]

Die Streichung des Rechtes der Parteien auf schriftliche Erwiderung erwies sich jedoch in Bezug auf die Wahrung rechtlichen Gehörs als unbefriedigend.[285] Somit erhielt der Präsident mit der Neufassung der EuGH-VfO von 19. Juni 1991[286] die Möglichkeit, einen weiteren Schriftsatz gegebenenfalls zuzulassen.[287] Eine vergleichbare Regelung trifft Art. 135 § 2 EuG-VfO für Verfahren nach den Art. 130 ff. EuG-VfO.

---

[281] Dauses/Henkel, EuZW 2000, 581 (584).
[282] Ehle/Schiller, EuR 1982, 48 (58); Jung, EuR 1980, 372 (379).
[283] Ehle/Schiller, EuR 1982, 48 (59).
[284] Jung, EuR 1980, 372 (379).
[285] Ehle/Schiller, EuR 1982, 48 (58).
[286] In Kraft getreten am 1.09.1991; ABl. Nr. L 176 v. 4.07.1991, S. 7 ff.
[287] G/T/E/*Hackspiel*, Art. 37 EG-Satzung Rn. 26.

Ob die Parteien des Hauptverfahrens auf das Vorbringen des Streithelfers noch einmal schriftsätzlich eingehen können, steht danach nunmehr im Ermessen der Gemeinschaftsrichter.[288]
Die Bindung des Streithelfers an den Stand des Verfahrens im Zeitpunkt seiner Zulassung hat zur Folge, dass er Prozesshandlungen, welche die von ihm unterstützte Partei vor seiner Zulassung vorgenommen hat, gegen sich gelten lassen muss. Dies gilt auch für das Ergebnis einer bereits durchgeführten Beweisaufnahme. Zu weiteren Beweisaufnahmen und sonstigen Terminen ist der Streithelfer zu laden. Er kann wie die Parteien durch seinen Vertreter gem. Art. 29 EG-Satzung, Art. 28 Abs. 2, 3 EGKS-Satzung, Art. 30 EAG-Satzung i.V.m. Art. 47 – 53 EuGH-VfO, Art. 68 – 76 EuG-VfO Fragen an Zeugen und Sachverständige richten und plädieren sowie vom Spruchkörper vernommen werden.[289] Zur Disposition über den Streitgegenstand ist er nicht befugt. Verfügungen der von ihm unterstützten Partei, insbesondere eine Klagerücknahme, muss er hinnehmen.[290]

B. Rechtswirkungen der Streithilfe

Im Folgenden sollen die Rechtswirkungen der Streithilfe nach Abschluss des Hauptverfahrens genauer untersucht werden.

I. Zustellung und Rechtskraft des Urteils

Über die Begründetheit der Streithilfe wird in dem Urteil entschieden, dass in der Hauptsache ergeht.[291] Dem Streithelfer wird ebenso wie den Parteien gem. Art. 64 § 2 EuGH-VfO, Art. 82 § 2 EuG-VfO eine beglaubigte Abschrift des Urteils zugestellt. Das Urteil erwächst auch dem Streithelfer gegenüber in Rechtskraft. Die materielle Rechtskraft der richterlichen Entscheidung umfasst neben dem Subsumtionsschluss der Richter auch die Urteilsgründe.[292]
Anders als nach § 68 ZPO kenne das europäische Prozessrecht allerdings keine Nebeninterventionswirkung, so dass der Streithelfer auch im Fall des Unterliegens der von ihm unterstützten Partei des Hauptverfahrens auf europäischer wie auf nationaler Ebene geltend machen könne, dass der erste Prozess unrichtig entschieden worden sei.[293]

---

[288] G/T/E/*Hackspiel*, Art. 37 EG-Satzung Rn. 26; Nissen, S. 240.
[289] Ehle/Schiller, EuR 1982, 48 (56).
[290] EuG Rs. T-66/94 (Auditel/Kommission), Slg. 1995, II-239 (248); Dauses/Henkel, EuZW 2000, 581 (584); G/T/E/*Hackspiel*, Art. 37 EG-Satzung Rn. 27.
[291] EuGH Verb. Rs. 24 und 34/58 (Chambre syndicale de la sidérurgie de l'Est de la France u.a./Hohe Behörde), Slg. 1960, 591 (613); EuG Rs. T-330/94 (Salt Union/Kommission), Slg. 1995, II-2881 (2886).
[292] Nissen, S. 210; R/M/G, Rn. 689.
[293] Ehle/Schiller, EuR 1982, 48 (50); Hasselbach, ZZP 109 (1996), 195 (203); R/M/G, Rn. 673.

Dies gelte jedoch nur, soweit dem nicht andere Gründe, wie die Rechtskraftwirkung eines bereits ergangenen Urteils, entgegenstünden. Diese von einem Urteil des EuG oder des EuGH ausgehende faktische Bindung komme allerdings einer rechtlichen Bindungswirkung beträchtlich nahe.[294] Insoweit wird dem Streithilfeverfahren eine spezielle Interventionswirkung im Gegensatz zu einer generellen Interventionswirkung wie nach § 68 ZPO zugesprochen.[295]
In der deutschen Prozessrechtslehre werden nur solche Personen als Parteien bezeichnet, die selbst geklagt haben oder verklagt worden sind. Der Nebenintervenient ist daher keine Partei des Rechtsstreits. Mit dem engen Parteibegriff geht eine restriktive Interpretation der materiellen Rechtskraft einher. Da es für Kläger und Beklagten genüge, diese an den Subsumtionsschluss des Gerichts zu binden, und nur diese Parteien des Verfahrens sind, umfasst die materielle Rechtskraft lediglich den Subsumtionsschluss der Richter. Wird dagegen der Streithelfer im Gemeinschaftsrecht zum Teil als Partei bezeichnet, beinhalte die materielle Rechtskraft der Entscheidung jeweils auch deren Gründe. Der weite Parteibegriff schließe somit ein extensives Rechtskraftverständnis ein. Schon durch die materielle Rechtskraft des Urteils werde erreicht, dass der Streithelfer die Richtigkeit der Entscheidung nicht mehr in Frage stellen könne.[296] Werde der Nebenintervenient dagegen wie im deutschen Prozessrecht nicht als Partei aufgefasst und die materielle Rechtskraft enger definiert, wiesen die Verfahrensregelungen wie etwa mit § 68 ZPO gesonderte Bestimmungen zur Begründung einer für den Nebenintervenienten geltenden Bindungswirkung auf. Je nachdem, ob eine Einbindung des Intervenienten an dem Subsumtionsschluss oder an die tatsächlichen Feststellungen der Richter und die inzident erfolgten Rechtsschlüsse erforderlich sei, erfolge dabei entweder eine Rechtskrafterstreckung oder eine Interventionswirkung.[297]

II. Kosten

Die nachstehenden Ausführungen beziehen sich im Wesentlichen auf die außergerichtlichen Kosten der Verfahrensbeteiligten. Gerichtskosten werden in Verfahren vor den Gerichten gem. Art. 72 EuGH-VfO, Art. 90 EuG-VfO grundsätzlich nicht erhoben.
Wird der Antrag auf Zulassung als Streithelfer zurückgewiesen, wird in der zurückweisenden Entscheidung zugleich festgelegt, dass der Antragsteller die ihm aufgrund seines Interventionsgesuchs entstandenen Kosten gem. Art. 69 § 2 EuGH-VfO, Art. 87 § 2 EuG-VfO selbst zu tragen hat. Stellen die Parteien des

[294] Ehle/Schiller, EuR 1982, 48 (50); R/M/G, Rn. 673.
[295] Ehle/Schiller, EuR 1982, 48 (50).
[296] Nissen, S. 210.
[297] Nissen, S. 209.

Hauptverfahrens einen Kostenantrag, muss er zudem auch die ihnen durch den Streithilfeantrag entstandenen Kosten ersetzen. Das gilt jedoch nicht in Dienstrechtssachen für die Gemeinschaftsorgane, denn dort tragen diese gem. Art. 70 EuGH-VfO, Art. 88 EuG-VfO ihre Kosten selbst.

Wird von den Parteien des Hauptverfahrens kein Kostenantrag gestellt, so trägt gem. Art. 69 § 5 Abs. 3 EuGH-VfO, Art. 87 § 5 Abs. 3 EuG-VfO jede Partei ihre eigenen Kosten.

Wenn der Streithelfer zugelassen wird, bleibt die Kostenentscheidung dem Endurteil vorbehalten. Dabei gilt in der Regel, das der unterlegenen Partei gem. Art. 69 § 2 EuGH-VfO, Art. 87 § 2 EuG-VfO die Kosten auferlegt werden.

Obsiegt die vom Streithelfer unterstützte Partei im Hauptverfahren, so lassen Art. 69 § 4 EuGH-VfO, Art. 87 § 4 EuG-VfO für die Kosten des Streithelfers Abweichungen von dem Grundsatz zu, nach dem die unterliegende Partei die Kosten des Streithelfers erstatten muss. Die Mitgliedstaaten und die Gemeinschaftsorgane tragen gem. Art. 69 § 4 Abs. 1 EuGH-VfO, Art. 87 § 4 Abs. 1 EuG-VfO ihre eigenen Kosten. Das gleiche gilt gem. Art. 69 § 4 Abs. 2 EuGH-VfO, Art. 87 § 4 Abs. 2 EuG-VfO für die anderen Vertragsstaaten des EWR-Abkommens und die EFTA-Überwachungsbehörde. Bei anderen Streithelfern entscheidet der zuständige Spruchkörper gem. Art. 69 § 4 Abs. 3 EuGH-VfO, Art. 87 § 4 Abs. 3 EuG-VfO, ob ihre Kosten erstattet werden oder ob sie diese selber tragen. Den Richtern steht hier ein uneingeschränktes Ermessen zu.

Unterliegt die vom Streithelfer unterstützte Partei, so trägt der Streithelfer neben seinen eigenen Kosten in der Regel auch die Kosten, die der obsiegenden Partei durch die Streithilfe erwachsen sind. Möglich ist in diesem Fall die Verurteilung der Partei des Hauptverfahrens und ihres Streithelfers als Gesamtschuldner.[298] Die Entscheidung darüber obliegt gem. Art. 69 § 2 Abs. 2 EuGH-VfO, Art. 87 § 2 Abs. 2 EuG-VfO dem zuständigen Spruchkörper, da für den Fall des Unterliegens der vom Streithelfer unterstützten Partei keine Sonderregelung vorgesehen ist. Bei der Kostenentscheidung kann aber berücksichtigt werden, welche Art von Interessen der Streithelfer vertreten hat. Dies ist allerdings soweit ersichtlich nur einmal geschehen. Obwohl die Kommission, auf deren Seite ein italienischer Verbraucherschutzverein dem Prozess beigetreten war, in dem Rechtsstreit unterlegen war, entschied der EuGH, dass die durch die Streithilfe entstandenen Kosten gegeneinander aufzuheben seien, da die Vereinigung dem Schutz der Verbraucherinteressen zu dienen bestimmt war und die Streithilfe den obsiegenden Parteien keine erheblichen Kosten verursacht hatte.[299]

---

[298] EuGH Verb. Rs. 296 und 318/82 (Niederlande und Leeuwarder Papierwarenfabriek/Kommission), Slg. 1985, 809 (826).

[299] EuGH Verb. Rs. 40 – 48, 50, 54 – 56, 111, 113 und 114/73 (Suiker Unie u.a./Kommission) Slg. 1975, 1663 (2042).

III. Rechtsmittel gegen Entscheidungen des EuG

Wie die Parteien eines erstinstanzlichen Hauptverfahrens kann der Streithelfer gegen Endentscheidungen des EuG gem. Art. 49 Abs. 2 EG-Satzung, Art. 49 Abs. 2 EGKS-Satzung, Art. 50 Abs. 2 EAG-Satzung selbständig ein Rechtsmittel einlegen, auch wenn die Parteien des Hauptverfahrens dies nicht tun. Dazu müssen die von ihm unterstützten Anträge ganz oder teilweise zurückgewiesen worden sein. Das Rechtsmittel ist gem. Art. 51 Abs. 1 EG-Satzung, Art. 51 Abs. 1 EGKS-Satzung, Art. 52 Abs. 1 EAG-Satzung auf die Überprüfung von Rechtsfragen beschränkt. Die Rechtsmittelfrist beträgt gem. Art. 49 Abs. 1 Satz 2 EG-Satzung, Art. 49 Abs. 1 Satz 2 EGKS-Satzung, Art. 51 Abs. 1 Satz 2 EAG-Satzung zwei Monate und beginnt mit der Zustellung der angefochtenen Entscheidung. Auch die Rechtsmittelfrist verlängert sich gem. Art. 81 § 2 EuGH-VfO um eine pauschale Entfernungsfrist von zehn Tagen. Das Rechtsmittel ist innerhalb der Rechtsmittelfrist einzulegen und zu begründen. Damit wird nicht der im deutschen Verfahrensrecht vorgenommenen Trennung zwischen einer Frist für die Einlegung und einer weiteren Frist für die Begründung des Rechtsmittels gefolgt.[300]

Für die Einlegung eines Rechtsmittels durch Mitgliedstaaten und Gemeinschaftsorgane, die dem Rechtsstreit vor dem EuG als Streithelfer beigetreten waren, reicht es als Rechtsmittelbefugnis aus, dass sie mit ihren Anträgen ganz oder teilweise unterlegen sind. Die privilegierte Stellung als Streithelfer setzt sich in der Rechtsmittelbefugnis fort. Unabhängig von der Natur ihres Interesses am Ausgang des anhängigen Rechtsstreits begründet bei ihnen die formelle Beschwer die Rechtsmittelbefugnis.[301]

Nach Art. 49 Abs. 3 EG-Satzung, Art. 49 Abs. 3 EGKS-Satzung, Art. 50 Abs. 3 EAG-Satzung können außer in Rechtsstreiten zwischen der Gemeinschaft und ihren Bediensteten die Mitgliedstaaten und die Gemeinschaftsorgane auch dann ein Rechtsmittel einlegen, wenn sie dem Rechtsstreit vor dem EuG nicht als Streithelfer beigetreten waren. Diese Rechtsmittelbefugnis ist von der Einlegung eines Rechtsmittels durch andere Verfahrensbeteiligte unabhängig. Mit der selbständigen Rechtsmittelbefugnis erhalten die Mitgliedstaaten und die Gemeinschaftsorgane die Möglichkeit, auf die Vermeidung von Fehlentwicklungen in der Rechtsprechung hinzuwirken.

Diese privilegierte Stellung der Mitgliedstaaten und der Gemeinschaftsorgane entspricht der ihnen in Art. 37 Abs. 1 EG-Satzung, Art. 38 Abs. 1 EAG-Satzung eingeräumten Möglichkeit, als Verteidiger der Gemeinschaftslegalität aufzutreten, ohne ein besonderes Interesse nachweisen zu müssen.[302]

---

[300] G/T/E/*Jung*, Art. 168a EGV Rn. 159; R/M/G, Rn. 743.

[301] G/T/E/*Jung*, Art. 168a EGV Rn. 164; Kirschner/Klüpfel, Rn. 175; Koenig/Sander, Rn. 158.

[302] G/T/E/*Jung*, Art. 168a EGV Rn. 169; Kirschner/Klüpfel, Rn. 176; Koenig/Sander, Rn. 158.

Das Rechtsmittel der in erster Instanz nicht beteiligten Mitgliedstaaten und Gemeinschaftsorgane gem. Art. 49 Abs. 3 EG-Satzung, Art. 49 Abs. 3 EGKS-Satzung, Art. 50 Abs. 3 EAG-Satzung ist als eine nachträgliche Streithilfe mit dem Ziel der Aufhebung der erstinstanzlichen Entscheidung in der Rechtsmittelinstanz ausgestaltet. Denn diese Rechtsmittelkläger befinden sich in derselben Stellung wie Mitgliedstaaten und Gemeinschaftsorgane, die dem Rechtsstreit im ersten Rechtszug beigetreten sind. Dies bedeutet vor allem, dass die Mitgliedstaaten und Gemeinschaftsorgane auch in diesem Fall mit ihren Rechtsmittelanträgen nur die Anträge einer Partei unterstützen können. Wie den Parteien selbst ist es auch ihnen gem. Art. 113 § 2, Art. 116 § 2 EuGH-VfO versagt, den Streitgegenstand des Rechtsstreits vor dem EuG mit ihrem Rechtsmittel zu verändern. Insoweit fügt sich also die Rechtsmittelbefugnis der im ersten Rechtszug nicht beigetretenen Mitgliedstaaten und Organe in die Systematik der Art. 37 EG-Satzung, Art. 38 EAG-Satzung ein.[303]

Im Fall der Rechtsmitteleinlegung durch einen Mitgliedstaat oder ein Gemeinschaftsorgan nach Art. 49 Abs. 3 EG-Satzung, Art. 49 Abs. 3 EGKS-Satzung, Art. 50 Abs. 3 EAG-Satzung werden alle am Verfahren vor dem EuG beteiligten Parteien auch am Rechtsmittelverfahren beteiligt. Um eine unangemessene Beeinträchtigung der Interessen der Verfahrensbeteiligten, die möglicherweise durch ein solches Rechtsmittel gegen ihren Willen zur Fortsetzung des Rechtsstreits gezwungen werden, zu vermeiden, räumen Art. 54 Abs. 3 EG-Satzung, Art. 54 Abs. 3 EGKS-Satzung, Art. 55 Abs. 3 EAG-Satzung sowie Art. 122 Abs. 4 EuGH-VfO dem EuGH die Ermessensentscheidung ein, die Urteilswirkungen für die Parteien einzuschränken und nachteilige Kostenfolgen für sie auszuschließen.

Für andere nicht-privilegierte Streithelfer stellen Art. 49 Abs. 2 Satz 2 EG-Satzung, Art. 49 Abs. 2 Satz 2 EGKS-Satzung, Art. 50 Abs. 2 Satz 2 EAG-Satzung neben der formellen Beschwer eine zusätzliche materielle Voraussetzung für die Rechtsmitteleinlegung auf. So muss die Entscheidung des EuG die nicht-privilegierten Streithelfer „unmittelbar berühren“.

1. Begriff des „unmittelbar Berührtseins“

Was hierunter zu verstehen ist, hat der EuGH bislang noch nicht entschieden. Der Begriff des „unmittelbar Berührtseins“ lehnt sich sprachlich an den Begriff der „unmittelbaren und individuellen Betroffenheit“ in Art. 230 Abs. 4 EGV, Art. 33 Abs. 2 EGKSV, Art. 146 Abs. 4 EAGV für die Klagebefugnis natürlicher und juristischer Personen im Rahmen der Nichtigkeitsklage an. Dieser sprachliche Unterschied dürfte kein Redaktionsversehen sein. Der Satzungsgeber wollte vielmehr eine neue, noch nicht durch richterliche Präjudizien besetzte, eigene Begrifflichkeit schaffen, die durch auf die Besonderheiten des Streithilfeverfahrens ach-

[303] G/T/E/*Jung*, Art. 168a EGV Rn. 171; Kirschner/Klüpfel, Rn. 176.

tende Rechtsprechung ausgefüllt werden sollte.[304] Das Kriterium des „unmittelbaren Berührtseins" als Zulässigkeitsvoraussetzung dient dazu, im Fall von rein akzessorischen Interventionen, bei denen das berechtigte Interesse am Ausgang des anhängigen Rechtsstreits nicht in der Wahrnehmung unmittelbar betroffener eigener Rechte des Streithelfers besteht, ein selbständiges Rechtsmittel des Streithelfers auszuschließen.[305] Ein Streithelfer ist zur Einlegung des Rechtsmittels nur befugt, wenn seine Intervention nicht nur der Klärung einer Rechtsfrage oder der Wahrung von mittelbar durch den Streitgegenstand betroffenen Interessen, sondern der Verteidigung unmittelbar betroffener eigener Rechte dient, etwa weil die Entscheidung, deren Nichtigkeit der Kläger mit der Klage geltend macht, den Streithelfer unmittelbar begünstigt. Zu denken ist weiter an die Klage gegen die Ernennung oder Beförderung eines Beamten oder an die Intervention eines beschwerdeführenden Konkurrenten in Wettbewerbssachen. Verwehrte man hier dem Streithelfer die Rechtsmittelbefugnis gegen das der Klage stattgebende Urteil, dann bliebe ihm keine weitere Möglichkeit zur Verteidigung seiner Rechte, wenn das beklagte Gemeinschaftsorgan oder die unterstützte Partei auf das Rechtsmittel verzichtet.[306] Für die Frage, ob ein Streithelfer durch die angefochtene Entscheidung „unmittelbar berührt" ist, sind die zur Auslegung von Art. 230 Abs. 4 EGV im Zusammenhang mit der Klagebefugnis natürlicher und juristischer Personen entwickelten Kriterien entsprechend heranzuziehen.[307] Dabei sollten hohe Anforderungen gestellt werden. Jedenfalls ist davon auszugehen, dass das Kriterium deutlich enger zu fassen ist als jenes des „berechtigten Interesses" am Ausgang des anhängigen Rechtsstreits, welches eine Voraussetzung für die Zulassung der betreffenden Person als Streithelfer darstellt. Eine Gleichsetzung der beiden Erfordernisse kommt keinesfalls in Betracht.[308] Dies bedeutet jedoch nicht, dass ein Rechtsmittel gegen eine Endentscheidung des EuG nur dann eingelegt werden darf, wenn der Streithelfer auch selbst hätte klagen können. Nur Streithelfer auf Seiten des Klägers könnten den Rechtsstreit dann in die zweite Instanz bringen. Der Vergleich mit der Klagebefugnis ist vielmehr so zu verstehen, dass die Entscheidung des EuG den Intervenienten unmittelbar berührt, wenn Gegenstand des Richterspruchs eigene Rechte des Streithelfers sind.[309]

Die selbständige Rechtsmitteleinlegung durch Verbände, deren „berechtigtes Interesse" sich nicht aus einem Berührtsein in eigenen Rechten, sondern lediglich aus

---

[304] Dauses/Henkel, EuZW 2000, 581 (585).

[305] Dauses/Henkel, EuZW 2000, 581 (585); G/T/E/*Jung*, Art. 168a EGV Rn. 165; Kirschner/Klüpfel, Rn. 175; Koenig/Sander, Rn. 158.

[306] G/T/E/*Jung*, Art. 168a EGV Rn. 165; R/M/G, Rn. 741.

[307] G/T/E/*Jung*, Art. 168a EGV Rn. 165; G/T/E/*Hackspiel*, Art. 37 EG-Satzung Rn. 29; Kirschner/Klüpfel, Rn. 175; R/M/G, Rn. 741.

[308] Dauses/Henkel, EuZW 2000, 581 (585); G/T/E/*Jung*, Art. 168a EGV Rn. 165; Kirschner/Klüpfel, Rn. 175; R/M/G, Rn. 741.

[309] G/T/E/*Jung*, Art. 168a EGV Rn. 165.

ihrer satzungsmäßigen Aufgabe, die gemeinsamen Interessen ihrer Mitglieder wahrzunehmen, herleitet, erscheint mithin ausgeschlossen.

2. Möglichkeit eines Anschlussrechtsmittels durch den Streithelfer

Ein Anschlussrechtsmittel liegt vor, wenn ein anderer Verfahrensbeteiligter als der Rechtsmittelführer mit seinen Anträgen in der Rechtsmittelinstanz seinerseits die Aufhebung der angefochtenen Entscheidung begehrt.[310] Die Möglichkeit eines Anschlussrechtsmittels wird in Art. 116 § 1 EuGH-VfO ausdrücklich bestätigt. Denn nach dieser Vorschrift kann auch die vollständige oder teilweise Aufhebung der angefochtenen Entscheidung Gegenstand der in der Rechtsmittelbeantwortung gestellten Anträge sein. Daraus ergibt sich, dass die Gegenpartei des Rechtsmittelführers eigene, selbständige Angriffe gegen die angefochtene Entscheidung vorbringen, also ein Anschlussrechtsmittel einlegen darf.[311]
Ein solcher in der Rechtsmittelbeantwortung gestellter selbständiger Aufhebungsantrag ist nicht an die zweimonatige Rechtsmittelfrist, sondern nur an die zweimonatige Frist zur Rechtsmittelbeantwortung gem. Art. 115 § 1 EuGH-VfO gebunden.[312] Er ist jedoch akzessorisch und wird deshalb gegebenenfalls mit der Rücknahme oder sonstigen Erledigung des Rechtsmittels des Rechtsmittelführers gegenstandlos.[313]

a) Grundsatz bei allgemeinen Rechtsstreitigkeiten

Für das Anschlussrechtsmittel ist in den Satzungen und in der EuGH-VfO keine entsprechende Befugnis für einen Streithelfer vorgesehen. Man könnte demnach annehmen, dass die Art. 37 Abs. 4 EG-Satzung, Art. 34 Abs. 2 EGKS-Satzung, Art. 38 Abs. 3 EAG-Satzung einem isolierten Anschlussrechtsmittel nur des Streithelfers entgegenstehen, da nach diesen Vorschriften ein auf die vollständige oder teilweise Aufhebung der angefochtenen Entscheidung gerichteter Antrag nur als Unterstützung eines entsprechenden Antrags eines anderen Verfahrensbeteiligten möglich sein soll.[314]

---

[310] EuGH Rs. C-346/90 P (F./Kommission), Slg. 1992, I-2691 (2709); Kirschner/Klüpfel, Rn. 154.
[311] EuGH Rs. C-346/90 P (F./Kommission), Slg. 1992, I-2691 (2711); Kirschner/Klüpfel, Rn. 154.
[312] EuGH Rs. C-136/92 P (Kommission/Brazzelli Lualdi u.a.), Slg. 1994, I-1981 (2035); G/T/E/*Jung*, Art. 168a EGV Rn. 160.
[313] EuGH Rs. C-346/90 P (F./Kommission), Slg. 1992, I-2691 (2711); GA Lenz Rs. C-136/92 P (Kommission/Brazzelli Lualdi u.a.), Slg. 1994, I-1981 (2007); G/T/E/*Jung*, Art. 168a EGV Rn. 160.
[314] Kirschner/Klüpfel, Rn. 175.

Diese Vorschriften dienen jedoch eher dazu, klarzustellen, dass der Streithelfer nicht die Anträge beider Parteien des Hauptverfahrens unterstützen kann, sondern sich für eine Seite entscheiden muss.
Soweit ein Streithelfer durch die von einem anderen Verfahrensbeteiligten mit dem Rechtsmittel angegriffene Entscheidung i.S.e. formellen Beschwer unmittelbar berührt ist, wird man ihm auch die Möglichkeit der Einlegung eines Anschlussrechtsmittels nicht versagen können.[315] Zu beachten ist dabei allerdings, dass dies gem. § 116 § 2 EuGH-VfO nur mit dem Ziel der Aufrechterhaltung der erstinstanzlichen Anträge möglich ist[316] und dass sich der Streithelfer dabei in den Grenzen der erstinstanzlichen Anträge der von ihm unterstützten Partei halten muss.

b) Besonderheiten bei Rechtsstreitigkeiten betreffend die Rechte des geistigen Eigentums

Etwas anderes gilt im Bereich der Streitigkeiten nach der Verordnung über die Gemeinschaftsmarke,[317] also bei Rechtsstreitigkeiten betreffend die Rechte des geistigen Eigentums.
Für Rechtsstreitigkeiten betreffend die Rechte des geistigen Eigentums bestehen in Art. 130 – 136 EuG-VfO Sonderregelungen. Nach Art. 134 § 1 EuG-VfO können sich die Parteien des Verfahrens vor der Beschwerdekammer, mit Ausnahme des Klägers, als Streithelfer am Verfahren vor dem EuG beteiligen.
Der Streithelfer braucht hier seine Zulassung nicht zu beantragen. Die Vorschriften der Art. 93 EuGH-VfO und Art. 115, 116 EuG-VfO sind nicht einschlägig. Er kann sich vielmehr ohne weiteres am Verfahren beteiligen, indem er gem. Art. 135 § 1 EuG-VfO innerhalb von zwei Monaten nach Zustellung der Klageschrift eine Klagebeantwortung einreicht.
Da sich in diesen Verfahren zwei Parteien des Privatrechts mit entgegengesetzten Interessen gegenüberstehen, wird dem Streithelfer die Möglichkeit eingeräumt, unabhängig von den Prozesshandlungen des Harmonisierungsamtes für den Binnenmarkt Prozesspartei werden zu können, um seine Interessen zu verteidigen.[318]
So ist das Verfahren der Klage nach Art. 63 VO (EG) Nr. 40/94 zwar formal als eine gegen das Harmonisierungsamt für den Binnenmarkt gerichtete Nichtigkeitsklage ausgestaltet. Materiell ähnelt diese Klage jedoch, soweit es in dem Verfahren vor der Beschwerdekammer um eine Auseinandersetzung zwischen mehreren Privaten ging, wie dies vor allem bei Widersprüchen gegen die Eintragung gem. Art. 42, 43 VO (EG) Nr. 40/94 und bei Anträgen auf Erklärung des Verfalls oder

[315] G/T/E/*Jung*, Art. 168a EGV Rn. 166.
[316] EuGH Rs. C-53/92 P (Hilti/Kommission), Slg. 1994, I-667 (709).
[317] VO (EG) Nr. 40/94 des Rates v. 20.12.1993, ABl. 1994 Nr. L 11, S. 1 ff.
[318] H/S, S. 164.

der Nichtigkeit einer angemeldeten Gemeinschaftsmarke gem. Art. 55, 56 VO (EG) Nr. 40/94 der Fall ist, einem Berufungsverfahren gegen die quasirichterlichen erstinstanzlichen Entscheidungen der Beschwerdekammern des Amtes in einer zivilrechtlichen Streitigkeit. Dem ist vor allem bei der Ausgestaltung der Stellung der bereits am Verfahren der Beschwerdekammer beteiligten Dritten und ihren Interessen Rechnung getragen worden. Eine sachgerechte Gewährung des Rechtsschutzes ist in diesem Bereich nur möglich, wenn alle am Verfahren vor der Beschwerdekammer beteiligten Personen gleichberechtigt und mit eigenen Anträgen am Verfahren vor dem EuG teilnehmen können und nicht auf die Position eines akzessorischen Streithelfers verwiesen werden. Dies ist in Art. 134, 135 EuG-VfO auch geschehen.

Einem Streithelfer ist es insbesondere gem. Art. 134 § 2 EuG-VfO möglich, nicht nur die Anträge einer Partei zu unterstützen, sondern auch Anträge zu stellen und Angriffs- und Verteidigungsmittel vorzubringen, die gegenüber denen der Parteien eigenständig sind. Er verfügt außerdem über dieselben prozessualen Rechte wie die Parteien. Des weiteren kann er nach Art. 134 § 3 EuG-VfO in seiner Klagebeantwortung Anträge stellen, die auf die Aufhebung oder Abänderung der Entscheidung der Beschwerdekammer in einem in der Klageschrift nicht geltend gemachten Punkt gerichtet sind, und Angriffs- und Verteidigungsmittel vorbringen, die in der Klageschrift nicht geltend gemacht worden sind.

Der Grundsatz der prozessualen Gleichstellung zwischen den privaten Beteiligten hat auch eine Sonderregelung für die Bestimmung der Verfahrenssprache erforderlich gemacht. So bestimmt Art. 131 § 2 EuG-VfO, dass nur für den Fall, dass keine Einigung zwischen den privaten Beteiligten auf eine Verfahrenssprache i.S.d. Art. 35 § 1 EuG-VfO erzielt worden ist, grundsätzlich diejenige Sprache Verfahrenssprache wird, in der die in Frage stehende Anmeldung beim Harmonisierungsamt für den Binnenmarkt eingereicht wurde. Dies ist in Markenrechtssachen gerade nicht die Verfahrenssprache des Amtes gem. Art. 115 VO 40/94, also eine der Abs. 2 der Vorschrift genannten fünf Sprachen des Amtes, die sich gem. Abs. 3 der Vorschrift bestimmt, sondern bezieht sich auf Art. 115 Abs. 1 VO 40/94, wonach die Anmeldung in einer Amtssprachen der Gemeinschaft einzureichen ist.

Des Weiteren folgt aus dem Grundsatz, dass gegen einen am Verfahren vor der Beschwerdekammer beteiligten Streithelfer, der sich vor dem EuG einlässt, gem. Art. 134 § 4 EuG-VfO kein Versäumnisurteil ergehen kann. Entsprechend seinem materiellen Charakter als Berufungsverfahren gegen die quasirichterlichen Entscheidung der Beschwerdekammer kann das Verfahren ähnlich wie das Rechtsmittelverfahren vor dem EuGH in der Regel gem. Art. 135 § 2, 3 EuG-VfO in abgekürzter Form ohne Einreichung von Erwiderung und Gegenerwiderung ablaufen. Schließlich ist den Besonderheiten der prozessualen Stellung des Streithelfers sowie des beklagten Harmonisierungsamtes auch gem. Art. 136 EuG-VfO bei der Entscheidung über die Verfahrenskosten Rechnung getragen worden.

Es sollte demnach in Fortführung der bereits geschehene Umsetzung des Grundsatzes der prozessualen Gleichstellung der privaten Beteiligten, denjenigen Streithelfern, die bereits am Verfahren vor der Beschwerdekammer des Harmonisierungsamtes für den Binnenmarkt über Widersprüche gem. Art. 42, 43 VO (EG) Nr. 40/94 oder Anträge auf Erklärung des Verfalls oder der Nichtigkeit gem. Art. 55, 56 VO (EG) Nr. 40/94 einer angemeldeten Gemeinschaftsmarke beteiligt waren und dort mit ihren Anträgen ganz oder teilweise unterlegen sind, eine von den Anträgen des Beklagten unabhängige Anschlussrechtsmittelbefugnis zustehen, um sie nicht gegenüber dem Kläger zu benachteiligen.[319]

IV. Möglichkeit eines Drittwiderspruchs durch den Streithelfer

Fraglich ist, ob dem Streithelfer die Möglichkeit eines Drittwiderspruchs zusteht. Das Drittwiderspruchsverfahren richtet sich nach Art. 39 EG-Satzung, Art. 36 EGKS-Satzung, Art. 40 EAG-Satzung i.V.m. Art. 97 EuGH-VfO, Art. 123 EuG-VfO. Danach können Mitgliedstaaten, Gemeinschaftsorgane und alle natürlichen oder juristischen Personen gegen ein Urteil Drittwiderspruch erheben, wenn dieses ihre Rechte beeinträchtigt und in einem Rechtsstreit erlassen worden ist, an dem sie nicht beteiligt waren. Wie alle ausserordentlichen Rechtsbehelfe richtet sich der Drittwiderspruch gegen Endentscheidungen des EuGH oder des EuG. Anders als beim Rechtsmittel gibt es keinen Devolutiveffekt. Das jeweilige Gericht ist also selbst für die Entscheidung zuständig. Der Drittwiderspruch ist in Form einer Gestaltungsklage zu erheben, die sich gegen alle Parteien des Hauptverfahrens richtet. Klageziel ist die Änderung des angegriffenen Urteils. Das Verfahren führt zu einer Durchbrechung der Rechtskraft des Urteils im vorangegangenen Hauptverfahren.[320]

Für die Begründetheit des Drittwiderspruchs ist eine rechtswidrige Beeinträchtigung von subjektiven Rechten des Dritten erforderlich. Die Geltendmachung der Verletzung tatsächlicher Interessen genügt daher nicht.[321] Das angefochtene Urteil wird dann insoweit abgeändert, wie es für die Wahrung der Rechte des Dritten erforderlich ist. Im Übrigen behält es seine ursprünglichen Wirkungen.[322]

Voraussetzung für die Zulässigkeit ist zunächst, dass die Beteiligung des Dritten am vorhergehenden Hauptverfahren überhaupt rechtlich möglich gewesen wäre. Wer aus Rechtsgründen im Hauptverfahren nicht gehört werden kann, wie private Parteien, die Art. 37 Abs. 2 EG-Satzung, Art. 38 Abs. 2 EAG-Satzung von der Intervention in institutionellen Rechtsstreitigkeiten zischen Mitgliedstaaten oder zwischen Gemeinschaftsorganen oder zwischen Mitgliedstaaten und Gemein-

[319] G/T/E/*Jung*, Art. 168a EGV Rn. 166.
[320] G/T/E/*Hackspiel*, Art. 39 EG-Satzung Rn. 1; Kirschner/Klüpfel, Rn. 179.
[321] G/T/E/*Hackspiel*, Art. 39 EG-Satzung Rn. 10; Koenig/Sander, Rn. 153.
[322] G/T/E/*Hackspiel*, Art. 39 EG-Satzung Rn. 10.

schaftsorganen ausschließt, kann das Urteil auch nicht nachträglich in Frage stellen. Dies wäre sonst ein widersinniges Ergebnis.[323] Anders ist die Situation bei Art. 34 EGKS-Satzung, so dass diese Einschränkung des Drittwiderspruchs dort nicht gilt. Weiterhin muss der Dritte daran gehindert gewesen sein, von der Möglichkeit der Streithilfe Gebrauch zu machen. Auf seine Unkenntnis vom Hauptsacheverfahren oder davon, dass die zu erwartende Entscheidung seine Rechte beeinträchtigen könnte, kann er sich dabei nur berufen, wenn die im Amtsblatt veröffentlichte Mitteilung über die Klage nicht erkennen ließ, dass er ein Interesse daran haben könnte, dem Rechtsstreit beizutreten.

Denn der Gemeinschaftsgesetzgeber habe den Drittwiderspruch als einen außerordentlichen Rechtsbehelf ausgestaltet, der den interessierten Personen nur offen stehen solle, wenn sie aus stichhaltigen Gründen nicht in der Lage gewesen seien, dem Hauptverfahren beizutreten. Der Ausnahmecharakter des Drittwiderspruchs werde durch die Überlegung gerechtfertigt, dass im Interesse einer geordneten Rechtspflege und der Rechtssicherheit nach Möglichkeit vermieden werden müsse, dass die am Ausgang eines vor dem EuGH oder dem EuG anhängigen Rechtsstreits interessierten Personen ihr Interesse erst geltend machten, nachdem das jeweilige Gericht die Streitfrage entschieden habe.[324]

Zweifelhaft ist, ob ein Drittwiderspruch entgegen dem Wortlaut von Art. 97 § 1 lit. c EuGH-VfO, Art. 123 § 1 lit. c EuG-VfO möglich sein soll, wenn der Dritte auf den Beitritt verzichtet hat, weil die begrenzten Befugnisse des Streithelfers ihm nicht erlaubt hätten, die befürchtete Rechtsverletzung abzuwenden.[325]

Eine solche Fallkonstellation erscheint aufgrund der weiten Auslegung der für eine Zulassung als Streithelfer erforderlichen Voraussetzung des berechtigten Interesses am Ausgang des anhängigen Rechtsstreits rein hypothetisch. Die in einem solchen Fall möglicherweise bestehende Rechtsschutzlücke darf dann aber nicht auf Kosten einer geordneten Rechtspflege und der Rechtssicherheit der anderen Beteiligten durch eine nachträgliche Durchbrechung der Rechtskraft zu schließen versucht werden. Dort überwiegen die Interessen der anderen Beteiligten am vorangegangenen Hauptverfahren und der Allgemeinheit. Vielmehr sollte eine Lösung über die Auslegung des Zulassungskriteriums des berechtigten Interesses am Ausgang des anhängigen Rechtsstreits gefunden werden. Solange der Dritte aus der Veröffentlichung der Klage im Amtsblatt entnehmen konnte, dass seine Rechte durch die Klageerhebung beeinträchtigt werden könnten, hat er die Möglichkeit der Intervention auch wahrzunehmen. Diese entgegen dem Wortlaut geforderte Möglichkeit eines Drittwiderspruchs ist daher abzulehnen.

---

[323] EuGH Rs. C-147/86 TO 1, TO 2 und TO 3 (POIFXG, PALSO und PSIITENSM u.a./Griechenland und Kommission), Slg. 1989, 4103 (4108), 4111 (4116), 4119 (4124).

[324] EuGH Verb. Rs 42 und 49/59 TO (Breedband/Aciéries du Temple und Hohe Behörde u.a.), Slg. 1962, 291 (319); Verb. Rs. 9 und 12/60 TO (Belgien/Vloeberghs und Hohe Behörde), Slg. 1962, 349 (372); EuG Rs. T-35/89 TO 1 (Zubizarreta u.a./Albani u.a. und Kommission), Slg. 1992, II-1599 (1610).

[325] Kirschner/Klüpfel, Rn. 180.

C. Zusammenfassung

Wird dem Zulassungsantrag durch Beschluss stattgegeben, ist der Antragsteller für das Hauptverfahren als Streithelfer zugelassen und erhält damit eine eigene verfahrensmäßige Stellung. Der Streithelfer ist weder selbst Partei noch Vertreter einer Partei des Hauptverfahrens. Er handelt vielmehr in eigenem Namen neben oder anstelle der von ihm unterstützten Partei des Hauptverfahrens. In einem normalen Klageverfahren ist er befugt, verfahrensmäßige Anträge zu stellen. Diese Möglichkeit steht ihm im abgekürzten Verfahren für Anträge auf einstweiligen Rechtsschutz nicht zu.

Der Streithelfer wird am weiteren Fortgang des Hauptverfahrens wie eine Partei beteiligt. Insbesondere erhält er alle den Parteien zugestellten Schriftstücke. Von der Übermittlung können aber auf Antrag einer der Parteien geheime oder vertrauliche Unterlagen ausgenommen werden, wenn ein schutzwürdiges Interesse daran besteht. Der Wunsch der Parteien nach Vertraulichkeit kann dabei leicht in Widerspruch zum Anspruch des Streithelfers auf rechtliches Gehör geraten. Denn die Gerichte dürfen grundsätzlich ihre Entscheidungen nicht zum Nachteil des Streithelfers auf Tatsachen oder Unterlagen stützen, zu denen sich der Streithelfer nicht äußern konnte, weil sie ihm nicht zugänglich waren. Bei der Entscheidung über die vertrauliche Behandlung bestimmter Unterlagen ist demnach eine Interessenabwägung vorzunehmen. Dabei ist der Grundsatz zu berücksichtigen, dass alle den Parteien zugestellten Schriftstücke auch den Streithelfern zugänglich sein müssen, und dass eine vertrauliche Behandlung die Ausnahme von dieser Regel darstellt. In abgekürzten Verfahren für Anträge auf einstweiligen Rechtsschutz kann allerdings die Feststellung genügen, dass die Unterlagen, deren vertrauliche Behandlung beantragt wird, auf den ersten Blick geeignet erscheinen, zu den Geschäftsgeheimnissen zu gehören.

Erst nach seiner Zulassung kann der Streithelfer Prozesshandlungen vornehmen, insbesondere nach Fristsetzung einen Streithilfeschriftsatz einreichen. Dieser muss die Anträge des Streithelfers, die der vollständigen oder teilweisen Unterstützung oder Bekämpfung der Anträge einer Partei zu dienen bestimmt sind, die Angriffs- und Verteidigungsmittel sowie die Argumente des Streithelfers und gegebenenfalls die Bezeichnung der Beweismittel enthalten.

Im beschleunigten Verfahren kann der Streithelfer nur dann einen Streithilfeschriftsatz einreichen, wenn der Präsident des EuGH oder des EuG dies für erforderlich hält.

Der Streithelfer kann nur eine der beiden Parteien unterstützen, und er muss sich entscheiden, welche dies sein soll. Es ist dem Streithelfer nicht möglich, mit den von ihm gestellten Anträgen den Streitgegenstand zu verändern oder selbständig prozesshindernde Einreden zu erheben. Allerdings kann der Streithelfer Angriffs- und Verteidigungsmittel vorbringen, die die von ihm unterstützte Partei nicht oder noch nicht vorgetragen hat, solange sie für diese nicht schädlich sind.

Das anhängige Hauptverfahren wird durch das Streithilfeverfahren nicht unterbrochen. Der Streithelfer muss daher den Rechtsstreit in der Lage annehmen, in der dieser sich zur Zeit der Zulassung der Streithilfe befindet. Dies kann zur Folge haben, dass er sich nicht auf die Angriffs- und Verteidigungsmittel berufen kann, mit denen die von ihm unterstützte Partei bereits präkludiert ist. Als Begründung ist anzuführen, dass dem Streithelfer nicht mehr erlaubt sein soll als der von ihm unterstützten Partei und es sonst zu Verfahrensverzögerungen kommen könnte.
Dies bedeutet für das Recht der Streithilfe eine in der praktischen Wirksamkeit entscheidende funktionelle Begrenzung, da der Erfolg eines Streithilfeantrages immer auch an das prozessuale Vorgehen der unterstützten Partei gebunden ist. Allenfalls für eine Streithilfe durch Verbände und Interessengruppen mag dies anders sein, da Hinweise zur Rechtslage auf gemeinschaftsrechtlicher Ebene und allgemein erläuternde Ausführungen zur Sachlage nur selten präkludiert sein werden.
Geht der Streithilfeschriftsatz ein, bevor die Parteien des Hauptverfahrens ihre Replik und Duplik eingereicht haben, so können sie sich zum Vorbringen des Streithelfers in diesen Schriftsätzen äußern. Anderenfalls kann ihnen eine Frist zur Äußerung gesetzt werden, soweit der Streithilfeschriftsatz neue Gesichtspunkte gegenüber dem Vorbringen der unterstützten Partei enthält.
Über die Begründetheit der Streithilfe wird in dem in der Hauptsache ergehenden Urteil entschieden. Dem Streithelfer wird ebenso wie den Parteien eine beglaubigte Abschrift des Urteils zugestellt.
Das Urteil erwächst auch dem Streithelfer gegenüber in Rechtskraft. Gleichzeitig kann er zur Tragung bestimmter Kosten mit herangezogen werden.
Wie die Parteien eines erstinstanzlichen Hauptverfahrens kann auch der Streithelfer gegen Endentscheidungen des EuG ein auf Rechtsfragen beschränktes Rechtsmittel einlegen, auch wenn die Parteien des Hauptverfahrens dies nicht tun. Die Stellung von privilegierten Streithelfern setzt sich in der Rechtsmittelbefugnis fort. Unabhängig von der Natur ihres Interesses am Ausgang des anhängigen Rechtsstreits begründet bei ihnen die formelle Beschwer die Rechtsmittelbefugnis. Außer in Rechtsstreitigkeiten zwischen der Gemeinschaft und ihren Bediensteten können die Mitgliedstaaten und die Gemeinschaftsorgane auch dann ein Rechtsmittel einlegen, wenn sie dem Rechtsstreit vor dem EuG nicht als Streithelfer beigetreten waren. Sie treten damit als Verteidiger der Gemeinschaftslegalität auf, ohne ein besonderes Interesse nachweisen zu müssen.
Die Einlegung eines Rechtsmittels durch nicht-privilegierte Streithelfer ist im Gegensatz dazu nur dann zulässig, wenn die angefochtene Entscheidung sie unmittelbar berührt. Insofern müssen sie auch materiell beschwert sein. Das Kriterium des „unmittelbaren Berührtseins“ als Zulässigkeitsvoraussetzung dient dazu, im Fall von rein akzessorischen Interventionen, bei denen das berechtigte Interesse am Ausgang des anhängigen Rechtsstreits nicht in der Wahrnehmung unmittelbar betroffener eigener Rechtes des Streithelfers besteht, ein selbständiges Rechtsmittel des Streithelfers auszuschließen.

Bei der Bestimmung des Kriteriums sind die zur Auslegung von Art. 230 Abs. 4 EGV im Zusammenhang mit der Klagebefugnis natürlicher und juristischer Personen entwickelten Kriterien entsprechend heranzuziehen, wobei jedoch hohe Anforderungen zu stellen sind. Insofern ist das Kriterium deutlich enger zu fassen als jenes des „berechtigten Interesses" am Ausgang des anhängigen Rechtsstreits. Eine Gleichsetzung der beiden Erfordernisse kommt folglich keinesfalls in Betracht. Eine selbständige Rechtsmitteleinlegung durch Verbände, deren „berechtigtes Interesse" sich lediglich aus ihrer satzungsmäßigen Aufgabe, die gemeinsamen Interessen ihrer Mitglieder zu vertreten, begründet, erscheint demnach ausgeschlossen.

Soweit ein Streithelfer durch die von einem anderen Verfahrensbeteiligten mit dem Rechtsmittel angegriffene Entscheidung i.S.e. formellen Beschwer unmittelbar berührt ist, kann er auch ein selbständiges Anschlussrechtsmittels einlegen.

Die Möglichkeit eines Drittwiderspruchs durch den Streithelfer ist fraglich. Grundsätzlich ist dies nur zulässig, wenn der Dritte an seiner Möglichkeit gehindert gewesen ist, dem Rechtsstreit als Streithelfer beizutreten. Auf seine Unkenntnis vom Hauptsacheverfahren oder davon, dass die zu erwartende Entscheidung seine Rechte beeinträchtigen könnte, kann er sich dabei nur berufen, wenn die Amtsblatt veröffentlichte Mitteilung über die Klage nicht erkennen ließ, dass er ein Interesse daran haben könnte, dem Rechtsstreit beizutreten.

Der Drittwiderspruch ist als ein außerordentlicher Rechtsbehelf ausgestaltet. Der Ausnahmecharakter des Drittwiderspruchs ist dabei durch die Überlegung gerechtfertigt, dass im Interesse einer geordneten Rechtspflege und der Rechtssicherheit nach Möglichkeit vermieden werden muss, dass die am Ausgang eines vor dem EuGH oder dem EuG anhängigen Rechtsstreits interessierten Personen ihr Interesse erst geltend machen, nachdem das jeweilige Gericht die Streitfrage bereits entschieden hat.

Zweifelhaft ist, ob ein Drittwiderspruch entgegen dem Wortlaut von Art. 97 § 1 lit. c EuGH-VfO, Art. 123 § 1 lit. c EuG-VfO möglich sein soll, wenn der Dritte auf den Beitritt verzichtet hat, weil die begrenzten Befugnisse des Streithelfers ihm nicht erlaubt hätten, die befürchtete Rechtsverletzung abzuwenden.

Die in einem solchen Fall möglicherweise bestehende Rechtsschutzlücke darf dann aber nicht auf Kosten einer geordneten Rechtspflege und der Rechtssicherheit der anderen Beteiligten durch eine nachträgliche Durchbrechung der Rechtskraft zu schließen versucht werden. Dort überwiegen die Interessen der anderen Beteiligten am vorangegangenen Hauptverfahren und der Allgemeinheit. Diese entgegen dem Wortlaut geforderte Möglichkeit eines Drittwiderspruchs ist folglich abzulehnen.

4. Teil

Die Prozessbeteiligung Dritter im deutschen Zivilprozessrecht

Der Zivilprozess findet in aller Regel zwischen zwei Parteien statt, von denen die eine gerichtlichen Rechtsschutz gegen die andere begehrt. Es gilt daher das Zweiparteienprinzip. An einem Prozessrechtsverhältnis müssen formell zwei Parteien beteiligt sein. Die beiden Parteien zivilprozessualer Verfahren führen je nach Verfahrensart jedoch unterschiedliche Bezeichnungen, überwiegend diejenigen des Klägers als der rechtsschutzsuchenden Partei und des Beklagten als der insoweit in Anspruch genommenen Partei.[326] Die Parteistellung wird dabei unabhängig vom materiellen Recht danach bestimmt, wer gerichtlichen Rechtsschutz begehrt und gegen wen dieser Rechtsschutz geltend gemacht wird. Es gilt also für den Zivilprozess ein rein formeller Parteibegriff, der sich ohne Rücksicht auf die materielle Rechtsstellung nur an der Rolle im Verfahren orientiert.[327]
Grundsätzlich entfaltet ein Rechtsstreit im Zivilprozess nur Rechtswirkungen für die an ihm beteiligten Parteien. Der Ausgang eines Rechtsstreits kann jedoch über die an ihm beteiligten Personen hinausgreifen, und das Rechtsverhältnis zwischen einer der beiden Parteien und einem Dritten beeinflussen. In diesem Fall räumt die ZPO dem Dritten die Möglichkeit ein, sich an dem Prozess zu beteiligen, um seine Rechtsposition geltend zu machen.
Als Formen der Drittbeteiligung im deutschen Zivilprozessrecht hält die ZPO die Nebenintervention[328] und die Streitverkündung bereit. Bei der Nebenintervention wird dabei zwischen der einfachen und der streitgenössischen unterschieden. Die Vorschriften der §§ 66 – 68 ZPO befassen sich mit den Voraussetzungen und Wirkungen, die §§ 70 und 71 ZPO mit der prozessualen Form der Nebenintervention. § 69 ZPO regelt einige Besonderheiten hinsichtlich der streitgenössischen Nebenintervention, auf die im Übrigen die allgemeinen Regeln der §§ 66 ff. ZPO Anwendung finden. Für die Streitverkündung gelten die Vorschriften der §§ 72 – 74 ZPO.
Streitverkündung und Nebenintervention unterscheiden sich durch die Person desjenigen, der die Initiative ergreift, den Dritten in das Verfahren einzubeziehen. Bei der Nebenintervention ist es der Dritte selbst, der dem Streit beitreten möchte. Bei der Streitverkündung ist es eine der beiden Parteien, die versucht, die Beteiligung

---

[326] Schilken, Rn. 72.
[327] Schilken, Rn. 75.
[328] Die Terminologie ist uneinheitlich. Die ZPO selbst gebraucht wie in § 66 Abs. 2 nur den Begriff der Nebenintervention und dementsprechend wie in §§ 67, 68, 70 den Begriff des Nebenintervenienten. Es finden sich jedoch in Rspr. und Lit. auch die Bezeichnungen Streithilfe und damit einhergehend Streithelfer bzw. Streitgehilfe oder auch Nebenpartei.

eines Dritten zu erreichen.[329] Ein praktischer Anwendungsbereich für Nebeninterventionen ergibt sich vor allem in normalen Klageverfahren meist nicht aufgrund eigener Initiative des Dritten, sondern infolge der Aufforderung zum Beitritt durch Streitverkündung.[330]

A. Die Nebenintervention

Die Nebenintervention wird definiert als die Beteiligung eines Dritten an der Führung eines fremden Rechtsstreits im eigenen Interesse zur Unterstützung einer Partei, der sogenannten Hauptpartei.[331]
Der Zweck der Nebenintervention besteht in erster Linie darin, einem Dritten die Einflussnahme auf einen zwischen anderen Parteien anhängigen Rechtsstreit durch Unterstützung einer Partei zu ermöglichen, wenn sich die Entscheidung des Rechtsstreits negativ auf seine Rechtsstellung auswirken kann.[332] Die streitgenössische Nebenintervention gem. § 69 ZPO stellt sich dabei als Ausdruck des Anspruchs des Dritten auf rechtliches Gehör dar.[333] Zugleich dient die Nebenintervention der Prozessökonomie und der Rechtssicherheit, da sie durch die Nebeninterventionswirkung nach § 68 ZPO zu einer Verringerung der Zahl der Prozesse und vor allem zu einer Vermeidung sich widersprechender Entscheidungen führt.[334]
Weiterer Zeck der Nebenintervention soll zudem sein, dem Gericht im Rahmen der den Zivilprozess kennzeichnenden Verhandlungsmaxime eine bessere Aufklärung des Sachverhaltes zu ermöglichen.[335]
Der Nebenintervenient handelt neben der Hauptpartei oder, wenn sie untätig bleibt, an ihrer Stelle. Dies geschieht jedoch stets in eigenem Namen, so dass der Streithelfer nicht der Vertreter der Partei ist.[336] Dies wird heute im Grundsatz nicht mehr bestritten. Schon dem einfachen Nebenintervenienten stehen eigene prozessuale Befugnisse zu, die er in eigenem Namen ausübt. Die demgegenüber früher vertretene Gleichsetzung des Streithelfers mit einem Stellvertreter der Hauptpartei ist somit implizit aufgegeben worden.[337] Der Streithelfer begehrt keinen Rechtsschutz für sich, sondern er hilft der Hauptpartei, ihr Rechtsschutzziel

---

329 Lüke, S. 31.
330 MK/*Schilken*, § 66 Rn. 2; R/S/G, S. 260.
331 R/S/G, S. 260; ThP/*Putzo*, § 66 Rn. 1.
332 Kittner, JuS 1985, 703 (703); MK/*Schilken*, § 66 Rn. 1; Nissen, S. 45.
333 MK/*Schilken*, § 66 Rn. 1.
334 BGHZ 8, 72 (82).
335 MK/*Schilken*, § 66 Rn. 1; Nissen, S. 45.
336 Kittner, JuS 1985, 703 (704); R/S/G, S. 260; ThP/*Putzo*, § 66 Rn. 1; Windel, ZZP 104 (1991), 321 (322).
337 Windel, ZZP 104 (1991), 321 (322).

zu erreichen. Er steht im Rechtsstreit auf der Seite einer der beiden Parteien und ist deshalb auch in seiner Rechtsstellung abhängig von der jeweiligen Partei.
Der Beitritt des Dritten hat nicht allein zur Folge, dass er während des anhängigen Rechtsstreits bestimmte Prozesshandlungen für die Partei vornehmen darf. Die Wirkung der Streithilfe geht vielmehr über den Rechtsstreit hinaus. Verliert die unterstützte Partei den Prozess und will sie nun in einem Folgeprozess gegen den Streithelfer vorgehen, so muss der Streithelfer das Urteil des Vorprozesses gegen sich gelten lassen. Weil er am Vorprozess teilgenommen hat, darf er sich nicht mehr darauf berufen, die Entscheidung im Vorprozess sei unrichtig ergangen. Durch diese sogenannte Interventionswirkung gem. § 68 ZPO werden die sonst auf die Parteien beschränkten Wirkungen des Urteils im Vorprozess auf den Streithelfer im Folgeprozess ausgedehnt. Diese ausdrücklich normierte Interventionswirkung ist im Streithilfeverfahren des Gemeinschaftsrechts nicht vorhanden.

I. Voraussetzungen der Nebenintervention

Nach § 66 Abs. 1 ZPO kann jeder, der ein rechtliches Interesse daran hat, dass in einem zwischen anderen Personen anhängigen Rechtsstreit die eine Partei obsiegt, dieser Partei zu ihrer Unterstützung beitreten. Daraus lassen sich folgende Voraussetzungen einer zulässigen Nebenintervention ableiten. Es muss ein Rechtsstreit zwischen anderen Personen anhängig sein, dem der Nebenintervenient beitreten möchte. Weiter ist als Interventionsgrund ein rechtliches Interesse am Obsiegen der unterstützten Partei erforderlich. Darüber hinaus müssen in der Person des Streithelfers die Prozesshandlungsvoraussetzungen vorliegen und eine wirksame Beitrittserklärung abgegeben worden sein.

1. Anhängiger Rechtsstreit

Voraussetzung für eine Nebenintervention ist zunächst ein anhängiger Rechtsstreit. Der Beitritt ist dann gem. § 66 Abs. 2 ZPO in jeder Lage des Hauptverfahrens und auch in Verbindung mit der Einlegung eines Einspruchs oder eines Rechtsmittels zulässig.
In erster Linie wird es sich dabei um zivilprozessuale Klageverfahren aller Art handeln, auch um Kindschafts- oder Familiensachen. In weiter Auslegung des Anwendungsbereichs kommen aber auch alle sonstigen zivilprozessualen Verfahren in Betracht, in denen die zu erwartende Entscheidung die Rechtslage des Nebenintervenienten rechtlich beeinflussen kann.[338] Darunter fallen auch andere Entscheidungsverfahren wie das Arrest- und Verfügungsverfahren,[339] das Mahnver-

---

[338] MK/*Schilken*, § 66 Rn. 2; R/S/G, S. 261; Zöller/*Vollkommer*, § 66 Rn. 2.
[339] ThP/*Putzo*, § 66 Rn. 2.

fahren,[340] kontradiktorische Verfahren der Zwangsvollstreckung nach §§ 722, 731, 767, 768, 771, 805, 891 ZPO[341] und arbeitsgerichtliche Verfahren.[342] Entsprechend anwendbar sind die §§ 66 ff. ZPO darüber hinaus im selbständigen Beweisverfahren[343] und in echten Streitverfahren der freiwilligen Gerichtsbarkeit.[344]

Der Rechtsstreit muss schon anhängig sein. Rechtshängigkeit ist nicht erforderlich.[345] Denn ein Interesse an einem Beitritt kann bereits vor Rechtshängigkeit gegeben sein, etwa im Mahnverfahren zwecks Einlegung des Widerspruchs.[346] Ein Streitbeitritt ist also möglich, sobald die Klage oder der Antrag bei Gericht eingereicht ist, wobei die tatsächliche Anhängigkeit genügt. Der Beitritt ist daher auch zulässig, wenn die Zustellung der Klage mangelhaft ist oder die Prozessvoraussetzungen fehlen.[347] Der Rechtsstreit muss zudem noch anhängig sein.[348] Die Nebenintervention kann auch noch in Berufungs- oder Revisionsinstanz erfolgen, sofern das Rechtsmittel an sich statthaft ist, mag es auch nicht ordnungsgemäß eingelegt und begründet sein. Denn auch hier genügt, dass der Rechtsstreit in der Rechtsmittelinstanz schwebt. Nach Eintritt der formellen Rechtskraft ist ein Beitritt hingegen nicht mehr möglich.[349] Wenn die Rechtskraft durch Wiedereinsetzung in den vorigen Stand gem. § 233 ff. ZPO gegen den Ablauf der Rechtsmittelfrist oder durch Wiederaufnahmeklage gem. §§ 578 ff. ZPO beseitigt ist, so steht die Möglichkeit des Beitritts wieder offen.[350] Gegen die versäumte Nebenintervention gibt es dagegen keine Wiedereinsetzung in den vorigen Stand.[351] Diese kann der Nebenintervenient nur aus dem Recht der Hauptpartei beantragen.

Der Rechtsstreit muss zwischen anderen Personen anhängig, d.h. der Nebenintervenient „Dritter" sein. Er darf also nicht Partei oder gesetzlicher Vertreter einer Partei sein.[352] Bei Streitgenossenschaft gem. §§ 59 ff. ZPO liegen mehrere selbständige, aber verbundene Verfahren vor. Also kann ein einfacher Streitgenosse einem anderen, aber auch dem Gegner im Prozess gegen den anderen einfachen

---

340 R/S/G, S. 261; MK/*Schilken*, § 66 Rn. 2.

341 MK/*Schilken*, § 66 Rn. 2.

342 StJ/*Bork*, § 69 Rn. 26 f.

343 BGHZ 134, 190 (193); MK/*Schilken*, § 66 Rn. 2; R/S/G, S. 261; Zöller/*Vollkommer*, § 66 Rn. 2.

344 BGHZ 38, 110 (111); 70, 345 (346); MK/*Schilken*, § 66 Rn. 2; R/S/G, S. 261; Zöller/*Vollkommer*, § 66 Rn. 2.

345 BGHZ 92, 251 (257); MK/*Schilken*, § 66 Rn. 3; ThP/*Putzo*, § 66 Rn. 4.

346 Zöller/*Vollkommer*, § 66 Rn. 4.

347 R/S/G, S. 261.

348 BVerfGE 60, 7 (13); BGHZ 89, 121 (125).

349 BGH NJW 1991, 229 (230); NJW-RR 1999, 285; Kittner, JuS 1985, 703 (706); ThP/*Putzo*, § 66 Rn. 4.

350 R/S/G, S. 261; ThP/*Putzo*, § 66 Rn. 4; Zöller/*Vollkommer*, § 67 Rn. 15.

351 BGH NJW 1991, 229 (230).

352 R/S/G, S. 262; ThP/*Putzo*, § 66 Rn. 3; MK/*Schilken*, § 66 Rn. 4; Zöller/*Vollkommer*, § 66 Rn. 7.

Streitgenossen beitreten.[353] Der Nebenintervenient einer Partei kann diese Streithilfe aufheben und dem Gegner beitreten.[354] Entfällt nachträglich die Stellung als Dritter und wird der Nebenintervenient Partei wie etwa durch Erbfolge oder Übergang des Prozesses auf ihn gem. §§ 75 – 77 ZPO, so wird die Nebenintervention unzulässig.[355]

2. Interventionsgrund

Als Interventionsgrund verlangt § 66 Abs. 1 ZPO ein rechtliches Interesse am Obsiegen einer Partei. Nicht ausreichend ist damit zunächst ein ideelles, wirtschaftliches oder tatsächliches Interesse, wie es sich etwa aus Verwandtschaft, beruflicher Verbindung oder gleichartiger Situation ergeben kann.[356] Erforderlich ist zudem, dass der Dritte mit seiner Intervention eigene rechtliche Zwecke verfolgt. Die Streitbeteiligung eines Verbandes, etwa einer Unternehmervereinigung oder einer Berufsorganisation, ist demnach nur zulässig, wenn dem Verband selbst zustehende rechtliche Interessen betroffen werden.[357] Werden hingegen durch den Rechtsstreit nur rechtliche Interessen eines Verbandsmitgliedes betroffen, so genügt dies für eine Intervention nicht. Die gerichtliche Entscheidung muss also stets Einfluss auf die eigene Rechtsposition des Dritten haben. Solange dies jedoch der Fall ist, soll die Nebenintervention durch großzügige Auslegung in weitem Maße gewährt werden.[358] So wird der Begriff des rechtlichen Interesses dahingehend definiert, dass ein solches dann gegeben ist, wenn die Entscheidung des Rechtsstreits durch ihren Inhalt oder durch ihre Vollstreckung unmittelbar oder mittelbar auf die privat- oder öffentlichrechtlichen Rechtsverhältnisse des Dritten rechtlich günstig oder ungünstig einwirkt.[359]
Ein rechtliches Interesse ist gegeben, wenn die Entscheidung Rechtskraft gegenüber dem Dritten entfalten würde. Hier kommen sämtliche Fälle der Rechtskrafterstreckung auf Dritte in Betracht wie etwa gem. §§ 325 – 327 ZPO.[360] Das gleiche gilt, wenn der Dritte von der Gestaltungswirkung eines Urteils in seinen Rechten betroffen sein würde, sofern nicht eine notwendige Streitgenossenschaft aus materiellrechtlichen Gründen besteht.[361] Mit diesem Vorbehalt kommen auch gesellschaftsrechtliche Gestaltungsklagen und der Vaterschaftsanfechtungspro-

---

[353] BGHZ 8, 72 (78); 68, 81 (85); Lüke, S. 33.
[354] BGZ 10, 110 (112).
[355] BGHZ 8, 72 (78).
[356] RGZ 111, 236 (238); Kittner, JuS 1985, 703 (707); Lüke, S. 32; MK/*Schilken*, § 66 Rn. 8; R/S/G, S. 262; ThP/*Putzo*, § 66 Rn. 6; Zöller/*Vollkommer*, § 66 Rn. 9.
[357] Lüke, S. 32; MK/*Schilken*, § 66 Rn. 7.
[358] MK/*Schilken*, § 66 Rn. 7; Zöller/*Vollkommer*, § 66 Rn. 8.
[359] MK/*Schilken*, § 66 Rn. 7; R/S/G, S. 262; Schilken, Rn. 690; Zöller/*Vollkommer*, § 66 Rn. 8.
[360] MK/*Schilken*, § 66 Rn. 10; Schilken, Rn. 691; ThP/*Putzo*, § 66 Rn. 5.
[361] BGHZ 68, 81 (85); MK/*Schilken*, § 66 Rn. 12; ThP/*Putzo*, § 66 Rn. 5; Zöller/*Vollkommer*, § 66 Rn. 11.

zess[362] in Betracht. Weiter ist eine Nebenintervention in den Fällen zulässig, in denen aus dem Urteil im anhängigen Rechtsstreit eine Vollstreckbarkeit in das Vermögen des Dritten möglich ist.[363] Ein rechtliches Interesse ist ferner in mit Präjudizialität gekennzeichneten Fällen gegeben, in denen zwar keine Rechtskraftwirkungen eintreten, aber eine tatsächliche Vorentscheidung für Anspruch oder Verpflichtung des Dritten getroffen werden. Das reicht zur Begründung eines rechtlichen Interesses aus, sofern wenigstens die Gefahr einer erschwerten Prozessführung des Dritten abgewendet werden soll.[364] Andererseits ist hier die Abgrenzung gegenüber anderen Interessen besonders bedeutsam. Hierher gehören zunächst die Fälle akzessorischer Schuld und Haftung. So kann etwa der Bürge dem Hauptschuldner in dem gegen diesen gerichteten Verfahren beitreten, um dort eine ihm nachteilige Präjudizlage bzgl. des Bestehens der Forderung als solches abzuwenden.[365] Hauptanwendungsfall dieser Form des rechtlichen Interesses sind allerdings Regresssituationen.[366] Das bedeutet, dass die unterstützte Partei, wenn sie im Rechtsstreit unterliegt, einen Anspruch gegen den Nebenintervenienten hätte und der Nebenintervenient dies befürchtet. Oder der Nebenintervenient meint, gegen die unterlegene Partei selbst einen Anspruch geltend machen zu können.[367] Wurde eine Forderung zediert, kann der Altgläubiger dem Neugläubiger in seinem Rechtsstreit gegen den Schuldner beitreten, da er bei Abweisung der Klage dem Zessionar für den rechtlichen Bestand der Forderung haftet. Der Verkäufer einer Ware kann seinem Käufer beitreten, wenn dieser vom Drittkäufer wegen eines Sachmangels belangt wird. Genauso wie im Gemeinschaftsrecht ist es hingegen nicht ausreichend, wenn der Dritte dem Verfahren nur beitreten will, weil er sich in einer gleichgelagerten Situation befindet und hofft, durch seine Verfahrensbeteiligung eine ihm günstige Rechtsauffassung des Gerichts zu erreichen, der Ausgang des Prozesses ihn aber ansonsten in keiner Weise berührt. Präzedenzwirkungen der Entscheidung genügen also nicht. Im Gegensatz zu der schon weiten Auslegung des „rechtlichen" Interesses in § 66 Abs. 1 ZPO geht das Gemeinschaftsrecht noch darüber hinaus, indem zumindest nach der Rechtsprechung der Gerichte nicht nur ein rechtliches, sondern auch ein wirtschaftliches, politisches und sogar ein ideelles Interesse zur Intervention ausreichen. Damit wird der Kreis der möglichen Intervenienten aber nicht uneingrenzbar groß, da ein unmittelbares und gegenwärtiges Interesse verlangt wird, welches gerade am Ausgang des anhängigen Rechtsstreits bestehen muss. Um als Streithelfer im Gemeinschaftsrecht zugelassen zu werden, ist erforderlich, dass der Dritte geltend machen kann, durch die Entscheidung gerade dieses Rechtsstreits in seinen Interessen berührt zu sein. Bei Dritten, die sich lediglich in einer gleichgelagerten

---

362 BGHZ 83, 391 (395); 92, 275 (276).
363 MK/*Schilken*, § 66 Rn. 13; R/S/G, S. 262; WS/*Mansel*, § 66 Rn. 57.
364 MK/*Schilken*, § 66 Rn. 15.
365 MK/*Schilken*, § 66 Rn. 16.
366 Lüke, S. 32; MK/*Schilken*, § 66 Rn. 15; Zöller/*Vollkommer*, § 66 Rn. 13.
367 Zöller/*Vollkommer*, § 66 Rn. 13.

Situation befinden, wird von den Gerichten ein nicht ausreichendes nur mittelbares Interesse festgestellt. Damit befinden sie sich in Übereinstimmung mit den deutschen Zivilgerichten. Rechtstechnisch erfolgt diese Einschränkung dadurch, dass die Gerichte verlangen, dass sich das Interesse des Dritten in den Anträgen der von ihm unterstützten Partei und nicht in den rechtlichen Erwägungen niederschlägt.

II. Verfahren im Falle des Beitritts des Nebenintervenienten

Das Verfahren im Falle des Beitritts des Nebenintervenienten richtet sich nach § 66 Abs. 2 ZPO unter Berücksichtigung allgemeiner Voraussetzungen sowie hinsichtlich der Form nach § 70 ZPO.

1. Persönliche Voraussetzungen

Da die Nebenintervention eine Prozesshandlung ist, müssen in der Person des Streithelfers die persönlichen Prozesshandlungsvoraussetzungen vorliegen.[368] Der Streithelfer muss also parteifähig gem. § 50 ZPO, prozessfähig gem. § 52 ZPO oder durch den gesetzlichen Vertreter vertreten und postulationsfähig sein. Im Anwaltsprozess muss sich der Streithelfer durch einen beim Prozessgericht zugelassenen Rechtsanwalt vertreten lassen und hat gem. § 80 Abs. 1 ZPO die Bevollmächtigung durch eine schriftliche Prozessvollmacht nachzuweisen und diese zu den Gerichtsakten abzugeben. Fehlt eine Prozesshandlungsvoraussetzung so muss das Gericht, da ihr Fehlen von Amts wegen zu berücksichtigen ist, die Nebenintervention durch Beschluss zurückweisen. Gegen diesen Beschluss steht dem Nebenintervenienten die sofortige Beschwerde gem. § 567 Abs. 1 ZPO zu.[369] Nach anderer Ansicht soll die Zurückweisung durch Zwischenurteil analog § 71 ZPO erfolgen, wogegen dann auch eine sofortige Beschwerde gem. § 567 Abs. 1 ZPO statthaft wäre.[370]

2. Beitrittserklärung

Entschließt sich ein Dritter, einer Partei als Streithelfer beizutreten, nachdem er ohne förmliche Streitverkündung von dem Rechtsstreit Kenntnis erlangt hat, so ist die Beitrittserklärung an bestimmte formelle Voraussetzungen gebunden. Der

---

[368] Kittner, JuS 1985, 703 (707); MK/*Schilken*, § 66 Rn. 23; Zöller/*Vollkommer*, § 66 Rn. 14.

[369] Kittner, JuS 1985, 703 (707); MK/*Schilken*, § 66 Rn. 23; R/S/G, S. 253; ThP/*Putzo*, § 66 Rn. 10.

[370] StJ/*Bork*, § 66 Rn. 25.

Beitritt wird gem. § 70 Abs. 1 ZPO durch Einreichung eines Schriftsatzes beim Prozessgericht erklärt. Mit Prozessgericht ist das Gericht gemeint, bei dem der Rechtsstreit gerade anhängig ist. Wird der Beitritt mit der Einlegung eines Rechtsmittels verbunden, ist das Rechtsmittelgericht das Prozessgericht.[371] Als bestimmender Schriftsatz muss die Beitrittserklärung gem. § 129 Abs. 1 ZPO im Anwaltsprozess und im Rechtsmittelverfahren von einem Anwalt unterzeichnet sein.[372] Ist das Verfahren vor einem Amtsgericht anhängig, so genügt nach § 496 ZPO die Erklärung des Beitritts zu Protokoll der Geschäftsstelle. Die Beitrittserklärung muss gem. § 70 Abs. 1 Satz 2 Nr. 1 ZPO die Bezeichnung der Parteien und des Rechtsstreits, in dem der Beitritt erfolgen soll, ferner nach Nr. 2 die bestimmte Angabe des Interventionsinteresses und schließlich nach Nr. 3 die Erklärung, einer der beiden Partei beitreten zu wollen, enthalten. Die Beitrittserklärung muss dabei erkennen lassen, welcher der beiden Parteien der Dritte zum Zwecke der Unterstützung beitritt und gegebenenfalls auch den betroffenen von mehreren Streitgegenständen.[373] Eine Glaubhaftmachung der Tatsachen für § 70 Abs. 1 Satz 2 Nr. 2 ZPO ist erst im etwaigen Verfahren nach § 71 Abs. 1 Satz 2 erforderlich. Ist die Beitrittserklärung beim Prozessgericht eingegangen, so ist sie nach § 70 Abs. 1 Satz 2 ZPO von Amts wegen beiden Parteien bzw. gem. § 176 ZPO ihren Anwälten zuzustellen, also nicht nur der unterstützten Partei, sondern auch deren Gegner.

Mängel in der Form der Beitrittserklärung werden, da es sich nicht um allgemeine Prozesshandlungsvoraussetzungen handelt, nicht von Amts wegen beachtet. Deshalb ist auch ein selbst stillschweigender Verzicht auf die Rüge des Mangels oder eine Präklusion des Rügerechts gem. § 295 ZPO möglich,[374] wodurch der Mangel geheilt wird.[375] Ein Verlust des Rügerechts kann dadurch verhindert werden, dass ein Antrag auf Zurückweisung der Nebenintervention gem. § 71 Abs. 1 ZPO gestellt wird.

3. Zwischenstreit

Über die Prüfung der Prozesshandlungsvoraussetzungen hinaus, hat das Prozessgericht wie bereits dargestellt nicht die Möglichkeit, von Amts wegen die Zulässigkeit der Nebenintervention zu prüfen. Hierzu bedarf es gem. § 71 Abs. 1 ZPO eines Antrags einer der Parteien des Hauptverfahrens. Solange ein solcher Antrag nicht gestellt worden ist und bis zum rechtskräftigen Ausspruch der Unzulässigkeit der Nebenintervention wird der Nebenintervenient gem. § 71 Abs. 3 ZPO im Hauptverfahren hinzugezogen. Dies stellt eine deutliche Abweichung vom Streit-

---

371 MK/*Schilken*, § 70 Rn. 4; ThP/*Putzo*, § 70 Rn. 2; Zöller/*Vollkommer*, § 70 Rn. 1.
372 BGHZ 92, 251 (254); BGH NJW 1991, 229 (230).
373 MK/*Schilken*, § 70 Rn. 5.
374 RGZ 77, 360 (364); 124, 142 (145).
375 BGH NJW 1976, 292 (293).

hilfeverfahren im Gemeinschaftsrecht dar. Denn dort entscheidet der Präsident des Gerichts, bei dem das Hauptverfahren anhängig ist, durch Beschluss über jeden Zulassungsantrag, es sei denn, die Klage im Hauptverfahren ist offensichtlich unzulässig und durch Beschluss abzuweisen. Im Gemeinschaftsrecht erfolgt dementsprechend auch die Zulassung der Nebenintervention ausdrücklich und durch Beschluss.

a) Antrag auf Zurückweisung

Der Antrag auf Zurückweisung einer Nebenintervention kann von jeder Partei, auch der unterstützten, und jedem Streitgenossen gestellt werden.[376] Meist wird aber der Gegner der unterstützten Partei den Antrag stellen, weil er sonst zwei Gegnern gegenüberstehen würde und ihm im Falle des Unterliegens gem. § 101 Abs. 1 ZPO auch die durch die Nebenintervention verursachten Kosten aufzuerlegen wären. Der unterstützten Partei ist der Antrag auf Zurückweisung untersagt, wenn sie zuvor dem Nebenintervenienten den Streit verkündet hat. Ihr Zurückweisungsantrag wäre in diesem Fall rechtsmissbräuchlich, da sie sich zu ihrem eigenen Verhalten in Widerspruch setzen würde. Ein Antragsrecht würde ihr nur zustehen, wenn der Nebenintervenient auf der Seite der gegnerischen Partei beigetreten ist.[377] Der Zurückweisungsantrag ist Verteidigung gegen die Nebenintervention und kann auf deren sachliche Unzulässigkeit wegen Fehlens der Voraussetzungen des § 66 Abs. 1 ZPO, auf einen Mangel der Form i.S.d. § 70 Abs. 1 ZPO und schließlich auf ein Fehlen der jedoch auch von Amts wegen zu berücksichtigenden allgemeinen Prozesshandlungsvoraussetzzungen gestützt werden. Der Antrag auf Zurückweisung ist gem. § 295 ZPO nicht mehr zulässig, wenn die Partei auf das Widerspruchsrecht verzichtet hat oder in Kenntnis oder in fahrlässiger Unkenntnis des Mangels in der ersten mündlichen Verhandlung, an der der Nebenintervenient teilgenommen hat, keinen Zurückweisungsantrag gestellt hat.[378]

Eine besondere Form des Zurückweisungsantrags schreibt § 71 ZPO nicht vor. Sieht man den Zurückweisungsantrag als Sachantrag, und nicht als bloß leugnenden Antrag an, unterliegt er der Form des § 297 ZPO.[379]

---

[376] RGZ 42, 401; ThP/*Putzo*, § 71 Rn. 2.

[377] Kittner, JuS 1985, 703 (707); MK/*Schilken*, § 71 Rn. 3; StJ/*Bork*, § 71 Rn. 4; Zöller/*Vollkommer*, § 71 Rn. 1.

[378] MK/*Schilken*, § 71 Rn. 3; R/S/G, S. 264; StJ/*Bork*, § 71 Rn. 3.

[379] MK/*Schilken*, § 71 Rn. 5; StJ/*Bork*, § 71 Rn. 3; ThP/*Putzo*, § 71 Rn. 2.

b) Verfahren und Zwischenurteil

Beteiligt an dem Zwischenstreit sind der Nebenintervenient und die dem Beitritt widersprechende Partei. Hat die unterstützte Partei dem Beitritt ausdrücklich zugestimmt, so steht sie im Zwischenstreit auf Seiten des Streithelfers. Eine Partei, die weder zugestimmt noch widersprochen hat, bleibt hingegen in einschränkender Auslegung des § 71 Abs. 1 Satz 1 ZPO im Zwischenstreit unbeteiligt.[380]
Im Zwischenstreit wird grundsätzlich mündlich verhandelt, sofern nicht die Ausnahmen der § 128 Abs. 2 oder 3 ZPO vorliegen. Soweit nichts anderes angeordnet worden ist, ist der Termin zur mündlichen Verhandlung zur Hauptsache zugleich für die Verhandlung über den Zwischenstreit bestimmt. Möglich ist aber auch eine abgesonderte Verhandlung.[381] Der Anwaltszwang im Hauptverfahren erstreckt sich auch auf den Zwischenstreit.[382] Ein Versäumnisverfahren ist wie bei allen Zwischenstreitigkeiten mit Dritten ausgeschlossen. Erscheint der Nebenintervenient nicht, so wird aufgrund der Beitrittserklärung und des mündlichen Vortrags der Partei des Hauptverfahrens entschieden.[383] Entsprechendes gilt, wenn die widersprechende Partei ausbleibt. Das Ausbleiben der an dem Zwischenstreit nicht beteiligten Partei ist dagegen unerheblich. Erscheinen der Nebenintervenient und die widersprechende Partei nicht, so kann das Gericht über den Zwischenstreit gem. § 251a ZPO nach Lage der Akten entscheiden oder die Verhandlung über den Zwischenstreit vertagen.
Im Zwischenstreit geht es vornehmlich darum, ob die Voraussetzungen des § 66 Abs. 1 ZPO, also des rechtlichen Interesses vorliegen. Nach § 71 Abs. 1 Satz 2 ZPO ist der Nebenintervenient zuzulassen, wenn er dieses Interesse i.S.v. § 294 ZPO glaubhaft macht.
Die tatsächlichen Grundlagen des rechtlichen Interesses müssen also, soweit sie nicht unstreitig sind, vom insoweit beweisbelasteten Streithelfer im Sinne einer gegenüber der vollen richterlichen Überzeugung von der Wahrheit der behaupteten Tatsachen geringeren Wahrscheinlichkeit dargetan werden.[384] Für die Mittel der Glaubhaftmachung gilt § 294 ZPO.
Die Entscheidung über den Zwischenstreit ergeht, wie sich aus § 71 Abs. 2 ZPO ergibt, als Zwischenurteil, das mit dem Endurteil verbunden werden darf.[385] Das Zwischenurteil ist seiner Rechtsnatur nach ein Feststellungsurteil und lautet auf Zulassung der Nebenintervention, wenn alle Voraussetzungen vorliegen und das rechtliche Interesse glaubhaft gemacht ist, oder auf Zurückweisung der Streithilfe. Die Kosten des Zwischenstreits fallen bei Zulassung der Nebenintervention ohne

[380] Kittner, JuS 1986, 131 (131); MK/*Schilken*, § 71 Rn. 7.
[381] RGZ 10, 339; MK/*Schilken*, § 71 Rn. 7; StJ/*Bork*, § 71 Rn. 5.
[382] MK/*Schilken*, § 71 Rn. 7; StJ/*Bork*, § 71 Rn. 5; ThP/*Putzo*, § 71 Rn. 3; Zöller/*Vollkommer*, § 71 Rn. 2.
[383] MK/*Schilken*, § 71 Rn. 7; StJ/*Bork*, § 71 Rn. 6.
[384] MK/*Schilken*, § 71 Rn. 7; Schilken, Rn. 478; StJ/*Bork*, § 71 Rn. 5.
[385] RGZ 38, 400 (402); BGH NJW 1982, 2070.

Rücksicht auf den Ausgang des Hauptverfahrens der widersprechenden Partei, bei Zurückweisung dem Nebenintervenienten zur Last.[386]
Die Kosten des Zwischenstreits richten sich nach dem Interesse des Streithelfers am Obsiegen der von ihm unterstützten Partei als Gegenstandswert. Besondere Gerichtsgebühren fallen für das Zwischenurteil neben den Gebühren in der Hauptsache und im etwaigen Beschwerdeverfahren nicht an.[387]

c) Sofortige Beschwerde

Gegen das nach § 270 Abs. 1 ZPO von Amts wegen zuzustellende Zwischenurteil findet gem. § 71 Abs. 2 ZPO die sofortige Beschwerde statt, auch wenn die Entscheidung mit dem Endurteil verbunden ist. Die Beschwerdefrist beträgt gem. § 569 Abs. 1 ZPO zwei Wochen nach Zustellung des Urteils. Beschwerdeberechtigt sind im Falle der Zurückweisung der Nebenintervention der Streithelfer und die unterstützte Partei,[388] die wegen des Fortfalls der Unterstützung beschwert ist. Bei Zulassung der Nebenintervention sind beide Parteien beschwerdeberechtigt, auch diejenige, die sich im Zwischenstreit bislang nicht beteiligt hatte, aber noch antragsberechtigt war.[389]
Nach Rechtskraft des Endurteils ist keine Anfechtung der Entscheidung über die Zulassung der Nebenintervention mehr möglich. Ist eine Nebenintervention rechtskräftig zurückgewiesen worden, so ist eine Wiederholung möglich, wenn ein anderes rechtliches Interesse glaubhaft gemacht wird, über das die ergangene Entscheidung nicht befunden hat. Eine bloß verbesserte Glaubhaftmachung in Bezug auf dasselbe Interesse reicht dagegen nicht aus.[390]

d) Beteiligung des Nebenintervenienten am Hauptverfahren

Die Beteiligung des Nebenintervenienten am Hauptverfahren sieht § 71 Abs. 3 ZPO bis zur Rechtskraft einer Entscheidung über die Unzulässigkeit vor. Diese Regelung beruht auf dem Gedanken, dass durch die Nebenintervention der Fortgang des Hauptverfahrens nicht verzögert werden soll.[391] Der Streithelfer ist demnach am Verfahren des anhängigen Rechtsstreits vom Zeitpunkt der Einreichung

---

[386] Kittner, JuS 1986, 131 (132); MK/*Schilken*, § 71 Rn. 9; StJ/*Bork*, § 71 Rn. 8; Zöller/*Vollkommer*, § 71 Rn. 7.
[387] MK/*Schilken*, § 71 Rn. 11; Zöller/*Vollkommer*, § 71 Rn. 10.
[388] Kittner, JuS 1986, 131 (132); MK/*Schilken*, § 71 Rn. 10; R/S/G, S. 264; ThP/*Putzo*, § 71 Rn. 7; Zöller/*Vollkommer*, § 71 Rn. 6.
[389] MK/*Schilken*, § 71 Rn. 10; StJ/*Bork*, § 71 Rn. 8; Zöller/*Vollkommer*, § 71 Rn. 6.
[390] RGZ 23, 341 (342); MK/*Schilken*, § 71 Rn. 10; StJ/*Bork*, § 71 Rn. 8; Zöller/*Vollkommer*, § 71 Rn. 6.
[391] MK/*Schilken*, § 71 Rn. 11.

der Beitrittserklärung an zu beteiligen. Er muss deshalb im Hinblick auf seine Beteiligung am Verfahren nicht als Streithelfer ausdrücklich oder stillschweigend zugelassen werden, sondern von Anfang an in jeder Beziehung als Streithelfer, sowohl vom Prozessgericht als auch von den Parteien, behandelt werden. Er kann bis zum Ablauf der Beschwerdefrist oder bis zur Bestätigung des Zwischenurteils durch die letzte Beschwerdeinstanz alle ihm als Streithelfer zukommenden Rechte ausüben. Des Weiteren hat er ein Recht auf Teilnahme an der mündlichen Verhandlung und zur Vorbereitung der mündlichen Verhandlung durch Bekanntmachung sämtlicher Schriftsätze.[392] Er muss deshalb auch zu den Terminen geladen werden. Wird der Streithelfer nicht zu den Terminen geladen, so gilt die von ihm unterstützte Partei nicht als ordnungsgemäß i.S.d. § 335 Abs. 1 ZPO geladen, so dass gegen sie kein Versäumnisurteil ergehen darf, auch nicht etwa gleichzeitig mit der Zurückweisung der Nebenintervention durch das Zwischenurteil.[393]
Bis zur Rechtskraft eines zurückweisenden Zwischenurteils sind die vom Streithelfer für die unterstützte Partei vorgenommenen Prozesshandlungen wirksam und behalten auch nach Rechtskraft des Zwischenurteils ihre Wirksamkeit, ohne dass die unterstützte Partei sich diese ausdrücklich oder stillschweigend aneignen müsste.[394] Hat der Streithelfer etwa in Verbindung mit seiner Beitrittserklärung ein Rechtsmittel gegen die Entscheidung im Vorprozess eingelegt und wird er später durch Zwischenurteil zurückgewiesen, bleibt das Rechtsmittel gleichwohl wirksam für die von ihm unterstützte Partei. Diese kann den Prozess in der Rechtsmittelinstanz fortführen. Etwas anderes gilt nur bei Fehlen einer Prozesshandlungsvoraussetzung, wenn also die Nebenintervention wegen fehlender Partei- oder Prozessfähigkeit zurückgewiesen worden ist.[395]

4. Ende der Nebenintervention

Die Beendigung der Nebenintervention ist zunächst durch eine Rücknahme der Beitrittserklärung möglich. Dazu kann der Nebenintervenient in analoger Anwendung des § 269 ZPO in der Form des § 269 Abs. 2 ZPO und mit der Kostenfolge des § 269 Abs. 3 ZPO die Beitrittserklärung zurücknehmen, ohne dass dazu eine Zustimmung der Parteien entsprechend § 269 Abs. 1 ZPO erforderlich wäre.[396] Die Zustimmung der Parteien ist nicht notwendig, da die gegnerische Partei keine Entscheidung gegenüber dem Streithelfer zu erwarten hat und die unterstützte

---

[392] Kittner, JuS 1986, 131 (132); MK/*Schilken*, § 71 Rn. 11.
[393] Kittner, JuS 1986, 131 (132); MK/*Schilken*, § 71 Rn. 11; StJ/*Bork*, § 71 Rn. 9; Zöller/*Vollkommer*, § 71 Rn. 8.
[394] Lüke, S. 34; MK/*Schilken*, § 71 Rn. 11; R/S/G, S. 264; StJ/*Bork*, § 71 Rn. 10; ThP/*Putzo*, § 71 Rn. 8.
[395] MK/*Schilken*, § 71 Rn. 11; R/S/G, S. 264; StJ/*Bork*, § 71 Rn. 10.
[396] RGZ 56, 28 (29); 61, 286 (291); Kittner, JuS 1986, 131 (134); R/S/G, S. 264; MK/*Schilken*, § 66 Rn. 25; StJ/*Bork*, § 70 Rn. 7; Zöller/*Vollkommer*, § 66 Rn. 17.

Partei angesichts der fortbestehenden Nebeninterventionswirkung gem. § 68 ZPO kein Interesse daran hat, den Streithelfer festzuhalten.[397] Nach der Rücknahme kann der Streithelfer der anderen Partei beitreten.[398]
Zum Ende der Nebenintervention kommt es ferner mit der Beendigung des Hauptverfahrens, etwa infolge Klagerücknahme,[399] übereinstimmender Erledigungserklärung, Prozessvergleich oder rechtskräftigem Urteil. Weiterhin endet die Nebenintervention, wenn der Streithelfer durch Rechtsnachfolge selbst Parteistellung erlangt oder wenn die unterstützte Partei aus dem Verfahren ausscheidet.[400]
Es kann dann nur eine neue Nebenintervention zugunsten der neuen Partei erfolgen. Bei Tod der unterstützten Partei handelt der Nebenintervenient für den Erben, der das Verfahren aufgenommen hat. Stirbt der Nebenintervenient, so tritt sein Erbe an seine Stelle.[401]
Ob die Nebenintervention auch durch eine Entscheidung im Zwischenstreit beendet wird, mit der die Streithilfe zurückgewiesen worden ist, erscheint fraglich.
Zum Teil wird betont, dass die rechtskräftige Zurückweisung nur die Unzulässigkeit der Nebenintervention feststelle, sie jedoch nicht beende.[402]
Die rechtskräftige Zurückweisung stellt zwar die Unzulässigkeit der Streithilfe von Anfang an fest. Da der Streithelfer aber bis zur rechtskräftigen Entscheidung am Rechtsstreit zu beteiligen ist und von ihm vorgenommene Prozesshandlungen grundsätzlich wirksam bleiben, steht die Zurückweisung zumindest praktisch einer Beendigung gleich.[403]

III. Handlungsmöglichkeiten des Nebenintervenienten im Verfahren

Eine Beschreibung der Rechtsstellung des Nebenintervenienten und seiner einzelnen Handlungsbefugnisse im Hauptverfahren, auch im Verhältnis zur von ihm unterstützten Partei, liefert § 67 ZPO.

1. Rechtsstellung des Nebenintervenienten im Verfahren

Die allgemeine Rechtsstellung des Nebenintervenienten ist dadurch gekennzeichnet, dass er sich an einem fremden Prozess beteiligt und dort weder Partei noch

[397] MK/*Schilken*, § 67 Rn. 25; StJ/*Bork*, § 70 Rn. 7; Zöller/*Vollkommer*, § 67 Rn. 17.
[398] BGHZ 18, 110 (112).
[399] BGH NJW 1965, 760.
[400] Kittner, JuS 1986, 131 (134); MK/*Schilken*, § 66 Rn. 25; R/S/G, S. 265; Zöller/*Vollkommer*, § 67 Rn. 17.
[401] R/S/G, S. 265.
[402] R/S/G, S. 265.
[403] Kittner, JuS 1986, 131 (134); Zöller/*Vollkommer*, § 67 Rn. 17.

gesetzlicher Vertreter, sondern Dritter ist.[404] Der Nebenintervenient wird nicht Partei, da er keinen Rechtsschutz in seinem Interesse verlangen kann. Ebenso wenig ist er gesetzlicher Vertreter der von ihm unterstützten Partei. Denn er handelt zwar mit Wirkung für die Partei, aber nicht in ihrem, sondern in eigenem Namen. Er hat nur das Recht, zur Wahrung seines eigenen Interesses am Ausgang des Rechtsstreits die Partei zu unterstützen. Handlungen zum Nachteil der Partei kann er nicht vornehmen. Seine Tätigkeit ist insofern von dem Verhalten der von ihm unterstützten Partei abhängig, als er zwar nicht an ihre Zustimmung gebunden ist, aber durch ihren Widerspruch gehindert wird. Er hat demnach zwar ein eigenes, aber nur ein abgeleitetes Recht zur Vornahme der Prozesshandlungen.[405] Der Nebenintervenient wird daher auch als „Gehilfe der Partei kraft eigenen Rechts" bezeichnet.[406]

In Anlehnung an diese Einordnung des Streithelfers im deutschen Zivilprozessrecht findet sich auch in der deutschsprachigen Gemeinschaftsrechtsliteratur, soweit zu der Einordnung des Streithelfers in die Struktur des Rechtsstreits Stellung genommen wird, fast ausnahmslos die Aussage, auch der Streithelfer des Europäischen Prozessrechts werde nicht Partei des Verfahrens.[407] Näher eingegangen wird darauf allerdings nicht.

Eine entgegengesetzte Sichtweise wird in Anlehnung an das französischsprachige Schrifttum vertreten. Der Streithelfer im Verfahren vor dem EuGH und dem EuG bilde wie im französischen Recht keine eigenständige Beteiligtenkategorie, sondern unterfalle dem Begriff der Partei.[408] Für eine solche Einordnung spreche eine Betrachtung der französischen Fassungen der Art. 93 § 1 Satz 2 lit. b EuGH-VfO, Art. 115 § 2 lit. b EuG-VfO, die von dem Beitrittswilligen die Angabe der „parties principales" in seinem Interventionsantrag fordern. Demnach sei der Streithelfer eine „partie accessoire". Den Streithelfer so zu bezeichnen, mache deutlich, dass ihm trotz seiner Parteistellung nicht dieselben Rechte zur Einflussnahme auf das Verfahren zukämen wie Kläger und Beklagtem.[409]

Da insoweit also zugestanden wird, dass sich allein aus der Einordnung als Partei im Gemeinschaftsrecht nicht ergibt, dass sich für den Streithelfer die gleichen Handlungsmöglichkeiten im Verfahren ergeben wie sie den Parteien des Hauptverfahrens zustehen, erscheint eine Bezeichnung als „Nebenpartei" irreführend und sollte vermieden werden. Dies ist für das deutsche Zivilprozessrecht auch überwiegend anerkannt[410], obwohl auch dort eine Bezeichnung des Nebeninterve-

---

404 Kittner, JuS 1986, 131 (132); MK/*Schilken*, § 67 Rn. 2; R/S/G, S. 265; StJ/*Bork*, § 67 Rn. 1; ThP/*Putzo*, § 67 Rn. 1; Zöller/*Vollkommer*, § 67 Rn. 1.

405 StJ/*Bork*, § 67 Rn. 1.

406 RGZ 64, 68 (70); BGH NJW 1986, 257 (257); 1995, 198 (199); StJ/*Bork*, § 67 Rn. 1.

407 Ehle/Schiller, EuR 1982, 48 (55); Hasselbach, ZZP 109 (1996), 195 (208); R/M/G, Rn. 686.

408 H/S, S. 163; Nissen, S. 206.

409 Nissen, S. 207.

410 MK/*Schilken*, § 67 Rn. 2; StJ/*Bork*, § 67 Rn. 1; ThP/*Putzo*, § 67 Rn. 1.

nienten als Nebenpartei[411] vertreten wird. Eine solche Bezeichnung wird dadurch für gerechtfertigt gehalten, dass auch der Nebenintervenient die allgemeinen Prozesshandlungsvoraussetzungen in seiner Person aufweisen muss und die ZPO die von ihm unterstützte Partei Hauptpartei nennt.[412] Allerdings findet sich in der ZPO keine Bezeichnung des Streithelfers als Nebenpartei, sondern nur als Nebenintervenient. Eine Bezeichnung als Nebenpartei erscheint daher nicht zwingend, zumal die prozessualen Handlungsmöglichkeiten von Streithelfer und der von ihm unterstützten Partei deutlich abweichen und keineswegs gleichgelagert sind. Für das deutsche Zivilprozessrecht ist eine Bezeichnung als Nebenpartei daher abzulehnen. Vom Verständnis der deutschen Lehre her erscheint eine Einordnung des Streithelfers im Gemeinschaftsrecht als Partei ebenso verfehlt. Dies mag aus Sicht der französischen Prozessrechtsliteratur anders sein, wenn dort mit dem Begriff der „partie accessoire" andere Folgen verbunden werden und der Begriff insofern anders besetzt ist. Für den deutschen Zivilprozess und das gemeinschaftsrechtliche Streithilfeverfahren ist demnach gleichermaßen davon auszugehen, dass der Streithelfer Dritter ist und ihm hinsichtlich der von ihm unterstützten Partei eine prozessuale Stellung sui generis zukommt.

Als Dritter kann der Nebenintervenient Zeuge sein und ist nicht als Partei zu vernehmen, selbst wenn diese ihm die Prozessführung überlässt.[413] Gegen ihn kann kein Antrag ohne ordnungsgemäße Klageerhebung gestellt und ihm kann im Urteil nichts zu- oder aberkannt werden.[414] Der Nebenintervenient kann auch nicht zur Tragung der Kosten des Hauptverfahrens, sondern nur von denjenigen der Streithilfe verurteilt werden.[415] Gründe in seiner Person, wie etwa sein Tod oder die Eröffnung eines Insolvenzverfahrens über sein Vermögen, führen nicht zur Unterbrechung des Rechtsstreits gem. §§ 239 ff. ZPO und rechtfertigen auch keine Aussetzung.[416]

2. Befugnisse des Nebenintervenienten

Grundsätzlich darf der Streithelfer die Partei, zu deren Unterstützung er beigetreten ist, zur Wahrung seiner eigenen Interessen am Ausgang des Verfahrens unterstützen, ohne die Zustimmung der Partei einholen zu müssen, selbst wenn diese an einer Unterstützung nicht interessiert ist.[417] Die Befugnisse des Nebenintervenien-

---

[411] R/S/G, S. 260.
[412] Siehe dazu §§ 67, 68, 69 ZPO.
[413] Kittner, JuS 1986, 131 (132); MK/*Schilken*, § 67 Rn. 3; StJ/*Bork*, § 67 Rn. 21; ThP/*Putzo*, § 67 Rn. 5; Zöller/*Vollkommer*, § 67 Rn. 1.
[414] RGZ 108, 132 (134); MK/*Schilken*, § 67 Rn. 3; R/S/G, S. 265.
[415] MK/*Schilken*, § 67 Rn. 3; R/S/G, S. 265; StJ/*Bork*, § 67 Rn. 22.
[416] Kittner, JuS 1986, 131 (132); MK/*Schilken*, § 67 Rn. 3; R/S/G, S. 265; StJ/*Bork*, § 67 Rn. 23; ThP/*Putzo*, § 67 Rn. 3.
[417] Kittner, JuS 1986, 131 (132).

ten zur Vornahme von Prozesshandlungen ergeben sich aus § 67 ZPO unter Berücksichtigung des Zwecks der Nebenintervention. Sie unterliegen allerdings auch bestimmten Beschränkungen. Weitergehende Befugnisse stehen dem streitgenössischen Nebenintervenienten nach § 69 ZPO zu.

a) Angriffs- und Verteidigungsmittel

Der einfache Nebenintervenient ist gem. § 67 Hs. 2 ZPO grundsätzlich berechtigt, Angriffs- und Verteidigungsmittel geltend zu machen und alle Prozesshandlungen wirksam vorzunehmen. Der Wortlaut der Vorschrift ist dabei ungenau, da auch Angriffs- und Verteidigungsmittel zu den Prozesshandlungen gehören und insofern nur beispielhaft erwähnt sind.[418]
Der Nebenintervenient darf daher für die von ihm unterstützte Partei grundsätzlich alle Prozesshandlungen vornehmen und in der mündlichen Verhandlung entgegennehmen, die die Partei vornehmen könnte oder entgegennehmen müsste,[419] und zwar mit derselben Wirkung, als wenn die Partei sie selbst vorgenommen hätte.[420]
Die ZPO versteht unter Angriffs- und Verteidigungsmitteln i.S.d. § 146 ZPO jedes sachliche und prozessuale Vorbringen, das der Durchsetzung bzw. der Abwehr des geltend gemachten prozessualen Anspruchs dient.[421] Der Nebenintervenient darf sämtliche Angriffs- und Verteidigungsmittel aus dem Recht der von ihm unterstützten Partei geltend machen, nicht jedoch solche aus eigenem Recht.[422] Zu den Angriffs- und Verteidigungsmitteln gehört zunächst das Aufstellen und Bestreiten von Behauptungen tatsächlicher Art,[423] weiterhin die Erhebung materiellrechtlicher Einreden wie beispielsweise der Einrede der Verjährung oder des Zurückbehaltungsrechts[424] oder die Geltendmachung nicht von Amts wegen zu berücksichtigender Zulässigkeitsmängel sowie das Vorbringen von der Partei oder dem Nebenintervenienten gegenüber erklärten Gestaltungsrechten wie Anfechtung oder Aufrechnung.[425] Zu den Angriffs- und Verteidigungsmitteln gehört weiterhin auch die Benennung von Beweismitteln.[426] Demgegenüber unterscheiden die EuGH-VfO und die EuG-VfO zwischen Angriffs- und Verteidigungsmitteln einerseits und Beweismitteln andererseits. Zudem kann der Nebenintervenient

---

[418] MK/*Schilken*, § 67 Rn. 4; Nissen, S. 39.
[419] a.A. Windel, ZZP 104 (1991), 321 (340).
[420] Kittner, JuS 1986, 131 (132); MK/*Schilken*, § 67 Rn. 4; R/S/G, S. 265; ThP/*Putzo*, § 67 Rn. 6; Zöller/*Vollkommer*, § 67 Rn. 3.
[421] ThP/*Putzo*, § 146 Rn. 2.
[422] RGZ 164, 131 (137); MK/*Schilken*, § 67 Rn. 5; R/S/G, S. 266.
[423] BGHZ 12, 49 (51); Kittner, JuS 1986, 131 (132); MK/*Schilken*, § 67 Rn. 5; R/S/G, S. 350.
[424] MK/*Schilken*, § 67 Rn. 5; R/S/G, S. 266.
[425] Kittner, JuS 1986, 131 (134); MK/*Schilken*, § 67 Rn. 5; R/S/G, S. 266.
[426] BGHZ 91, 293 (303); MK/*Schilken*, § 67 Rn. 5; ThP/*Putzo*, § 146 Rn. 2.

Richter und Sachverständige ablehnen und weiteren Dritten den Streit verkünden.[427] Dabei gelten die Beschränkungen der Partei des Hauptverfahrens für das Vorbringen von Angriffs- und Verteidigungsmitteln gem. §§ 296, 527 ff. ZPO auch für den Nebenintervenienten. Für die Präklusion ist allein auf die unterstützte Partei und eventuell auf ihr Verschulden abzustellen und nicht auf den Streithelfer.[428] Nicht zu den Angriffs- und Verteidigungsmitteln gehören dagegen Rechtsausführungen, da sich der Beibringungsgrundsatz nicht auf die rechtliche Würdigung des Vorbringens bezieht.[429]

b) Sonstige Prozesshandlungen

Darüber hinaus kann der Nebenintervenient wie schon erwähnt grundsätzlich auch alle sonstigen Prozesshandlungen vornehmen. So kommt ihm zum einen das Recht zu, Anträge zu stellen. Dies sind einmal Prozessanträge, d.h. solche die das Verfahren betreffen und weiterhin auch Sachanträge. Letztere betreffen den Inhalt der Entscheidung selbst, vor allem der materielle Klagantrag und der Klagabweisungsantrag.[430] Insbesondere kann der Streithelfer namens der Partei, d.h. für die Partei,[431] Rechtsmittel und Rechtsbehelfe einlegen und begründen[432] oder sich einem eingelegten Rechtsmittel anschließen.[433] Eine Rechtsmitteleinlegung durch den Nebenintervenienten ist aber nur solange möglich, als die Rechtsmittelfrist für die von ihm unterstützte Partei nach Zustellung des Urteils nur an diese läuft.[434] Für die Zulässigkeit ist die Beschwer der Partei maßgebend.[435] Es bedarf dabei keiner ausdrücklichen Erklärung des Nebenintervenienten, das Rechtsmittel namens der unterstützten Partei einlegen zu wollen.[436]

Haben die unterstützte Partei und der Streithelfer ein Rechtsmittel eingelegt, so handelt es sich um ein einheitliches Rechtsmittel,[437] aber nur bei übereinstimmender Antragstellung. Anders ist es, wenn der Nebenintervenient einen weitergehenden Antrag stellt. Die Rechtsmittelbegründung des Nebenintervenienten wirkt zugleich als solche der Partei des Hauptverfahrens. Nimmt die Partei ihr Rechts-

---

[427] MK/*Schilken*, § 67 Rn. 5; ThP/*Putzo*, § 67 Rn. 6.

[428] BGH NJW 1990, 190 (191); MK/*Schilken*, § 67 Rn. 5; R/S/G, S. 266; Zöller/*Vollkommer*, § 67 Rn. 4.

[429] iura novit curia; R/S/G, S. 426.

[430] Kittner, JuS 1986, 131 (133); MK/*Schilken*, § 67 Rn. 6; Nissen, S. 40.

[431] BGH NJW 1990, 190; 1997, 2385 (2386).

[432] BGH NJW 1985, 2480.

[433] RGZ 68, 10 (14).

[434] BGH NJW 1990, 190; 1991, 229 (230); MK/*Schilken*, § 67 Rn. 6; Zöller/*Vollkommer*, § 67 Rn. 5.

[435] BGH NJW 1997, 2385 (2387); MK/*Schilken*, § 67 Rn. 6; Zöller/*Vollkommer*, § 67 Rn. 5.

[436] BGH NJW 1990, 190; Kittner, JuS 1986, 131 (133); Zöller/*Vollkommer*, § 67 Rn. 5.

[437] BGH NJW 1982, 2069; 1992, 2099 (2100); 1993, 2944; MK/*Schilken*, § 67 Rn. 6; Zöller/*Vollkommer*, § 67 Rn. 5; a.A. Windel ZZP 104 (1991), 321 (333).

mittel zurück, kann daraus nicht allein gefolgert werden, dass sie mit dem Rechtsmittelverfahren nicht einverstanden ist. Der Nebenintervenient, der selbständig ein Rechtsmittel eingelegt hat, ist daher in der Regel in dessen Durchführung nicht gehindert,[438] es sei denn, die von ihm unterstützte Partei hat ausdrücklich oder durch schlüssige Handlungen das Gegenteil zu erkennen gegeben.[439] In diesem Fall ist das Rechtsmittel als unzulässig zu verwerfen.[440] Ist die Partei in der Rechtsmittelinstanz völlig untätig, kann der Nebenintervenient aber sowohl das von ihm als auch das von der Partei eingelegte Rechtsmittel beschränken oder zurücknehmen.[441] Unterliegt der Nebenintervenient mit dem von ihm geführten Rechtsmittel, so sind ihm die Kosten des Rechtsmittels allein aufzuerlegen.[442] Hat auch die Partei ein Rechtsmittel eingelegt und unterliegen sie und der Nebenintervenient gelten die Vorschriften der §§ 97, 101 Abs. 1 ZPO.

3. Beschränkungen der Befugnisse

Die so beschriebenen Möglichkeiten, das Verfahren zu beeinflussen, gelten jedoch nicht uneingeschränkt. Die Handlungsbefugnis des Nebenintervenienten wird vielmehr zugunsten des Gegners der unterstützten Partei und zu deren Gunsten eingeschränkt. Beschränkungen der Befugnisse des Nebenintervenienten ergeben sich dabei aus § 67 ZPO, aus dem Unterstützungszweck gem. § 66 ZPO sowie aus fehlender Dispositionsbefugnis. Prozesshandlungen, die er danach nicht vornehmen darf, sind unzulässig und unwirksam. Das Gericht hat sie ohne sachliche Entscheidung zurückzuweisen.[443]

a) Lage des Rechtsstreits gem. § 67 Hs. 1 ZPO

Nach § 67 Hs. 1 ZPO muss der Nebenintervenient den Rechtsstreit in der Lage annehmen, in der er sich zur Zeit seines Beitritts befindet. Das bedeutet, dass er an alle früheren Prozesshandlungen der Partei, aber auch des Gerichts, gebunden ist. Nachteile erwachsen dem Streithelfer aus dieser Einschränkung aber nicht. Beruft sich die Partei in einem Folgeprozess gegenüber dem Streithelfer auf das ergangene Urteil, so kann dieser gem. § 68 Hs. 2 ZPO die Überprüfung des Urteils verlangen, soweit er durch die Lage des Rechtsstreits zur Zeit seines Beitritts oder

---

[438] RGZ 97, 215 (216); BGHZ 76, 299 (301); BGH NJW 1993, 2944; MK/*Schilken*, § 67 Rn. 6; Zöller/*Vollkommer*, § 67 Rn. 5.
[439] BGH NJW 1993, 2944.
[440] BGHZ 92, 275 (279); BGH NJW 1993, 2944; MK/*Schilken*, § 67 Rn. 6; Zöller/*Vollkommer*, § 67 Rn. 5.
[441] Zöller/*Vollkommer*, § 67 Rn. 5.
[442] MK/*Schilken*, § 67 Rn. 6; Zöller/*Vollkommer*, § 67 Rn. 5.
[443] RGZ 53, 204 (208); MK/*Schilken*, § 67 Rn. 8; R/S/G, S. 267; StJ/*Bork*, § 67 Rn. 15.

durch Erklärungen und Handlungen der Partei verhindert worden ist, Angriffs- und Verteidigungsmittel geltend zu machen. Der Streithelfer darf somit keine Prozesshandlungen mehr vornehmen, die auch die Partei nicht mehr vornehmen könnte. Ist sie zum Zeitpunkt des Beitritts mit bestimmten Prozesshandlungen bereits ausgeschlossen, kann der Streithelfer hieran nichts mehr ändern. Dies gilt insbesondere für ein Geständnis i.S.d. § 288 ZPO, einen Rügeverzicht i.S.d. § 295 ZPO, Zustimmungserklärungen gem. §§ 263, 269 ZPO, den Beginn oder Ablauf von Fristen wie etwa bei §§ 283, 339, 516 ZPO und den Schluss der Tatsachenverhandlung.[444] Tritt der Nebenintervenient erst in einem fortgeschrittenen Stadium bei, ist er an bisherige Zwischenergebnisse des Verfahrens wie etwa Teilanerkenntnisse oder Vergleich und durchgeführte Beweisaufnahmen gebunden.[445] Auch im Gemeinschaftsrecht gilt diese Einschränkung der Handlungsbefugnisse des Streithelfers durch die Bindung an die Lage des Rechtsstreits zur Zeit des Beitritts.

b) Widerspruch zu Erklärungen und Handlungen der Partei gem. § 67 Hs. 2 ZPO

Weiterhin darf sich der Nebenintervenient gem. § 67 Hs. 2 ZPO mit seinen Erklärungen und Handlungen nicht in Widerspruch zu Erklärungen und Handlungen der unterstützten Partei setzen. Deren Prozesshandlungen haben Vorrang vor denen des Nebenintervenienten. Die Partei kann daher jeder Prozesshandlung des Streithelfers widersprechen, indem sie diese ausdrücklich widerruft. Der Widerspruch kann sich aber auch konkludent ergeben, etwa aus früheren Erklärungen und Handlungen der Partei.[446] Möglich ist auch ein bloßer Widerspruch der Partei gegen die Prozesshandlung des Streithelfers. So kann der Nebenintervenient nicht gegen den Willen der Partei einen Sachverständigen ablehnen, dessen Vernehmung die Partei gewünscht hat,[447] oder ein Geständnis der Partei widerrufen, es sei denn, die Partei widerspräche dem Widerruf nicht.[448] In diesem Fall ist aber die Möglichkeit eines konkludenten Widerspruchs besonders naheliegend. Andererseits ist im Falle eines Widerspruchs auch ein Geständnis des Nebenintervenienten unwirksam und selbst bei der Beweiswürdigung nicht zu berücksichtigen.[449] Der Widerspruch der Partei wird jedoch nicht vermutet. Ist es unklar, ob sich die Prozesshandlungen der Partei und des Streithelfers widersprechen, so

---

[444] Kittner, JuS 1986, 131 (133); R/S/G, S. 266; MK/*Schilken*, § 67 Rn. 9; Nissen, S. 41.
[445] Kittner, JuS 1986, 131 (133); MK/*Schilken*, § 67 Rn. 9; Nissen, S. 41.
[446] RGZ 147, 125 (127); BGH NJW-RR 1991, 358 (363); Kittner, JuS 1986, 131 (133); R/S/G, S. 266; StJ/*Bork*, § 67 Rn. 11.
[447] MK/*Schilken*, § 67 Rn. 11; R/S/G, S. 267; StJ/*Bork*, § 67 Rn. 11.
[448] MK/*Schilken*, § 67 Rn. 11; R/S/G, S. 267; StJ/*Bork*, § 67 Rn. 12.
[449] MK/*Schilken*, § 67 Rn. 11; StJ/*Bork*, § 67 Rn. 12.

gehen diese Zweifel nicht zu Lasten des Streithelfers und seine Prozesshandlungen bleiben wirksam.[450]
Des Weiteren bestehen Beschränkungen insbesondere bei den Rechtsmitteln. Der Nebenintervenient darf ein von der Partei eingelegtes Rechtsmittel nicht zurücknehmen oder beschränken, wohl aber sein eigenes, wenn die Partei untätig geblieben ist oder ihr Rechtsmittel nicht rechtzeitig begründet hat.[451] Auch für die Einlegung und Fortführung eines Rechtsmittels können sich Beschränkungen aus dem Widerspruch der Partei ergeben, deren Willen also stets Vorrang hat.[452]

c) Unterstützungszweck gem. § 66 ZPO

Da der Nebenintervenient gem. § 66 ZPO nur zum Zwecke der Unterstützung der Partei beitritt, darf er solche Prozesshandlungen nicht vornehmen, die diesem Zweck zuwiderlaufen.[453] Dem Streithelfer ist daher die Vornahme solcher Prozesshandlungen versagt, die ausschließlich seiner Rechtsposition zugute kommen, etwa um sich dadurch gegenüber der Interventionswirkung im Folgeprozess abzusichern. Auch aus diesem Grund entfallen den Maßnahmen der Partei widersprechende Handlungen und ungünstige Dispositionen. Der Nebenintervenient darf daher nicht für die Partei auf ein Rechtsmittel gegen eine der Partei ungünstige Entscheidung verzichten.[454] Nimmt der Nebenintervenient gleichwohl solche Prozesshandlungen vor, so sind diese auch ohne einen ausdrücklichen oder konkludenten Widerspruch der Partei unbeachtlich.[455] Dies kann für einen ungünstigen Tatsachenvortrag auch ohne Widerspruch der Partei gelten, wenn das Gericht den Benachteiligungszweck feststellen kann.[456]

d) Fehlende Dispositionsbefugnis

Der Nebenintervenient hat schließlich weder eine materiellrechtliche Verfügungsbefugnis noch eine verfahrensrechtliche Dispositionsbefugnis, so dass gegenläufige Prozesshandlungen ebenfalls unwirksam sind.
Zur Vornahme materiellrechtlicher Rechtsgeschäfte ist der Nebenintervenient ebenso wenig befugt wie zu deren Entgegennahme für die Partei, es sei denn, er

---

[450] RGZ 147, 125 (127); R/S/G, S. 266.
[451] RGZ 147, 125 (127).
[452] RGZ 147, 125 (127); BGH NJW 1982, 2069; 1985, 2480; 1986, 257; 1988, 712, 1989, 1357 (1358); 1993, 2944; R/S/G, S. 267; StJ/*Bork*; § 67 Rn. 13; Zöller/*Vollkommer*, § 67 Rn. 5.
[453] Kittner, JuS 1986, 131, 134; MK/*Schilken*, § 67 Rn. 13; R/S/G, S. 267; ThP/*Putzo*, § 67 Rn. 14.
[454] R/S/G, S. 267; ThP/*Putzo*, § 67 Rn. 14.
[455] Kittner, JuS 1986, 131 (134).
[456] Kittner, JuS 1986, 131 (134); MK/*Schilken*, § 67 Rn. 13.

ist von ihr dazu bevollmächtigt worden.[457] Ausgeschlossen sind etwa eine Anfechtung der von der Partei abgegebenen Willenserklärung oder ein Rücktritt vom Vertrag, der Abschluss eines Vergleiches mit Wirkung für und gegen die Partei oder die Aufrechnung mit einer ihr zustehenden Forderung.[458] Von der Partei bereits ausgeübte Gestaltungsrechte darf der Nebenintervenient dagegen geltend machen. In seiner eigenen Person begründete Einwendungen und Einreden des Streithelfers sind in der Regel materiellrechtlich unerheblich.[459] So ist es etwa bei einer Aufrechnung mit einer eigenen Forderung. Hier fehlt es schon an der Gegenseitigkeit der Forderungen i.S.d. § 387 BGB. Liegt die materiellrechtliche Unerheblichkeit ausnahmsweise nicht vor, kann der Streithelfer das Recht ausüben und die eingetretene Rechtsänderung prozessual geltend machen.[460] So kann der Streithelfer etwa im Falle bestehender Gesamtschuld gem. §§ 421, 422 Abs. 1 Satz 2 BGB mit der eigenen Gegenforderung aufrechnen und dies auch prozessual geltend machen.[461]

Auch eine Dispositionsbefugnis hinsichtlich des Streitgegenstandes steht dem Nebenintervenienten nicht zu. Für zugleich materiellrechtliche Handlungen wie etwa einen Prozessvergleich i.S.d. § 794 Abs. 1 Nr. 1 ZPO folgt dies schon aus der fehlenden materiellen Verfügungsbefugnis.[462] Im Übrigen folgt es aber auch daraus, dass allein die Parteien über den Streitgegenstand disponieren können.[463] Der Streithelfer kann demnach keine Klageänderung oder Maßnahmen i.S.d. § 264 ZPO vornehmen[464] oder in eine Klageänderung einwilligen. Darunter fallen auch eine Erweiterung oder Beschränkung des Klageantrags, es sei denn, ein entgegenstehender Wille der Partei ist nicht festzustellen.[465] Doch kann der Nebenintervenient die Klage ändern, wenn er allein Rechtsmittel eingelegt hat oder wenn er der Rechtsnachfolger der Partei geworden ist.[466] Auf Seiten des Klägers ist ihm versagt, auf den Anspruch gem. § 306 ZPO zu verzichten, und auf Seiten des Beklagten, den Anspruch gem. § 307 ZPO anzuerkennen. Verzicht und Anerkenntnis sind dem Streithelfer dabei auch als Gegenteil zu Unterstützungshandlungen für die Partei verwehrt. Er ist auch nicht befugt, neue prozessuale Ansprüche in das Verfahren einzuführen. So darf er als Nebenintervenient keine Widerklage oder

---

[457] Kittner, JuS 1986, 131 (134); R/S/G, S. 266; StJ/*Bork*, § 67 Rn. 10; Zöller/*Vollkommer*, § 67 Rn. 11.

[458] BGH NJW 1966, 930; StJ/*Bork*, § 67 Rn. 10; ThP/*Putzo*, § 67 Rn. 15.

[459] RGZ 164, 129 (131); Kittner, JuS 1986, 131 (134); MK/*Schilken*, § 67 Rn. 15.

[460] Zöller/*Vollkommer*, § 67 Rn. 11.

[461] BGH NJW 1966, 930; MK/*Schilken*, § 67 Rn. 15; ThP/*Putzo*, § 67 Rn. 15; Zöller/*Vollkommer*, § 67 Rn. 11.

[462] Der Streithelfer kann sich aber einem Prozessvergleich der Parteien beteiligen.

[463] Kittner, JuS 1986, 131 (134); R/S/G, S. 266; StJ/*Bork*, § 67 Rn. 9; Zöller/*Vollkommer*, § 67 Rn. 11.

[464] RGZ 64, 68 (71); Kittner, JuS 1986, 131 (134); R/S/G, S. 266; StJ/*Bork*, § 67 Rn. 9; Zöller/*Vollkommer*, § 67 Rn. 11.

[465] BGH NJW 1976, 292 (294).

[466] MK/*Schilken*, § 67 Rn. 16; R/S/G, S. 266; Zöller/*Vollkommer*, § 67 Rn. 9a.

Zwischenfeststellungsklage i.S.d. § 256 Abs. 2 ZPO erheben.[467] Erhebt der Nebenintervenient eine eigene Widerklage, d.h. als Partei, so handelt es sich um die Widerklage eines Dritten.[468]

IV. Interventionswirkung

Da der Nebenintervenient nicht Partei des Rechtsstreits wird, wird er durch seinen Beitritt zum Verfahren auch nicht in die Rechtskraft der richterlichen Entscheidung eingebunden. Denn die die subjektiven Grenzen der materiellen Rechtskraft regelnde Vorschrift des § 325 ZPO knüpft für diese ausschließlich an den Begriff der Parteien und ihrer Rechtsnachfolger an. Gleichwohl bleibt die Streitbeteiligung des Dritten für ihn nicht ohne Folgen. Konsequenz sowohl der einfachen als auch der streitgenössischen Nebenintervention ist nämlich die in einem zwischen dem Nebenintervenienten und der von ihm unterstützten Partei geführten Folgerechtsstreit gem. § 68 ZPO eintretende Interventionswirkung. Eine solche ausdrückliche Interventionswirkung kennt das Gemeinschaftsrecht nicht.

1. Begriff der Interventionswirkung

Der Inhalt der Interventionswirkung ergibt sich unmittelbar aus dem Wortlaut von § 68 ZPO. Sie wird in der Vorschrift dahin beschrieben, dass der Nebenintervenient im Verhältnis zur Partei des Hauptverfahrens eine Unrichtigkeit der Entscheidung nicht und eine mangelhafte Prozessführung nur eingeschränkt geltend machen kann. Gegenüber dieser zugrunde zu legenden Vorentscheidung hat der Nebenintervenient anders als bei der Rechtskraft die Einrede der mangelhaften Prozessführung durch die Partei des Hauptverfahrens gem. § 68 Hs. 2 ZPO, die allerdings grundsätzlich nur insoweit greift, als der Nebenintervenient selbst durch das prozessuale Verhalten der Partei an einer Beeinflussung des Entscheidungsinhalts gehindert war. Der Nebenintervenient wird also gem. § 68 Hs. 1 ZPO mit der Behauptung nicht gehört, dass der Rechtsstreit, wie er dem Richter vorgelegen habe, unrichtig entschieden sei.[469] Mit der Behauptung, die Hauptpartei habe den Rechtsstreit mangelhaft geführt, wird er gem. § 68 Hs. 2 ZPO grundsätzlich nicht gehört.[470] Der Ausschluss dieser beiden Behauptungen wird als Rechtsfolge der Nebenintervention angesehen und deshalb als Interventionswirkung bezeichnet.

---

[467] Kittner, JuS 1986, 131 (134); MK/*Schilken*, § 67 Rn. 16; StJ/*Bork*, § 67 Rn. 9.
[468] MK/*Schilken*, § 67 Rn. 16; StJ/*Bork*, § 67 Rn. 9.
[469] exceptio male iudicati processus.
[470] exceptio male gesti processus.

Die Interventionswirkung ist der Rechtskraft ähnlich, aber nicht gleich.[471] Beide unterscheiden sich gleichwohl in der Zielrichtung ihrer Bindungswirkung. Die Interventionswirkung ist in bestimmter Beziehung umfassender, aber auch eingeschränkter als die Rechtskraftwirkung. Sie schließt nämlich nicht nur die im Tenor der Entscheidung enthaltene Rechtsfolge, sondern auch die rechtlichen und tatsächlichen Feststellungen mit ein.[472] Die Interventionswirkung bezieht sich auch auf die Richtigkeit der Entscheidung und damit auf deren tatsächliche und rechtliche Grundlagen. Sie umfasst also auch die tragenden Feststellungen, die sogenannten Entscheidungselemente, einschließlich der präjudiziellen Rechtsverhältnisse.[473] Tragende Feststellungen sind jedoch nur die hinreichenden und notwendigen Bedingungen der Entscheidung. Sie können nicht hinweggedacht werden, ohne dass das konkrete Entscheidungsergebnis nach dem in der Entscheidung zum Ausdruck gekommenen Gedankengang entfiele.[474] Darunter fallen hingegen nicht Hilfserwägungen und Mehrfachbegründungen, obiter dicta,[475] entscheidungsunerhebliche sogenannte überschießende Feststellungen[476] oder fehlende Feststellungen[477] und auch nicht bloß ähnliche Sachverhalte.[478] In der Erstreckung auf die Entscheidungselemente zeigt sich ein wesentlicher Unterschied der Interventionswirkung gegenüber der Rechtskraftwirkung. Die Interventionswirkung ist eine Bindungswirkung eigener Art, die einerseits die tatsächlichen und rechtlichen Feststellungen mitumfasst, andererseits aber dem Einwand der mangelhaften Prozessführung in bestimmten Grenzen unterliegt. Nur in einem weiteren Sinne kann von einer Rechtskraftwirkung[479] gesprochen werden, da § 68 ZPO an die rechtskräftige Entscheidung anknüpft, oder von einer Drittwirkung,[480] weil mit dem Nebenintervenienten ein Dritter betroffen ist.

Die Interventionswirkung gem. § 68 Hs. 1 ZPO ist als Urteilswirkung von Amts wegen zu beachten,[481] die Einrede mangelhafter Prozessführung gem. § 68 Hs. 2 ZPO dagegen nur bei Geltendmachung.[482]

---

[471] RGZ 82, 170 (173); 145, 40 (42); BGHZ 85, 252 (255); BGH NJW 1993, 122 (123); Kittner, JuS 1986, 624 (627); Lüke, S. 35; MK/*Schilken*, § 68 Rn. 6; R/S/G, S. 270; StJ/*Bork*, § 68 Rn. 2; ThP/*Putzo*, § 68 Rn. 1; Zöller/*Vollkommer*, § 68 Rn. 1.

[472] BGHZ 8, 72 (82); 85, 252 (255); MK/*Schilken*, § 68 Rn. 15; R/S/G, S. 270; StJ/*Bork*, § 68 Rn. 5; Zöller/*Vollkommer*, § 68 Rn. 9.

[473] BGHZ 85, 252 (255); 96, 50 (53); 100, 257 (262); 103, 275 (278); 116, 95 (102); BGH NJW 1998, 79 (80); MK/*Schilken*, § 68 Rn. 15; R/S/G, S. 270; Zöller/*Vollkommer*, § 68 Rn. 9.

[474] Zöller/*Vollkommer*, § 68 Rn. 9.

[475] Zöller/*Vollkommer*, § 68 Rn. 9.

[476] Zöller/*Vollkommer*, § 68 Rn. 10.

[477] BGHZ 85, 252 (256).

[478] Zöller/*Vollkommer*, § 68 Rn. 10.

[479] Häsemeyer, ZZP 84 (1971), 179 (191).

[480] Häsemeyer, ZZP 84 (1971), 179 (180).

[481] BGHZ 16, 217 (228); 96, 50 (54); 100, 257 (263); MK/*Schilken*, § 68 Rn. 23; Zöller/*Vollkommer*, § 68 Rn. 1.

[482] Zöller/*Vollkommer*, § 68 Rn. 1; a.A. MK/*Schilken*, § 68 Rn. 19.

2. Voraussetzungen der Interventionswirkung

Stellt sich in einem Prozess die Frage, ob durch die Interventionswirkung des Vorverfahrens Teile des Prozesses bereits verbindlich entschieden sind, so hat das Gericht zunächst zu prüfen, ob die Voraussetzungen der Interventionswirkung vorliegen. Voraussetzungen für den Eintritt der Interventionswirkung sind eine wirksame Nebenintervention und eine rechtskräftige Entscheidung im Vorverfahren. Ersteres ergibt aus dem Tatbestandsmerkmal „Nebenintervenient", das zweite Erfordernis daraus, dass „der Rechtsstreit ... entschieden" sein muss und für eine Auswirkung solcher Entscheidung kein Anlass besteht, wenn sie mit Rechtsmitteln angegriffen werden kann.

Eine wirksame Nebenintervention liegt vor, wenn der Beitritt erklärt worden ist und die allgemeinen Prozesshandlungsvoraussetzungen gegeben waren, sofern nicht der Beitritt gem. § 71 ZPO förmlich zurückgewiesen worden ist.[483] Ist der Streithelfer im Vorverfahren zugelassen worden, erübrigt sich eine erneute Prüfung der Zulässigkeitsvoraussetzungen der Streithilfe. Dies gilt sowohl dann, wenn der Streithelfer ausdrücklich zugelassen worden ist, als auch in den Fällen, in denen die Zulassungsvoraussetzungen nicht vorlagen, aber von den Parteien der Zulassung nicht widersprochen und der Streithelfer damit stillschweigend zugelassen wurde. Verfahrenstechnische Fehler beim Beitritt, insbesondere im Hinblick auf die Form i.S.d. § 70 ZPO schaden nicht. Ebenso wenig schadet das Fehlen der rechtlichen Voraussetzungen einer Nebenintervention nach § 66 ZPO,[484] eine spätere Rücknahme des Beitritts[485] oder die Untätigkeit des Streithelfers im Verfahren.[486]

Erforderlich ist ferner eine formell rechtskräftige Sachentscheidung des Verfahrens, an dem der Nebenintervenient beteiligt war. Insoweit kommt jede rechtskräftige Entscheidung in Betracht, besonders ein Sachurteil jeder Art zuungunsten der vom Streithelfer unterstützten Partei. Es genügen ein Grundurteil gem. § 304 ZPO[487] oder ein Teilurteil gem. § 301 ZPO für den entsprechenden Teil des Streitgegenstandes,[488] ferner ein nach vergleichsweiser Rechtsmittelrücknahme[489] oder vor Abschluss eines Vergleiches rechtskräftig gewordenes Urteil.[490] Hingegen entfaltet ein bloßes Prozessurteil keine Interventionswirkung,[491] ebenso wenig ein Prozessvergleich, durch den ein etwa schon ergangenes, nicht rechtskräftiges

---

[483] Zöller/*Vollkommer*, § 68 Rn. 3.

[484] R/S/G, S. 269; StJ/*Bork*, § 68 Rn. 2; ThP/*Putzo*, § 68 Rn. 3; Zöller/*Vollkommer*, § 68 Rn. 3.

[485] RGZ 61, 286 (289).

[486] R/S/G, S. 269; StJ/*Bork*, § 68 Rn. 2.

[487] RGZ 123, 95 (97); BGHZ 65, 127 (135).

[488] MK/*Schilken*, § 68 Rn. 5; StJ/*Bork*, § 68 Rn. 5; ThP/*Putzo*, § 68 Rn. 4; Zöller/*Vollkommer*, § 68 Rn. 4.

[489] BGH NJW 1969, 1480 (1481).

[490] RGZ 123, 95 (97).

[491] MK/*Schilken*, § 68 Rn. 5; ThP/*Putzo*, § 68 Rn. 4; Zöller/*Vollkommer*, § 68 Rn. 4.

Urteil wirkungslos wird.[492] Es kommen aber rechtskräftige Beschlüsse als Anknüpfungspunkt für eine Interventionswirkung in Betracht.

3. Umfang der Interventionswirkung gem. § 68 Hs. 1 ZPO

Beruft sich eine Partei im Folgeverfahren auf die Interventionswirkung, werden die Voraussetzungen für diese in der Regel erfüllt sein. Das eigentliche Problem derartiger Fälle liegt also in der Prüfung der Frage, in welchem Umfang die Interventionswirkung die Entscheidung des Folgeverfahrens beeinflusst. Hierbei lassen sich subjektiver und objektiver Umfang der Interventionswirkung unterscheiden.

a) Subjektiver Umfang der Interventionswirkung

Der subjektive Umfang der Interventionswirkung besteht zunächst nach dem Wortlaut des § 68 Hs. 1 ZPO zwischen dem Nebenintervenienten und der von ihm im Vorverfahren unterstützten Partei. Ferner ist eine Bindung auch gegenüber den jeweiligen Rechtsnachfolgern anzunehmen.[493] Andererseits tritt keine Interventionswirkung im Verhältnis zwischen der Hauptpartei und der gegnerischen Partei[494] oder im Verhältnis des Nebenintervenienten zur gegnerischen Partei ein.[495] Ebenso wenig gibt es eine Bindungswirkung im Verhältnis zum gesetzlichen Vertreter der Hauptpartei.[496] Möglich ist allerdings eine Erstreckung auf solche Personen durch Parteivereinbarung.

Auch im Verhältnis des Nebenintervenienten zur gegnerischen Partei tritt keine Interventionswirkung ein.[497] Einer solchen Wirkung stehen der Wortlaut und die Entstehungsgeschichte sowie der Zweck des § 68 Hs. 1 ZPO entgegen. Auch für die Annahme einer materiellrechtlichen Präklusionswirkung aus § 242 BGB[498] besteht im Falle des Beitritts kein Anlass.[499]

Äußerst umstritten ist, ob die Interventionswirkung nur zuungunsten des Nebenintervenienten[500] oder analog § 68 ZPO auch zu seinen Gunsten und damit zulasten

---

[492] MK/*Schilken*, § 68 Rn. 5; ThP/*Putzo*, § 68 Rn. 4; Zöller/*Vollkommer*, § 68 Rn. 4.

[493] RGZ 54, 350 (354); 145, 40 (42); Zöller/*Vollkommer*, § 68 Rn. 6 f.

[494] MK/*Schilken*, § 68 Rn. 7; R/S/G, S. 269.

[495] BGHZ 3, 385 (387); 92, 275 (277); MK/*Schilken*, § 68 Rn. 8; R/S/G, S. 269; StJ/*Bork*, § 68 Rn. 1; Zöller/*Vollkommer*, § 68 Rn. 6.

[496] RGZ 148, 321 (322); MK/*Schilken*, § 68 Rn. 7; R/S/G, S. 269.

[497] RGZ 84, 286 (293); BGH NJW-RR 1990, 121 (122); NJW 1993, 122 (123); MK/*Schilken*, § 68 Rn. 8; R/S/G, S. 269; Zöller/*Vollkommer*, § 68 Rn. 6.

[498] venire contra factum proprium.

[499] MK/*Schilken*, § 68 Rn. 8; Zöller/*Vollkommer*, § 68 Rn. 6, § 74 Rn. 7.

[500] RGZ 153, 271 (274); BGHZ 100, 257 (260); BGH NJW 1997, 2385 (2386); MK/*Schilken*, § 68 Rn. 9; R/S/G, S. 269; ThP/*Putzo*, § 68 Rn. 1; Zöller/*Vollkommer*, § 68 Rn. 6.

der Hauptpartei eingreift.[501] Diese Frage stellt sich sowohl nach erfolgter Nebenintervention als auch bei Streitverkündung mit oder ohne Beitritt nach §§ 72, 74 ZPO.

Im Falle der Streitverkündung ohne anschließenden Beitritt sprechen der eindeutige Wortlaut des § 72 Abs. 2 i.V.m. § 68 ZPO, die Absicht des historischen Gesetzgebers[502] sowie vor allem der Zweck der Regelung über die Streitverkündung, das Risiko eines doppelten Prozessverlustes für die streitverkündende Partei zu vermindern[503], für den Eintritt der Interventionswirkung zuungunsten des Nebenintervenienten. Beim Streitverkündeten ist diese Gefahr nicht gegeben, da er lediglich mit einem Prozess zu rechnen hat. Seinem Interesse daran, gegen ihn gerichtete Ansprüche möglichst früh abzuwehren, ist genügt, wenn er Gelegenheit erhält, den Streitverkünder im Vorverfahren gegen die gegnerische Partei zu unterstützen. Soweit es ihm dabei wegen der Beschränkungen des § 67 ZPO nicht möglich ist, seinen eigenen Standpunkt zur Geltung zu bringen, reicht die Bindungswirkung der §§ 74, 68 ZPO nicht. Insoweit kann er sich uneingeschränkt im Folgeverfahren verteidigen.[504]

Tritt der Dritte der streitverkündenden Partei gem. § 74 Abs. 1 ZPO bei, so entfällt zwar das Argument des Wortlauts des § 74 Abs. 3 ZPO, nicht jedoch auch das des § 68 ZPO. Im Übrigen erscheinen die Entscheidungskriterien, insbesondere hinsichtlich der Interessenlage, identisch.[505]

Im Falle einer Nebenintervention ohne vorherige Streitverkündung kann nicht mit deren Zweck argumentiert werden. Wortlaut und Entstehungsgeschichte des § 68 ZPO sowie der Zweck dieser Norm und des Instituts der Nebenintervention sprechen aber dafür, auch dort lediglich eine Interventionswirkung zuungunsten des Nebenintervenienten zuzulassen.[506]

Wenn die andere Ansicht im Wege der Analogie die §§ 68 und 74 Abs. 3 ZPO auch zulasten der Partei des Hauptverfahrens, also zugunsten des Streitverkünders anwenden will, setzt diese Analogie eine vergleichbare Interessenlage zwischen dem gesetzlich nicht geregelten Fall und dem Fall, der von der heranzuziehenden Norm erfasst wird, voraus. Auf die Streitverkündung bezogen heißt das, dass für den Streitverkündungsempfänger ebenso die von § 72 ZPO vorausgesetzte besondere Interessensituation bestehen müsste. Dies ist allerdings auch nach Ansicht des BGH nicht so. Denn die Interessenlage des Streitverkünders ist dadurch gekennzeichnet, dass er wegen der materiellrechtlichen Verknüpfung der gegen verschiedene Schuldner gerichteten Ansprüche gezwungen ist, mehrere Prozesse zu führen und dabei Gefahr läuft, alle zu verlieren, obwohl er zumindest einen gewinnen müsste. Durch die mit der Streitverkündung ermöglichte Bindungswir-

---

[501] Häsemeyer ZZP 84 (1971), 179 (198); StJ/*Bork*, § 68 Rn. 12; WS/*Mansel*, § 68 Rn. 141.

[502] Motive, S. 87 f. und S. 91 f.

[503] BGHZ 100, 257 (262); BGH NJW 1997, 2385 (2386).

[504] BGHZ 100, 257 (262).

[505] MK/*Schilken*, § 68 Rn. 11.

[506] MK/*Schilken*, § 68 Rn. 12.

kung kann er sich dagegen schützen.[507] Allein dieser Gefahr soll mit der Möglichkeit der Streitverkündung begegnet werden. Diese Interessenlage liegt beim Streitverkündungsempfänger aber nicht vor. Er trägt nämlich nur das Risiko eines einzigen Prozesses, nämlich seines eigenen Haftungsprozesses.
Zugunsten des Streitverkündungsempfängers lässt sich auch anführen, dass er bei Beteiligung am Prozess der Partei des Hauptverfahrens doppelte Kosten habe. Wie § 101 ZPO zeigt, trägt der Nebenintervenient die Kosten nämlich nur insoweit, als er unterliegt.
Eine analoge Anwendung der §§ 74 Abs. 3, 68 ZPO zulasten der Partei würde auch die ratio legis der Streitverkündung in ihr Gegenteil verkehren.[508] Die Streitverkündung dient ausschließlich dem Streitverkünder, um seine Risiken zu verkleinern, die auf der besonderen materiellrechtlichen Verknüpfung der gegen die mehreren potentiellen Schädiger gerichteten Ansprüche beruhen. Dies wird daran deutlich, dass er nicht verpflichtet ist, die Möglichkeit der Streitverkündung zu nutzen. Bei der von der anderen Ansicht befürworteten Analogie würde der Streitverkünder im Folgeverfahren verlieren, weil er den Streit verkündet hat.[509]
Die von *Häsemeyer*[510] beschworene Gefahr, dass ohne die Analogie der Streitverkünder den Schaden zweimal ersetzt bekommen könnte, ist zwar nicht fernliegend. Die Gefahr könnte sich aber wohl nur in einer Ausnahmesituation verwirklichen. Denn dieser Fall erscheint nur möglich, wenn der Kläger in einem Prozess mit dem gesamten Schaden obsiegt und dann im zweiten Verfahren denselben Schaden mit einer anderen Begründung geltend macht. Unabhängig von der Wahrheitspflicht des § 138 Abs. 1 ZPO, mit der der Kläger dabei kollidieren könnte, erscheint ein solches Vorgehen unrealistisch. Noch unrealistischer dürfte es sein, dass er sich damit bei Gericht durchsetzen würde. Schließlich würden die Akten des Vorverfahrens in jedem Fall beigezogen werden.
Insgesamt ist daher eine analoge Anwendung von §§ 74 Abs. 3, 68 ZPO zugunsten des Nebenintervenienten und damit zulasten der Hauptpartei abzulehnen.
Die so verstandene Interventionswirkung ist allerdings nicht teilbar. Sie kann also dem Nebenintervenienten nicht etwa lediglich hinsichtlich ihm ungünstiger Umstände unter Weglassung günstiger Teile entgegengehalten werden.[511]

b) Objektiver Umfang der Interventionswirkung

Der objektive Umfang der Interventionswirkung wird allgemein durch § 68 Hs. 1 ZPO dahin beschrieben, dass der Nebenintervenient mit der Behauptung nicht

---

[507] BGHZ 100, 257 (262).
[508] BGHZ 100, 257 (263).
[509] BGHZ 100, 257 (263).
[510] Häsemeyer, ZZP 84 (1971), 179 (198).
[511] RGZ 153, 271 (274); BGH NJW-RR 1989, 766 (767); R/S/G, S. 269; StJ/*Bork*, § 68 Rn. 12; ThP/*Putzo*, § 68 Rn. 8; Zöller/*Vollkommer*, § 68 Rn. 6.

gehört wird, dass das Vorverfahren unrichtig entschieden sei und ferner gem. § 68 Hs. 2 ZPO dahin, dass der Einwand mangelhafter Prozessführung nur eingeschränkt möglich ist.

Die Interventionswirkung erfasst nicht nur die im Tenor der Entscheidung enthaltene Rechtsfolge, sondern schließt auch die rechtlichen und tatsächlichen Feststellungen mit ein.[512] Weiter erstreckt sie sich auf die Richtigkeit der Entscheidung und damit auf deren tatsächliche und rechtliche Grundlagen. Sie umfasst also auch die tragenden Feststellungen, die sogenannten Entscheidungselemente, einschließlich der präjudiziellen Rechtsverhältnisse.[513] Tragende Feststellungen sind jedoch nur die hinreichenden und notwendigen Bedingungen der Entscheidung. Sie können nicht hinweggedacht werden, ohne dass das konkrete Entscheidungsergebnis nach dem in der Entscheidung zum Ausdruck gekommenen Gedankengang entfiele.[514] Darunter fallen hingegen nicht Hilfserwägungen und Mehrfachbegründungen, obiter dicta,[515] entscheidungsunerhebliche sogenannte überschießende Feststellungen[516] oder fehlende Feststellungen[517] und auch nicht bloß ähnliche Sachverhalte.[518]

Im Falle einer Unaufklärbarkeit von Tatsachen, wodurch die Partei des Hauptverfahrens wegen nicht erbrachten Beweises unterlegen ist, also einer sogenannten non liquet-Entscheidung, ist der Umfang der Interventionswirkung zweifelhaft. Teilweise wird er nur auf die Rechtsfolge bezogen,[519] überwiegend aber lediglich auf die Unaufklärbarkeit im Zusammenhang mit der Beweislast.[520] Das bedeutet, dass nicht das Gegenteil der nicht festgestellten Tatsache an der Interventionswirkung teilnimmt, sondern lediglich die Nichtbeweisbarkeit der entsprechenden Tatsache als tragender Entscheidungsgrund.[521] Der überwiegenden Ansicht ist zu folgen, da im Vorverfahren eben nur die Nichtbeweisbarkeit der entsprechenden Tatsache verbindliches Entscheidungselement ist.[522] Daraus ergeben sich im Folgeverfahren nachteilige Konsequenzen für den beweisbelasteten Nebenintervenienten. Der im Folgeverfahren für die gleiche Tatsache wie die im Vorverfahren unterlegene Partei beweispflichtige Nebenintervenient kann nicht mehr zum Beweis dieser Tatsache zugelassen werden. Er muss sich entgegenhalten lassen, dass

---

[512] BGHZ 8, 72 (82); 85, 252 (255); MK/*Schilken*, § 68 Rn. 15; R/S/G, S. 270; StJ/*Bork*, § 68 Rn. 5; Zöller/*Vollkommer*, § 68 Rn. 9.

[513] BGHZ 85, 252 (255); 96, 50 (53); 100, 257 (262); 103, 275 (278); 116, 95 (102); BGH NJW 1998, 79 (80); MK/*Schilken*, § 68 Rn. 15; R/S/G, S. 270; Zöller/*Vollkommer*, § 68 Rn. 9.

[514] Zöller/*Vollkommer*, § 68 Rn. 9.

[515] Zöller/*Vollkommer*, § 68 Rn. 9.

[516] Zöller/*Vollkommer*, § 68 Rn. 10.

[517] BGHZ 85, 252 (256).

[518] Zöller/*Vollkommer*, § 68 Rn. 10.

[519] StJ/*Bork*, §68 Rn. 5.

[520] BGHZ 16, 217 (229); 85, 252 (258); Häsemeyer, ZZP 84 (1971), 179 (195); MK/*Schilken*, § 68 Rn. 16; ThP/*Putzo*, § 68 Rn. 6; WS/*Mansel*, § 68 Rn. 115; Zöller/*Vollkommer*, § 68 Rn. 10.

[521] BGHZ 16, 217 (229); 85, 252 (258); ThP/*Putzo*, § 68 Rn. 6; Zöller/*Vollkommer*, § 68 Rn. 10.

[522] BGHZ 85, 252 (258).

er den Nachweis schon im Vorverfahren hätte führen können. Dies gilt jedoch nicht, wenn der Nebenintervenient im Folgeverfahren nicht die Beweislast trägt. Dann kann es zu einer zweimaligen non liquet-Entscheidung zuungunsten der Partei des Hauptverfahrens kommen.[523] Dies gilt auch dann, wenn die Beweislastregeln im Vorverfahren verkannt worden sind und die Partei des Hauptverfahrens demnach zu Unrecht als beweispflichtig behandelt wurde.[524]

Auch für den Fall eines Teilurteils im Vorverfahren ist der Umfang der Interventionswirkung zweifelhaft. Überwiegend soll die Interventionswirkung nicht auf den Streitgegenstand des Vorverfahrens beschränkt sein. Daher soll es bei Teilklagen oder Teilurteilen keine der Rechtskraft entsprechende Beschränkung der Interventionswirkung geben. Vielmehr soll die Interventionswirkung umfassend eintreten, da die getroffene Feststellung unteilbar sei.[525] Finden sich im Urteil über die Teilklage oder in dem Teilurteil Urteilselemente, die für den im Folgeverfahren geltend gemachten vollen Regressanspruch erheblich sind, dürfe der verklagte Nebenintervenient ihre Unrichtigkeit auch insoweit nicht geltend machen, als der Regressanspruch die im Vorverfahren eingeklagte Forderung übersteige. Damit würde er nämlich die Unrichtigkeit des Urteils im Vorverfahren geltend machen, was ihm jedoch gem. § 68 ZPO verwehrt sei.[526]

Demgegenüber wird die Unteilbarkeit der getroffenen Feststellung als rein begriffliches Argument abgelehnt, das mit der Beschränkung der Rechtskraft unvereinbar sei und hinsichtlich des nicht entschiedenen Forderungsteils sich widersprechende Entscheidungen ermögliche. Dies wiederum bedeute eine den Zweck des § 68 ZPO überschreitende Risikoüberwälzung auf den Nebenintervenienten.[527]

Begrenzt man, wie teilweise vertreten wird, den Umfang der Interventionswirkung entsprechend dem Umfang des Streitgegenstandes im Vorverfahren, so können sich jedoch schwierige Abgrenzungsprobleme ergeben, wenn sich der Streitgegenstand des Vorverfahrens und der des Regressprozesses nicht decken. Ferner sei es nicht prozessökonomisch, wenn im Vorverfahren nur ein kleiner Teil der Forderung nicht eingeklagt war, wegen dieser kleinen Teilforderung praktisch das ganze Vorverfahren erneuert werden müsse. Dies widerspreche Praktikabilität und Prozessökonomie.[528] Unter Berücksichtigung dieser Gesichtspunkte könne es in Kauf genommen werden, dass der Streitverkündungsempfänger gezwungen werde, die Frage eines Beitritts unter dem Gesichtspunkt zu prüfen, welcher Regress-

---

[523] BGHZ 99, 50 (53).

[524] BGHZ 85, 252 (258); MK/*Schilken*, § 68 Rn. 16; WS/*Mansel*, § 68 Rn. 116; Zöller/*Vollkommer*, § 68 Rn. 10.

[525] BGH NJW 1969, 1480 (1481); 1994, 203; Kittner, JuS 1986, 624 (627); R/S/G, S. 269; StJ/*Bork*, § 68 Rn. 5; ThP/*Putzo*, § 68 Rn. 8.

[526] Kittner, JuS 1986, 624 (627).

[527] Häsemeyer, ZZP 84 (1971), 179 (200); MK/*Schilken*, § 68 Rn. 17; Wieser, ZZP 83 (1970), 223 (224); WS/*Mansel*, § 68 Rn. 124; Zöller/*Vollkommer*, § 68 Rn. 10.

[528] BGH NJW 1969, 1480 (1481).

anspruch im ganzen aus dem streitig gewordenen Sachverhalt gegen ihn erwachsen kann, auch wenn im Vorverfahren nur eine Teilklage erhoben worden ist.[529] Aus diesen Gründen ist eine umfassende Interventionswirkung auch bei Teilklagen oder Teilurteilen anzunehmen.

4. Einschränkung durch die Einrede der mangelhaften Prozessführung gem. § 68 Hs. 2 ZPO

Die Interventionswirkung wird dadurch gerechtfertigt, dass der Nebenintervenient aber auch der Streitverkündungsempfänger die Möglichkeit hatten, an der Prozessführung mitzuwirken. Um den interventionsbeteiligten Dritten nicht an Feststellungen des Vorverfahrens zu binden, die er nicht beeinflussen konnte, steht ihm der Einwand mangelhafter Prozessführung gem. § 68 Hs. 2 ZPO offen, durch den er die Interventionswirkung im Folgeverfahren beseitigen kann. Dadurch wird sein Recht auf rechtliches Gehör gem. Art. 103 Abs. 1 GG gewahrt,[530] soweit er aus zeitlichen Gründen oder wegen eines Verhaltens der Partei nach § 67 ZPO das Vorverfahren nicht beeinflussen konnte.
Ganz überwiegend wird angenommen, dass die Einschränkungen des § 68 Hs. 2 ZPO nur auf Einrede des Nebenintervenienten zu berücksichtigen sind.[531] Dafür sprechen der Wortlaut „Behauptung“ und die Entstehungsgeschichte.[532] Nach anderer Ansicht sollen jedoch die Bedeutung der Interventionswirkung und die Parallele zur Behandlung der Rechtskraft dafür sprechen, nicht nur die Interventionswirkung, sondern auch deren Einschränkungen in vollem Umfang von Amts wegen zu berücksichtigen. Da dies keine Amtsermittlung bedeute, spielten Parteivorbringen und gegebenenfalls auch Beweislast dennoch durchaus eine Rolle.[533] Doch besteht für eine Amtsprüfung weitgehend kein Bedürfnis. Denn die Einrede kann stillschweigend erhoben werden. Daran sind keine hohen Anforderungen zu stellen. In der Regel wird daher die Erhebung der Einrede feststellbar sein.[534]
Die Einschränkungen der Interventionswirkung von Amts wegen zu berücksichtigen lässt daher keine Vorteile erkennen, so dass auf Wortlaut und Entstehungsgeschichte der Vorschrift zurückzugreifen und die Einschränkungen als Einrede aufzufassen ist, die nur bei Geltendmachung zu berücksichtigen ist.
Eine Interventionswirkung entfällt, wenn Angriffs- und Verteidigungsmittel des Nebenintervenienten, die er nicht geltend machen konnte, geeignet waren, eine

---

[529] BGH NJW 1969, 1480 (1481); 1994, 203.
[530] MK/*Schilken*, § 68 Rn. 19; Wieser, ZZP 79 (1966), 246 (262); WS/*Mansel*, § 68 Rn. 144; Zöller/*Vollkommer*, § 68 Rn. 11.
[531] Kittner, JuS 1986, 624 (627); StJ/*Bork*, § 68 Rn. 6; ThP/*Putzo*, § 68 Rn. 9; WS/*Mansel*, § 68 Rn. 155; Zöller/*Vollkommer*, § 68 Rn. 12.
[532] exceptio male gesti processus; Motive, S. 87.
[533] MK/*Schilken*, § 68 Rn. 19.
[534] WS/*Mansel*, § 68 Rn. 155.

andere Entscheidung des Vorverfahrens herbeizuführen. Der Nebenintervenient muss dabei aus einem der in § 68 Hs. 2 ZPO aufgeführten Gründe an einer seine eigenen Interessen wahrenden Prozessführung gehindert gewesen sein. Die Vorschrift kennt drei verschiedene Tatbestände der Einrede des Nebenintervenienten.
Nach § 68 Hs. 2 Var. 1 ZPO kann die unabänderliche Lage des Rechtsstreits zur Zeit des Beitritts zu einer Einschränkung der Interventionswirkung führen, wenn der Nebenintervenient deshalb Angriffs- und Verteidigungsmittel nach § 67 Hs. 1 ZPO nicht mehr geltend machen konnte. Die Unabänderlichkeit kann sich aus dem Zeitpunkt des Beitritts, aber auch aus bindenden Prozesshandlungen der unterstützten Partei ergeben. Dies wird vor allem dann der Fall sein, wenn vor dem genannten Zeitpunkt Angriffs- oder Verteidigungsmittel zurückgewiesen worden sind oder solche zumindest zurückweisungsreif geworden sind. Eine im Zeitpunkt des Beitritts oder des gem. § 74 Abs. 3 ZPO möglichen Beitritts eingetretene Verspätungslage kann durch den Streithelfer nicht mehr korrigiert werden, da er gem. § 67 ZPO den Rechtsstreit in der Lage annehmen muss, in der er sich zur Zeit des Beitritts befindet.
Nach § 68 Hs. 2 Var. 2 ZPO kann der Widerspruch zu Erklärungen und Handlungen der unterstützten Partei im Hinblick auf sonst mögliche Angriffs- oder Verteidigungsmittel die Interventionswirkung beseitigen. Der Nebenintervenient kann in dem neuen Verfahren noch diejenigen Einreden, Rechtsbehelfe u.s.w. erfolgreich vorbringen, die er im Vorverfahren nicht geltend machen konnte, weil er sich damit in Widerspruch zum Vorbringen der unterstützten Partei begeben hätte.[535] Er kann daher im Folgeverfahren noch geltend machen, dass er durch die zeitliche oder sachliche Begrenzung seiner Tätigkeit im Vorverfahren zur Unterstützung der Partei gehindert war, Angriffs- oder Verteidigungsmittel geltend zu machen, Beweismittel einzuführen, Rechtsbehelfe zu ergreifen oder weiter zu verfolgen oder seinen eigenen Standpunkt zur Geltung zu bringen.[536] Entscheidend für die Berücksichtigung solcher Mittel im Folgeverfahren ist also, dass der Nebenintervenient sich mit ihnen im Vorverfahren in unzulässigen Widerspruch zur Partei i.S.d. § 67 Hs. 2 ZPO gesetzt hätte, die er nur unterstützen durfte.
Schließlich kann bei dem Nebenintervenienten unbekannten Angriffs- oder Verteidigungsmitteln gem. § 68 Hs. 2 Var. 3 ZPO eine Interventionswirkung entfallen, wenn diese von der Hauptpartei absichtlich oder durch grobes Verschulden nicht geltend gemacht worden sind. Absicht erfordert ein bewusstes Handeln, aber keinen Schädigungsvorsatz. Grobes Verschulden bedeutet grobe Fahrlässigkeit, die allein durch Unkenntnis der Hauptpartei noch nicht ausgeschlossen wird.[537] In der Person des Nebenintervenienten schadet lediglich Kenntnis, aber nicht bereits grob fahrlässige Unkenntnis.[538]

---

[535] BGH NJW 1982, 281 (282); Häsemeyer, ZZP 84 (1971), 179 (192); MK/*Schilken*, § 68 Rn. 21; R/S/G, S. 270; StJ/*Bork*, § 68 Rn. 8; ThP/*Putzo*, § 68 Rn. 10.
[536] BGH NJW 1982, 281 (282).
[537] WS/*Mansel*, § 68 Rn. 153.
[538] StJ/*Bork*, § 68 Rn. 9; WS/*Mansel*, § 68 Rn. 153.

Gemeinsame Voraussetzung aller Einredetatbestände ist, dass im Vorverfahren bestimmte Angriffs- und Verteidigungsmittel durch den Nebenintervenienten nicht geltend gemacht worden sind, auch nicht durch einen ihm offen stehenden Rechtsbehelf.[539] Weiter muss durch das Unterlassen der Geltendmachung jener Angriffs- und Verteidigungsmittel das Vorverfahren mangelhaft geführt worden sein. Das ist dann der Fall, wenn die Entscheidung durch die unterlassenen Angriffs- und Verteidigungsmittel möglicherweise eine unrichtige bindende Feststellung enthält.[540] Dabei ist zur Beseitigung der Interventionswirkung nicht die Unrichtigkeit der getroffenen Feststellung nachzuweisen. Es reicht vielmehr aus, wenn das Gericht zu der Überzeugung gelangt, dass die unterlassenen Unterstützungshandlungen geeignet gewesen wären, möglicherweise andere als die getroffenen Feststellungen zu begründen. Es ist kein hypothetischer Kausalnachweis zu führen, sondern plausibel die Möglichkeit abweichender Feststellungen nachzuweisen.[541]

Erhoben wird die Einrede der mangelhaften Prozessführung, indem der Nebenintervenient im Folgeverfahren die Angriffs- und Verteidigungsmittel, die er nicht vorbringen konnte, den Grund für die Verhinderung und die Ursächlichkeit des Nichtvorbringens für den ungünstigen Prozessausgang darlegt. Das Gericht prüft dann, ob durch die Berücksichtigung der bezeichneten Angriffs- und Verteidigungsmittel im Vorverfahren eine für die Hauptpartei günstigere Entscheidung erreicht worden wäre. Die Einrede der mangelhaften Prozessführung führt damit zu einer beschränkten Überprüfung der Entscheidung des Vorverfahrens. Wird der Sachvortrag zur Einrede der mangelhaften Prozessführung von der gegnerischen Partei bestritten oder hat das Gericht Zweifel an seiner Richtigkeit, muss der Nebenintervenient seinen Vortrag beweisen. Im Falle der Nichtbeweisbarkeit ist die Einrede nicht zu berücksichtigen.[542]

V. Streitgenössische Nebenintervention

Ergibt sich das als Interventionsgrund geforderte rechtliche Interesse des Nebenintervenienten am Ausgang des Rechtsstreits daraus, dass die Rechtskraft des Urteils im Verhältnis zum Gegner der unterstützten Partei auch auf ihn erstreckt wird oder aus dem Urteil auch in sein Vermögen vollstreckt werden kann oder das Urteil auch seine Rechtslage gestaltet, ist er durch das Urteil zwangsläufig sehr viel stärker betroffen als der einfache Nebenintervenient. Wird ein Nebenintervenient derart unmittelbar in seiner Rechtsstellung betroffen, müssen seine Befugnisse denen der Partei angeglichen werden. Deshalb enthält § 69 ZPO Abweichungen

---

539 Kittner, JuS 1986, 624 (628); WS/*Mansel*, § 68 Rn. 146.
540 MK/*Schilken*, § 68 Rn. 19; R/S/G, S. 270; StJ/*Bork*, § 68 Rn. 10; ThP/*Putzo*, § 68 Rn. 12.
541 MK/*Schilken*, § 68 Rn. 19; WS/*Mansel*, § 68 Rn. 147.
542 Kittner, JuS 1986, 624 (628).

von §§ 67, 68 ZPO für diese Fälle. Der Anwendungsbereich der Vorschrift umfasst nur solche Fälle der Streithilfe, in denen nicht nur die allgemeinen Voraussetzungen des § 66 ZPO vorliegen, sondern darüber hinaus bestimmte Urteilswirkungen zwischen dem Nebenintervenienten und dem Gegner der Hauptpartei entstehen. Diese Wirkungen sind in § 69 ZPO nicht bestimmt, sondern nur unter Bezugnahme auf andere Vorschriften beschrieben.[543]

1. Voraussetzungen der streitgenössischen Nebenintervention

Voraussetzungen der streitgenössischen Nebenintervention i.S.d. § 69 ZPO sind zunächst diejenigen einer Streithilfe nach § 66 ZPO.[544] Hinzu kommen die nach § 69 ZPO geforderten besonderen Urteilswirkungen.
Es muss ein Rechtsverhältnis des Nebenintervenienten zum Gegner der im Hauptverfahren unterstützten Partei bestehen. Das Verhältnis zu letzterer reicht nicht aus, da hier schon die Interventionswirkung nach § 68 ZPO schützt.[545] Ein Rechtsverhältnis ist eine durch den Sachverhalt aufgrund einer Rechtsnorm gegebene Beziehung einer Person zu einer anderen oder zu einer Sache.[546] Hier genügt dazu jede durch den konkreten Sachverhalt aufgrund einer Rechtsnorm bestehende Beziehung zwischen den erwähnten Personen.[547] Andererseits muss eine solche Beziehung nach Wortlaut und Zweck des § 69 ZPO auch bestehen. Es genügt demgegenüber nicht, dass das Recht oder die Verbindlichkeit des Nebenintervenienten durch das Recht oder die Verbindlichkeit der Parteien des Hauptverfahrens bedingt sind.[548] Das ist vielmehr ein typisches Merkmal der einfachen Nebenintervention, mit dem nur eine Grundlage für das Recht bzw. die Verpflichtung des Dritten festgestellt wird. Da aber die streitgenössische Nebenintervention an eine Rechtskraftwirkung auf das Rechtsverhältnis zwischen der gegnerischen Partei und dem Streithelfer anknüpft, kann eine nur mittelbare Abhängigkeit von der Entscheidung des Hauptverfahrens nicht genügen.[549] Allerdings verwenden die Motive zur Erläuterung der Norm Beispiele mittelbarer Drittwirkungen.[550] Dies lässt sich jedoch mit den damals noch bestehenden dogmatischen Unklarheiten hinsichtlich der materiellen Rechtskraftlehre erklären.[551]

---

[543] Kittner, JuS 1986, 131 (134); MK/*Schilken*, § 69 Rn. 2.
[544] Zöller/*Vollkommer*, § 69 Rn. 1.
[545] BGHZ 92, 275 (277); R/S/G, S. 271; Zöller/*Vollkommer*, § 69 Rn. 2; a.A. WS/*Mansel*, § 69 Rn. 13.
[546] RGZ 144, 54 (56); BGHZ 22, 43 (47); 92, 275 (278); WS/*Mansel*, § 69 Rn. 11.
[547] MK/*Schilken*; § 69 Rn. 4.
[548] MK/*Schilken*, § 69 Rn. 4; StJ/*Bork*, § 69 Rn. 2.
[549] StJ/*Bork*, § 69 Rn. 2; R/S/G, S. 271; WS/*Mansel*, § 69 Rn. 9.
[550] Motive, S. 88.
[551] WS/*Mansel*; § 69 Rn. 9.

Nach dem Wortlaut des § 69 ZPO muss „nach den Vorschriften des bürgerlichen Rechts" die Rechtskraft der Entscheidung des Hauptverfahrens auf das beschriebene Rechtsverhältnis wirken. Dabei besteht Einigkeit darüber, dass diese Formulierung zu eng gefasst ist, weil die Rechtskraftlehre zur Zeit des Gesetzgebungsverfahrens als dem bürgerlichen Recht zugehörig betrachtet wurde.[552] Es genügen daher also Rechtskraftwirkungen nach den Vorschriften des Verfahrensrechts in gleicher Weise.
Vor allem zählen die Fälle der Rechtskrafterstreckung zu den Entscheidungswirkungen i.S.d. § 69 ZPO. Das können Rechtskrafterstreckungen speziell auf den Nebenintervenienten, aber auch solche sein, die für und gegen alle eintreten.[553] Letztere genügen aber nicht schlechthin. Hinzukommen muss, dass die unmittelbare Drittwirkung auf ein Rechtsverhältnis zwischen dem Nebenintervenienten und der gegnerischen Partei einwirkt. Anderenfalls genügt die Stellung des einfachen Streithelfers.[554]
Ferner erfasst § 69 ZPO auch die Fälle einer Gestaltungswirkung gegenüber jedermann, sofern sie sich auf das Verhältnis des Nebenintervenienten zum Gegner auswirkt.[555] Denn wie die Rechtskrafterstreckung greift auch diese Urteilswirkung in die Rechtsposition des Dritten ein.
Entsprechendes gilt für die Fälle erweiterter Vollstreckbarkeit,[556] wie etwa bei Vermögens- oder Firmenübernahme i.S.d. § 729 ZPO oder in den Fällen der §§ 740 ff. ZPO bei Gütergemeinschaft. Es genügt für eine streitgenössische Nebenintervention, dass die Entscheidung nur teilweise Auswirkungen auf den Streithelfer hat, so etwa nur im Kostenpunkt.[557] Das ergibt sich aus dem Zweck des § 69 ZPO, weil sonst eine Verletzung des Gebots des rechtlichen Gehörs drohte. Auch der Wortlaut der Vorschrift mit der Formulierung „insofern" steht dieser Auslegung nicht entgegen.[558]

2. Rechtsstellung des streitgenössischen Nebenintervenienten

Die Rechtsstellung des streitgenössischen Nebenintervenienten wird in § 69 ZPO dahin beschrieben, dass er i.S.d. § 61 ZPO als Streitgenosse der Hauptpartei gilt. Dies bedeutet nach heute allgemeiner Ansicht jedoch nicht, dass der streitgenössische Nebenintervenient damit tatsächlich Streitgenosse der Hauptpartei wird.

---

[552] BGHZ 92, 275, (277).
[553] RGZ 108, 132 (133); StJ/*Bork*, § 69 Rn. 3.
[554] BGHZ 92, 275 (277); MK/*Schilken*, § 69 Rn. 6; R/S/G, S. 271; Zöller/*Vollkommer*, § 69 Rn. 2.
[555] MK/*Schilken*, § 69 Rn. 7; StJ/*Bork*, § 69 Rn. 3; ThP/*Putzo*, § 69 Rn. 4; Zöller/*Vollkommer*, § 69 Rn. 3.
[556] MK/*Schilken*, § 69 Rn. 8; StJ/*Bork*, § 69 Rn. 3; WS/*Mansel*, § 69 Rn. 29; Zöller/*Vollkommer*, § 69 Rn. 4.
[557] StJ/*Bork*, § 69 Rn. 4.
[558] MK/*Schilken*, § 69 Rn. 8; StJ/*Bork*, § 69 Rn. 4.

Vielmehr wird er nicht wirklich Streitgenosse und damit Partei, denn er hat weder Klage erhoben, noch ist er verklagt, ihm oder gegen ihn wird kein Rechtsschutz gewährt.[559] Er fällt somit nicht unter den Parteibegriff des deutschen Zivilprozessrechts. Stattdessen wird er im Wege einer gesetzlichen Fiktion dem Streitgenossen i.S.d. § 61 ZPO gleichgestellt.[560] Die Bezugnahme auf § 61 ZPO betrifft also den Prozessbetrieb durch den streitgenössischen Nebenintervenienten und regelt ein eigenes Recht zur Prozessführung, jedoch in einem fremdem Prozess, also nicht im Sinne einer selbständigen Rechtsverfolgung.[561] Der streitgenössische Nebenintervenient ist Nebenintervenient mit bestimmten Befugnissen eines Streitgenossen. Fraglich erscheint dabei, ob der in § 69 ZPO nicht ausdrücklich genannte § 62 ZPO von der Verweisung mitumfasst wird, so dass der streitgenössische Nebenintervenient nicht nur als einfacher Streitgenosse i.S.d. § 61 ZPO, sondern als notwendiger Streitgenosse i.S.d. § 62 ZPO gelten würde. Nach überwiegender Ansicht hat der streitgenössische Nebenintervenient zumindest regelmäßig die Stellung eines notwendigen Streitgenossen inne.[562] Dagegen wird behauptet, § 62 ZPO sei auf die streitgenössische Nebenintervention nicht anwendbar und daher im Rahmen des § 69 ZPO auch nicht zu prüfen. Auf § 62 ZPO werde in der Vorschrift nicht verwiesen, da die Nennung insofern überflüssig wäre, als die Rechtsstellung des streitgenössischen Nebenintervenienten nicht davon abhinge, ob § 62 ZPO entsprechend auf § 69 ZPO angewendet werden könne.[563] Dagegen spricht, dass § 61 ZPO die Regelung der notwendigen Streitgenossenschaft mit einbezieht, indem § 62 ZPO eine dort vorbehaltene Ausnahme darstellt.[564] Da § 69 ZPO an die Erstreckung von Rechtskraft, Gestaltungswirkung oder Vollstreckbarkeit anknüpft, die auch zu notwendiger Streitgenossenschaft führt,[565] werden die Voraussetzungen des § 62 ZPO regelmäßig vorliegen. Demnach erlangt der streitgenössische Nebenintervenient auch regelmäßig die Stellung eines notwendigen Streitgenossen.

Der streitgenössische Nebenintervenient hat demnach eine Doppelstellung im Verfahren inne. Er ist selbständiger als der einfache Streithelfer, denn er gilt als Streitgenosse i.S.d. § 61 ZPO, und zwar, wenn die Voraussetzungen des § 62 ZPO gegeben sind, als notwendiger Streitgenosse. Andererseits bleibt er aber Streithelfer und darf deshalb nicht in vollem Umfang der Partei gleichgestellt werden. Aus

---

[559] StJ/*Bork*, § 69 Rn. 6.

[560] BGH NJW 1965, 760; Kittner, JuS 1986, 131 (134); MK/*Schilken*, § 69 Rn. 9; StJ/*Bork*, § 69 Rn. 6; WS/*Mansel*, § 69 Rn. 37; Zöller/*Vollkommer*, § 69 Rn. 5.

[561] RGZ 90, 42 (43); 108, 132 (134); BGH NJW-RR 1999, 285 (286); StJ/*Bork*, § 69 Rn. 6; WS/*Mansel*, § 69 Rn. 37.

[562] RGZ 90, 42 (43); 93, 31 (32); 108, 132 (134); 164, 129 (132); R/S/G, S. 272; StJ/*Bork*, § 69 Rn. 8; Zöller/*Vollkommer*, § 69 Rn. 5; MK/*Schilken*, § 69 Rn. 9: stets.

[563] WS/*Mansel*, § 69 Rn. 40.

[564] RGZ 108, 132 (134); Kittner, JuS 1986, 131 (134); MK/*Schilken*, § 61 Rn. 1; StJ/*Bork*, § 69 Rn. 8.

[565] MK/*Schilken*, § 62 Rn. 6 ff.

dieser Doppelstellung ergeben sich die Befugnisse und Beschränkungen des streitgenössischen Nebenintervenienten.

Als Streithelfer ist er an einem für ihn fremden Rechtsstreit beteiligt. Aus diesem Grunde sind ihm auch Einwirkungen auf den Streitgegenstand und solche Prozesshandlungen versagt, die ausschließlich der Partei vorbehalten sind. Er ist demnach nicht berechtigt, Anträge für seine Person zu stellen, Rechtsbehelfe aus eigenem Recht einzulegen, Angriffs- oder Verteidigungsmittel, auch Widerklagen oder Zwischenfeststellungsklagen, aus eigenem Recht geltend zu machen und die Klage zu ändern oder zurückzunehmen.[566] Er muss den Rechtsstreit in der Lage zur Zeit des Beitritts annehmen und kann diejenigen Prozesshandlungen vornehmen und entgegennehmen, die einem einfachen Nebenintervenienten nach § 67 ZPO zustehen.[567]

Im Übrigen ist er als Streitgenosse der Partei gleichgestellt. Er hat demnach gegenüber dem einfachen Streithelfer erweiterte Möglichkeiten, den Prozess zu beeinflussen. Insbesondere kann er selbständig, auch bei Widerspruch der Partei Angriffs- und Verteidigungsmittel aus deren Recht vorbringen und sonstige Prozesshandlungen vornehmen.[568] Des Weiteren kann er Einspruch oder ein Rechtsmittel einlegen,[569] dessen Verwerfung oder Zurückweisung beantragen[570] oder umgekehrt Rücknahme oder Verzicht der gegnerischen Partei entgegennehmen.[571]

Obwohl der streitgenössische Nebenintervenient die Lage des Prozesses zur Zeit des Beitritts hinnehmen muss, kann er früheren Handlungen der Partei, beispielsweise Anerkenntnis, Verzicht oder Geständnis, widersprechen, sofern die Entwicklung des Verfahrens dies noch zulässt.[572] Haben sich der streitgenössische Nebenintervenient und die Partei widersprochen, liegt auf einer Parteiseite ein streitiger Sachverhalt vor. Dieser ist dann vom Gericht nach § 286 ZPO frei zu würdigen und wenn dies erforderlich sein sollte in einer Beweisaufnahme zu klären.[573]

Während über die Unzulässigkeit mancher Verfahrenshandlungen Einigkeit besteht, ist umstritten, ob der streitgenössische Nebenintervenient auf den prozessualen Anspruch der Hauptpartei nach § 306 ZPO verzichten oder den der gegnerischen Partei gem. § 307 ZPO anerkennen kann. Im Gegensatz zum einfachen Nebenintervenienten soll der streitgenössische Erklärungen nach §§ 306, 307 ZPO wirksam vornehmen können, jedoch mit der Einschränkung, dass ihnen ein Wi-

---

[566] RGZ 164, 129 (131); BGH NJW 1965, 760; Kittner, JuS 1986, 131 (134); R/S/G, S. 271; StJ/*Bork*, § 69 Rn. 7; Zöller/*Vollkommer*, § 69 Rn. 8.

[567] RGZ 108, 132 (134); BGH NJW 1966, 548; R/S/G, S. 271; StJ/*Bork*, § 69 Rn. 8; ThP/*Putzo*, § 69 Rn. 5; WS/*Mansel*, § 69 Rn. 38.

[568] RGZ 42, 389 (393); 90, 42 (43); 164, 129 (131); BGHZ 92, 275 (276).

[569] RGZ 44, 345 (347); BGHZ 89, 121 (125); BGH NJW-RR 1997, 865.

[570] R/S/G, S. 272.

[571] RG JW 1910, 821 (822).

[572] R/S/G, S. 272; StJ/*Bork*, § 69 Rn. 8; ThP/*Putzo*, § 69 Rn. 6; Zöller/*Vollkommer*, § 69 Rn. 8.

[573] Kittner, JuS 1986, 131 (134); MK/*Schilken*, § 69 Rn. 11.

derspruch der Hauptpartei die Wirkung nehme. Sei die Hauptpartei dagegen säumig oder schweige sie, so seien die Erklärungen wirksam.[574] Zum Teil wird dahingehend differenziert, dass das materiellrechtliche Verhältnis zwischen Nebenintervenient und Hauptpartei über die Wirksamkeit entscheide, da es sich um auch materiellrechtliche Dispositionen handele.[575]
Schließlich wird eine Bindung schlechthin verneint mit der Begründung, Anerkenntnis und Verzicht seien geeignet, die Beendigung des Verfahrens zuungunsten der Hauptpartei herbeizuführen, die somit nicht unterstützt werde.[576]
Auf die materielle Disposition kann es aber bei Anerkenntnis und Verzicht als reinen Prozesshandlungen nicht ankommen. Beide beenden auch nicht unmittelbar das Verfahren, sondern bilden nur die Grundlage für ein nachfolgendes prozessbeendigendes Urteil. Anders als im Falle notwendiger Streitgenossenschaft widerspricht aber bereits diese Wirkung der bloßen Unterstützungsfunktion der Streithilfe, weil es sich bei der streitgenössischen Nebenintervention trotz Fiktion der Streitgenossenschaft nicht um eine selbständige Führung eines eigenen Prozesses handelt.[577] Demzufolge kann auch der streitgenössische Nebenintervenient Erklärungen nach §§ 306, 307 ZPO nicht wirksam abgeben.
Aus der Gleichstellung mit der Partei für den Prozessbetrieb ergibt sich hingegen, dass er nicht als Zeuge, sondern als Partei vernommen werden oder gem. § 273 Abs. 2 Nr. 3 ZPO zur Vorbereitung des Verhandlungstermins sein persönliches Erscheinen als Partei angeordnet werden kann. Gegen ihn können insofern Anordnungen nach §§ 141 ff. ZPO getroffen werden.[578] Die Fristen für Einspruch und Rechtsmittel laufen für ihn selbständig von der an ihn bewirkten Zustellung an,[579] unabhängig von denjenigen der Hauptpartei. Erfolgt der Beitritt erst nach Beginn einer Frist, so bleibt dem streitgenössischen Nebenintervenienten nur noch der Rest der Frist.[580] Auch die Voraussetzungen einer Wiedereinsetzung in den vorigen Stand sind nur aus Gründen in seiner Person zu beurteilen.[581] Versäumt die Hauptpartei eine Frist oder einen Termin, liegt eine Versäumung nicht vor, wenn der streitgenössische Nebenintervenient die Frist gewahrt oder den Termin wahrgenommen hat.[582] Wirksamkeitsvoraussetzung für alle seine Handlungen ist allerdings, dass ein rechtshängiger Prozess noch vorliegt, den die Hauptpartei etwa durch Klagerücknahme ohne Rücksicht auf den streitgenössischen Nebenintervenienten beseitigen kann.[583]

---

[574] Kittner, JuS 1986, 131 (134); R/S/G, S. 272; Zöller/*Vollkommer*, § 69 Rn. 8.
[575] StJ/*Bork*, § 69 Rn. 9.
[576] ThP/*Putzo*, § 69 Rn. 6; Windel, ZZP 104 (1991), 321 (326); WS/*Mansel*, § 69 Rn. 47.
[577] MK/*Schilken*, § 69 Rn. 11.
[578] Kittner, JuS 1986, 131 (134); MK/*Schilken*, § 69 Rn. 12; StJ/*Bork*, § 69 Rn. 10.
[579] RGZ 34, 361 (363); BGHZ 89, 121 (125).
[580] StJ/*Bork*, § 69 Rn. 10.
[581] R/S/G, S. 272; StJ/*Bork*, § 69 Rn. 10; WS/*Mansel*, § 69 Rn. 80; Zöller/*Vollkommer*, § 69 Rn. 7.
[582] Zöller/*Vollkommer*, § 69 Rn. 7.
[583] BGH NJW 1965, 760.

Wenngleich das Urteil nicht für oder gegen den streitgenössischen Nebenintervenienten ergehen kann,[584] so rückt er doch als fiktiver Streitgenosse in mancher Hinsicht in die Nähe einer Parteistellung. Liegen in seiner Person Unterbrechungsgründe i.S.d. §§ 239 ff. ZPO vor, wird das Verfahren zwar unmittelbar nur dem Streithelfer gegenüber unterbrochen. Es darf aber auch gegenüber der Partei nicht fortgeführt werden.[585]
Die Kosten der Nebenintervention werden als Kosten des Hauptverfahrens behandelt und gem. §§ 101 Abs. 2, 100 ZPO wie bei der Streitgenossenschaft getragen.

3. Interventionswirkung

Die Interventionswirkung nach § 68 ZPO entsteht auch gegenüber dem streitgenössischen Nebenintervenienten. Sie kann neben die Rechtskraftwirkung kraft Rechtskrafterstreckung oder die sonstigen Urteilswirkungen zwischen gegnerischer Partei und Streithelfer treten. Sofern allerdings das Urteil im Verhältnis zwischen Streithelfer und unterstützter Partei Rechtskraft- oder Gestaltungswirkung entfaltet, schließt das die Einrede mangelhafter Prozessführung gem. § 68 Hs. 2 ZPO aus. Dies gilt auch gegenüber der gegnerischen Partei.[586] Denn diese Einrede beseitigt im Erfolgsfall nur die Interventionswirkung, nicht daneben bestehende Urteilswirkungen. Dies gilt auch dann, wenn sich beide decken sollten. Durch § 69 ZPO wird die Regelung des § 68 ZPO nicht auf die Rechtskraftwirkung oder andere unmittelbare Drittwirkungen ausgedehnt. Vielmehr sind die Interventionswirkung und andere Urteilswirkungen voneinander unabhängig und nach ihren jeweils eigenen Regeln zu beurteilen.[587] Im Übrigen bleibt es bei den Grundsätzen des § 68 ZPO.[588]

4. Beitritt und Zulassung

Für den Beitritt und die Zulassung des streitgenössischen Nebenintervenienten gelten zunächst die für die einfache Nebenintervention maßgeblichen Vorschriften. Dies ist hinsichtlich der Form § 70 ZPO. Eine ausdrückliche Zulassung ist auch hier, anders als im Gemeinschaftsrecht, nur bei einem Zurückweisungsantrag gem. § 71 ZPO erforderlich. Darüber kann dann in einem Zwischenurteil oder im Endurteil entschieden werden, gegebenenfalls auch über die beanspruchten, von § 67 ZPO abweichenden besonderen Befugnisse eines streitgenössischen Nebenin-

---

[584] StJ/*Bork*, § 69 Rn. 6.
[585] R/S/G, S. 272; StJ/*Bork*, § 69 Rn. 10; ThP/*Putzo*, § 69 Rn. 2; Zöller/*Vollkommer*, § 69 Rn. 7.
[586] MK/*Schilken*, § 69 Rn. 14; StJ/*Bork*, § 69 Rn. 13; ThP/*Putzo*, § 69 Rn. 7; WS/*Mansel*, § 69 Rn. 84; Zöller/*Vollkommer*, § 69 Rn. 9.
[587] WS/*Mansel*, § 69 Rn. 84.
[588] MK/*Schilken*, § 69 Rn. 14.

tervenienten.[589] Fehlen die entsprechenden besonderen Voraussetzungen des § 69 ZPO, so sind solche weitergehenden Prozesshandlungen aber schon von sich aus unwirksam und unbeachtlich,[590] sofern der Streithelfer nicht rechtskräftig zugelassen wird.

VI. Zusammenfassung

Die Nebenintervention ist eine der beiden Formen der Drittbeteiligung im deutschen Zivilprozessrecht. Dabei geht die Initiative zur Beteiligung des Dritten am Rechtsstreit von dem Dritten selbst aus. Es werden zwei Formen der Nebenintervention unterschieden, nämlich die einfache und die streitgenössische.

Die Nebenintervention wird definiert als die Beteiligung eines Dritten an der Führung eines fremden Rechtsstreits im eigenen Interesse zur Unterstützung einer Partei, der sogenannten Hauptpartei. Der Zweck der Nebenintervention besteht in erster Linie darin, einem Dritten die Einflussnahme auf einen zwischen anderen Parteien anhängigen Rechtsstreit zur Unterstützung einer Partei zu ermöglichen, wenn sich die Entscheidung des Rechtsstreits negativ auf seine Rechtsstellung auswirken kann. Voraussetzungen einer Nebenintervention sind ein zwischen zwei anderen Personen anhängiger Rechtsstreit und ein Interventionsgrund. Als Interventionsgrund ist dabei ein rechtliches Interesse am Obsiegen der unterstützten Partei erforderlich. Darüber hinaus müssen in der Person des Streithelfers die allgemeinen Prozesshandlungsvoraussetzungen vorliegen und eine wirksame Beitrittserklärung abgegeben worden sein. Der Beitritt ist dann gem. § 66 Abs. 2 ZPO in jeder Lage des Hauptverfahrens und auch in Verbindung mit der Einlegung eines Einspruchs oder eines Rechtsmittels zulässig.

Als anhängiger Rechtsstreit kommen in erster Linie alle zivilprozessualen Klageverfahren in Betracht. In weiter Auslegung des Anwendungsbereichs kommen aber auch alle sonstigen zivilprozessualen Verfahren in Betracht, in denen die zu erwartende Entscheidung die Rechtslage des Nebenintervenienten rechtlich beeinflussen kann.

Der Rechtsstreit muss zwischen anderen Personen anhängig, d.h. der Nebenintervenient „Dritter" sein. Er darf also nicht Partei oder gesetzlicher Vertreter einer Partei sein. Entfällt nachträglich die Stellung als Dritter und wird der Nebenintervenient Partei, so wird die Nebenintervention unzulässig.

Als Interventionsgrund verlangt § 66 Abs. 1 ZPO ein rechtliches Interesse am Obsiegen einer Partei. Nicht ausreichend ist ein ideelles, wirtschaftliches oder tatsächliches Interesse, wie es sich etwa insbesondere aus einer gleichgelagerten Situation ergeben kann. Erforderlich ist zudem, dass der Dritte mit seiner Intervention eigene rechtliche Zwecke verfolgt. Die gerichtliche Entscheidung muss

---

[589] StJ/*Bork*, § 69 Rn. 5.

[590] BL/*Hartmann*, § 69 Rn. 3.

also stets Einfluss auf die eigene Rechtsposition des Dritten haben. Solange dies jedoch der Fall ist, soll die Nebenintervention durch großzügige Auslegung in weitem Maße gewährt werden. So wird der Begriff des rechtlichen Interesses dahingehend definiert, dass ein solches dann gegeben ist, wenn die Entscheidung des Rechtsstreits durch ihren Inhalt oder durch ihre Vollstreckung unmittelbar oder mittelbar auf die privat- oder öffentlichrechtlichen Rechtsverhältnisse des Dritten rechtlich günstig oder ungünstig einwirkt. Ein rechtliches Interesse ist insbesondere gegeben in allen Fällen der Erstreckung der Rechtskraft und der Gestaltungswirkung. Weiter ist eine Nebenintervention in den Fällen zulässig, in denen aus dem Urteil im anhängigen Rechtsstreit eine Vollstreckbarkeit in das Vermögen des Dritten möglich ist. Ein rechtliches Interesse liegt ferner in Fällen der Präjudizialität vor, in denen eine tatsächliche Vorentscheidung über Anspruch oder Verpflichtung des Dritten getroffen werden. Hauptanwendungsfall dieser Form des rechtlichen Interesses sind Regresssituationen. Genauso wie im Gemeinschaftsrecht ist es allerdings nicht ausreichend, wenn der Dritte dem Verfahren nur beitreten will, weil dieser sich in einer gleichgelagerten Situation befindet und hofft, durch seine Verfahrensbeteiligung eine ihm günstige Rechtsauffassung des Gerichts zu erreichen, der Ausgang des Prozesses ihn aber ansonsten in keiner Weise berührt. Im Gemeinschaftsrecht reicht über ein rechtliches Interesse hinaus auch ein wirtschaftliches, politisches oder ein ideelles Interesse zur Intervention aus. Der Kreis der möglichen Intervenienten wird aber dadurch eingeschränkt, dass ein unmittelbares und gegenwärtiges Interesse verlangt wird, welches gerade am Ausgang des anhängigen Rechtsstreits bestehen muss. Im deutschen Zivilprozessrecht wird eine Einschränkung der weiten Auslegung des rechtlichen Interesses dadurch erreicht, dass sich das Interesse des Dritten in den Anträgen der von ihm unterstützten Partei und nicht in den rechtlichen Erwägungen niederschlagen muss.

Das Verfahren im Falle des Beitritts des Nebenintervenienten richtet sich nach § 66 Abs. 2 ZPO unter Berücksichtigung allgemeiner Voraussetzungen sowie hinsichtlich der Form nach § 70 ZPO. Als allgemeine Voraussetzung müssen in der Person des Nebenintervenienten die persönlichen Prozesshandlungsvoraussetzungen vorliegen. Die Beitrittserklärung ist an bestimmte in § 70 ZPO genannte formelle Voraussetzungen gebunden. Der Beitritt wird gem. § 70 Abs. 1 ZPO durch Einreichung eines Schriftsatzes bei dem Prozessgericht erklärt. Die Beitrittserklärung muss unter anderem erkennen lassen, welcher der beiden Parteien der Dritte zum Zwecke der Unterstützung beitritt. Er muss sich also wie im Gemeinschaftsrecht für eine Seite entscheiden. Abgesehen von den Prozesshandlungsvoraussetzungen, die von Amts wegen zu beachten sind, wird die Zulässigkeit der Nebenintervention nur auf Antrag einer der beiden Parteien des Hauptverfahrens geprüft. Solange ein solcher Antrag nicht gestellt worden ist und bis zum rechtskräftigen Ausspruch der Unzulässigkeit der Nebenintervention wird der Nebenintervenient gem. § 71 Abs. 3 ZPO im Hauptverfahren hinzugezogen. Im Gemeinschaftsrecht dagegen bedarf es einer ausdrücklichen Zulassung der Streithilfe durch Beschluss.

Wird ein Antrag auf Zurückweisung der Nebenintervention gestellt, kommt es zu einem Zwischenstreit, bei dem über die Zulässigkeit der Nebenintervention verhandelt wird. Beteiligte des Zwischenstreits sind der Nebenintervenient und die dem Beitritt widersprechende Partei. Im Zwischenstreit geht es vornehmlich darum, ob die Voraussetzungen des § 66 Abs. 1 ZPO, also des rechtlichen Interesses vorliegen. Nach § 71 Abs. 1 Satz 2 ZPO ist der Nebenintervenient zuzulassen, wenn er dieses Interesse i.S.v. § 294 ZPO glaubhaft macht. Nach § 71 Abs. 2 ZPO ergeht die Entscheidung über den Zwischenstreit durch Zwischenurteil, das ein Feststellungsurteil ist und auf Zulassung oder Zurückweisung der Nebenintervention lautet. Gegen das nach § 270 Abs. 1 ZPO von Amts wegen zuzustellende Zwischenurteil findet gem. § 71 Abs. 2 ZPO die sofortige Beschwerde statt, auch wenn die Entscheidung mit dem Endurteil verbunden ist. Ist eine Nebenintervention rechtskräftig zurückgewiesen worden, so ist eine Wiederholung möglich, wenn ein anderes rechtliches Interesse glaubhaft gemacht wird. Der Nebenintervenient ist vom Zeitpunkt der Einreichung der Beitrittserklärung an bis zu der möglicherweise ergehenden rechtskräftigen Entscheidung über die Unzulässigkeit der Streithilfe am Verfahren des anhängigen Rechtsstreits zu beteiligen. Die vom Streithelfer für die Hauptpartei vorgenommenen Prozesshandlungen sind bis zur Rechtskraft eines zurückweisenden Zwischenurteils wirksam und bleiben es auch, ohne dass die Hauptpartei sich diese ausdrücklich oder stillschweigend aneignen müsste. Etwas anderes gilt nur bei Fehlen einer Prozesshandlungsvoraussetzung in der Person des Nebenintervenienten.

Die Nebenintervention endet zum einen durch die Rücknahme der Beitrittserklärung, wozu es keiner Zustimmung der Parteien bedarf. Nach der Rücknahme kann der Streithelfer der anderen Partei beitreten. Zum Ende der Nebenintervention kommt es ferner mit der Beendigung des Hauptverfahrens oder wenn der Streithelfer durch Rechtsnachfolge selbst Parteistellung erlangt oder die Hauptpartei aus dem Verfahren ausscheidet.

Die Rechtsstellung des Streithelfers im Verfahren ist dadurch gekennzeichnet, dass er sich an einem fremden Prozess beteiligt und dort weder Partei noch gesetzlicher Vertreter, sondern Dritter ist. Er hat nur das Recht, zur Wahrung seines eigenen Interesses am Ausgang des Rechtsstreits die Hauptpartei zu unterstützen, nicht jedoch Handlungen zum Nachteil der Partei vorzunehmen. Sein Recht zur Vornahme von Prozesshandlungen ist zwar ein eigenes, aber gleichzeitig nur ein abgeleitetes Recht. Auch für das gemeinschaftsrechtliche Streithilfeverfahren ist davon auszugehen, dass der Streithelfer nicht Partei des Verfahrens ist, sondern eine prozessuale Stellung sui generis inne hat.

Die Befugnisse des Nebenintervenienten zur Vornahme von Prozesshandlungen ergeben sich aus § 67 ZPO unter Berücksichtigung des Zwecks der Nebenintervention. Sie unterliegen allerdings auch bestimmten Beschränkungen. Weitergehende Befugnisse stehen dem streitgenössischen Nebenintervenienten nach § 69 ZPO zu.

Der einfache Nebenintervenient ist gem. § 67 Hs. 2 ZPO grundsätzlich berechtigt, Angriffs- und Verteidigungsmittel geltend zu machen sowie alle sonstigen Prozesshandlungen wirksam vorzunehmen. Zu den Angriffs- und Verteidigungsmitteln gehört nach dem Verständnis der ZPO anders als nach den Verfahrensordnungen des Gemeinschaftsrechts auch die Benennung von Beweismitteln. Unter den Begriff der sonstigen Prozesshandlungen fallen Prozess- und Sachanträge. Insbesondere kann der Streithelfer für die Hauptpartei Rechtsmittel und Rechtsbehelfe einlegen und begründen oder sich einem eingelegten Rechtsmittel anschließen.

Beschränkungen der Befugnisse des Nebenintervenienten ergeben sich aus § 67 ZPO, aus dem Unterstützungszweck gem. § 66 ZPO sowie aus fehlender Dispositionsbefugnis. Prozesshandlungen, die er danach nicht vornehmen darf, sind unzulässig und ohne Entscheidung in der Sache zurückzuweisen.

Nach § 67 Hs. 1 ZPO muss der Nebenintervenient den Rechtsstreit in der Lage annehmen, in der sich dieser zur Zeit seines Beitritts befindet. Er ist somit an alle früheren Prozesshandlungen der Partei und des Gerichts gebunden. Diese Einschränkung der Handlungsbefugnisse des Streithelfers findet sich auch im Gemeinschaftsrecht. Weiterhin darf sich der Nebenintervenient gem. § 67 Hs. 2 ZPO mit seinen Erklärungen und Handlungen nicht in Widerspruch zur Hauptpartei setzen. Deren Prozesshandlungen haben Vorrang vor denen des Streithelfers. Die Partei kann daher jeder Prozesshandlung des Streithelfers widersprechen, indem sie diese ausdrücklich oder konkludent widerruft. Möglich ist aber auch ein bloßer Widerspruch der Partei gegen Prozesshandlungen des Nebenintervenienten. Bestehen Zweifel darüber, ob widersprüchliche Prozesshandlungen vorliegen, so gehen diese Zweifel nicht zu Lasten des Streithelfers und seine Prozesshandlungen bleiben wirksam.

Nach § 66 ZPO tritt der Nebenintervenient der Hauptpartei zum Zwecke der Unterstützung bei und darf folglich keine Prozesshandlungen vornehmen, die diesem Zweck zuwiderlaufen. Der Nebenintervenient hat schließlich weder eine materiellrechtliche Verfügungsbefugnis noch eine verfahrensrechtliche Dispositionsbefugnis, da allein die Parteien über den Streitgegenstand disponieren können.

Da der Nebenintervenient nicht Partei des Rechtsstreits wird, erstreckt sich die Rechtskraft der richterlichen Entscheidung nicht auf ihn. Gleichwohl ist sowohl für den einfachen als auch für den streitgenössischen Nebenintervenienten Konsequenz der Streitbeteiligung, dass in einem zwischen ihm und der Hauptpartei geführten Folgerechtsstreit gem. § 68 ZPO die Interventionswirkung eintritt. Eine solche ausdrückliche Interventionswirkung gibt es in den Verfahrensordnungen der Gemeinschaft nicht.

Nach § 68 ZPO kann der Nebenintervenient im Verhältnis zur Hauptpartei eine Unrichtigkeit der Entscheidung nicht und eine mangelhafte Prozessführung nur eingeschränkt geltend machen. Er wird gem. § 68 Hs. 1 ZPO mit der Behauptung nicht gehört, dass der Rechtsstreit, wie er dem Richter vorgelegen habe, unrichtig entschieden sei. Mit der Behauptung, die Hauptpartei habe den Rechtsstreit mangelhaft geführt, wird er gem. § 68 Hs. 2 ZPO grundsätzlich nicht gehört. Der Ausschluss dieser beiden Behauptungen wird als Rechtsfolge der Nebenintervention angesehen und daher als Interventionswirkung bezeichnet. Die Interventionswirkung gem. § 68 Hs. 1 ZPO ist als Urteilswirkung von Amts wegen zu beachten, die Einrede mangelhafter Prozessführung gem. § 68 Hs. 2 ZPO dagegen nur bei Geltendmachung.

Voraussetzungen für den Eintritt der Interventionswirkung sind eine wirksame Nebenintervention und eine rechtskräftige Entscheidung im Vorverfahren.

Der subjektive Umfang der Interventionswirkung besteht nach dem Wortlaut des § 68 Hs. 1 ZPO zwischen dem Nebenintervenienten und der Hauptpartei, sowie auch gegenüber den jeweiligen Rechtsnachfolgern. Andererseits tritt keine Interventionswirkung im Verhältnis zwischen der Hauptpartei und der gegnerischen Partei oder zwischen dem Nebenintervenienten und der gegnerischen Partei ein. Eine analoge Anwendung von §§ 74 Abs. 3, 68 ZPO zugunsten des Nebenintervenienten ist abzulehnen. Die Interventionswirkung tritt somit nur zuungunsten des Nebenintervenienten und zugunsten der Hauptpartei ein. Jedoch ist die Interventionswirkung nicht teilbar, so dass sie dem Streithelfer nicht nur hinsichtlich ihm ungünstiger Umstände unter Weglassung günstiger Teile entgegengehalten werden kann.

Der objektive Umfang der Interventionswirkung umfasst nicht nur die im Tenor der Entscheidung enthaltene Rechtsfolge, sondern auch die rechtlichen und tatsächlichen Feststellungen. Weiter erstreckt sich die Interventionswirkung auf die Richtigkeit der Entscheidung und damit auf deren tatsächliche und rechtliche Grundlagen. Sie umfasst also auch die tragenden Feststellungen, die sogenannten Entscheidungselemente, einschließlich der präjudiziellen Rechtsverhältnisse.

Um den interventionsberechtigten Dritten nicht an Feststellungen des Vorverfahrens zu binden, die er nicht beeinflussen konnte, steht ihm die Einrede der mangelhaften Prozessführung gem. § 68 Hs. 2 ZPO zu, durch die er die Interventionswirkung im Folgeverfahren beseitigen kann. Die Interventionswirkung entfällt, wenn Angriffs- und Verteidigungsmittel des Nebenintervenienten, die er nicht geltend machen konnte, geeignet waren, eine andere Entscheidung des Vorverfahrens herbeizuführen. Der Nebenintervenient muss dabei aus einem der in § 68 Hs. 2 ZPO aufgeführten Gründe an einer seine Interessen wahrenden Prozessführung gehindert gewesen sein. Die Vorschrift kennt drei verschiedene Tatbestände der Einrede des Nebenintervenienten. Der Streithelfer muss gem. § 68 Hs. 2 Var. 1 ZPO durch die Lage des Rechtsstreits zur Zeit seines Beitritts oder gem. Var. 2 der Vorschrift durch Erklärungen und Handlungen der Hauptpartei gehindert worden sein, Angriffs- oder Verteidigungsmittel geltend zu machen. Zudem kann bei dem Nebenintervenienten unbekannten Angriffs- oder Verteidigungsmitteln gem. § 68 Hs. 2 Var. 3 ZPO die Interventionswirkung entfallen, wenn diese von der Hauptpartei absichtlich oder durch grobes Verschulden nicht geltend gemacht worden sind. Erhoben wird die Einrede der mangelhaften Prozessführung, indem der Nebenintervenient im Folgeverfahren die Angriffs- und Verteidigungsmittel, die er nicht vorbringen konnte, den Grund für die Verhinderung und die Ursächlichkeit des Nichtvorbringens für den ungünstigen Prozessausgang darlegt. Das Gericht prüft dann, ob durch die Berücksichtigung der bezeichneten Angriffs- und Verteidigungsmittel im Vorverfahren eine für die Hauptpartei günstigere Entscheidung erreicht worden wäre.

Voraussetzungen der streitgenössischen Nebenintervention i.S.d. § 69 ZPO sind zunächst diejenigen einer Streithilfe nach § 66 ZPO. Hinzu kommen die nach § 69 ZPO geforderten besonderen Urteilswirkungen. So muss ein Rechtsverhältnis des Streithelfers zur gegnerischen Partei bestehen. Hierzu genügt jede durch den konkreten Sachverhalt aufgrund einer Rechtsnorm bestehende Beziehung zwischen den erwähnten Personen. Zu den von § 69 ZPO geforderten Entscheidungswirkungen zählen vor allem die Fälle der Rechtskrafterstreckung. Daneben sind auch die Fälle einer Gestaltungswirkung sowie die Fälle erweiterter Vollstreckbarkeit erfasst.

Die Rechtsstellung des streitgenössischen Nebenintervenienten wird in § 69 ZPO dahingehend beschrieben, dass er i.S.d. § 61 ZPO als Streitgenosse der Hauptpartei gilt. Er wird aber nicht wirklich Streitgenosse und damit Partei, sondern nur im Wege einer gesetzlichen Fiktion dem Streitgenossen gleichgestellt. Der streitgenössische Nebenintervenient hat demnach eine Doppelstellung im Verfahren inne. Er ist selbständiger als der einfache Streithelfer, da er als Streitgenosse gilt, und zwar bei Vorliegen der Voraussetzungen des § 62 ZPO als notwendiger Streitgenosse. Andererseits bleibt er aber Streithelfer und darf deshalb nicht in vollem Umfang der Partei gleichgestellt werden. Aus dieser Doppelstellung ergeben sich die Befugnisse und Beschränkungen des streitgenössischen Nebenintervenienten. Als Streithelfer ist er an einem für ihn fremden Rechtsstreit beteiligt, so dass ihm Einwirkungen auf den Streitgegenstand und solche Prozesshandlungen versagt sind, die ausschließlich der Partei zustehen. Er kann diejenigen Prozesshandlungen vornehmen und entgegennehmen, die einem einfachen Nebenintervenienten nach § 67 ZPO zustehen.

Im Übrigen ist er als Streitgenosse der Partei gleichgestellt, woraus sich gegenüber dem einfachen Streithelfer erweiterte Einflussmöglichkeiten ergeben. Insbesondere kann er selbständig, auch bei Widerspruch der Hauptpartei Angriffs- und Verteidigungsmittel aus deren Recht vorbringen und sonstige Prozesshandlungen vornehmen. Allerdings kann auch der streitgenössische Nebenintervenient Erklärungen nach §§ 306, 307 ZPO ebenso wenig wirksam abgeben wie der einfache Nebenintervenient.

Die Interventionswirkung nach § 68 ZPO entsteht auch gegenüber dem streitgenössischen Nebenintervenienten. Sie kann neben die Rechtskraftwirkung kraft Rechtskrafterstreckung oder die sonstigen Urteilswirkungen zwischen gegnerischer Partei und Streithelfer treten. Sofern allerdings das Urteil im Verhältnis zwischen Streithelfer und unterstützter Partei Rechtskraft- oder Gestaltungswirkung entfaltet, schließt das die Einrede mangelhafter Prozessführung aus. Im Übrigen bleibt es bei den Grundsätzen des § 68 ZPO.

Für den Beitritt und die Zulassung des streitgenössischen Nebenintervenienten gelten die für die einfache Nebenintervention maßgeblichen Vorschriften. Eine ausdrückliche Zulassung ist auch hier, anders als im Gemeinschaftsrecht, nur bei einem Zurückweisungsantrag gem. § 71 ZPO erforderlich. Fehlen die entsprechenden besonderen Voraussetzungen des § 69 ZPO, so sind solche weitergehenden Prozesshandlungen von sich aus unwirksam und unbeachtlich, sofern der Streithelfer nicht rechtskräftig zugelassen wird.

B. Die Streitverkündung

Die zweite Form der Drittbeteiligung im deutschen Zivilprozessrecht ist die Streitverkündung. Ist eine Partei eines Rechtsstreits der Auffassung, dass sie im Falle des ihr ungünstigen Ausgangs des Prozesses gegen einen Dritten einen Anspruch auf Gewährleistung oder Schadloshaltung erheben kann, oder besorgt die Partei einen Anspruch eines Dritten für diesen Fall, so kann sie bis zur rechtskräftigen Entscheidung des Rechtsstreits dem Dritten gem. § 72 Abs. 1 ZPO gerichtlich den Streit verkünden.

Streitverkündung[591] ist also die förmliche Benachrichtigung eines Dritten von einem anhängigen Rechtsstreit, dem sogenannten Vorprozess, durch eine Partei.[592] Diese Partei nennt § 74 ZPO den Streitverkünder, der Dritte ist dann Streitverkündungsempfänger, Streitverkündungsgegner[593] oder Streitverkündeter.[594]

Der Zweck der Streitverkündung deckt sich teilweise mit demjenigen der Nebenintervention. Das gilt insbesondere für die mit der Streitverkündung beabsichtigte Beeinflussung eines Folgeprozesses mit dem Dritten durch Herbeiführung der Interventionswirkung.[595] An diesen Hauptzweck, dessen Realisierung bei der Streitverkündung im Gegensatz zur Nebenintervention durch Initiative der betreffenden Prozesspartei erzwungen wird, knüpfen die weiteren Aspekte der Förderung der Prozessökonomie und Rechtssicherheit an. Außerdem soll die Streitverkündung dem Dritten Kenntnis von dem anhängigen Rechtsstreit und Gelegenheit zur Nebenintervention oder zur Übernahme des Rechtsstreits in den Fällen der §§ 75 – 77 ZPO verschaffen.[596] Anders als die Nebenintervention dient die Streitverkündung damit im Wesentlichen den Interessen des Streitverkünders. Denn diesem wird die Möglichkeit gegeben, den Dritten auch ohne dessen Mitwirkung an

[591] litis denuntiatio; WS/*Mansel*, § 72 Rn. 1.
[592] R/S/G, S. 272; ThP/*Putzo*, § 72 Rn. 1.
[593] BGHZ 100, 257 (262).
[594] Die Terminologie geht weit auseinander; häufig finden sich gleichzeitig mehrere unterschiedliche Bezeichnungen, etwa Streitverkündeter, Streitverkündungsgegner (worunter sowohl der Gegner des Streitverkünders im Vorprozess als auch der Streitverkündungsempfänger verstanden werden kann) oder Streitbenachrichtigter.
[595] Motive, S. 89; Kittner, JuS 1985, 703 (704); R/S/G, S. 273; ThP/*Putzo*, § 72 Rn. 2.
[596] R/S/G, S. 273.

die Ergebnisse des Vorprozesses zu binden und sich so gegen den späteren Einwand zu schützen, der Rechtsstreit sei mangelhaft geführt oder unrichtig entschieden worden.[597]
Darüber hinaus erhält der Dritte unter Umständen durch die Streitverkündung erstmalig überhaupt Kenntnis von dem anhängigen Rechtsstreit und so auch tatsächlich die Möglichkeit, dem Verfahren beizutreten und den Streitverkünder zu unterstützen.[598] Auch das Institut der Streitverkündung fördert aus diesen beiden Gründen die Prozessökonomie und die Rechtssicherheit, zugleich aber auch die Sachaufklärung.[599]
Der Anwendungsbereich entspricht demjenigen der Nebenintervention gem. § 66 ZPO.[600] Die Streitverkündung ist damit nicht nur im zivilprozessualen Erkenntnisverfahren zulässig, sondern in jedem Verfahren, in dem ein Bedürfnis besteht, die Wirkungen der Streitverkündung herbeizuführen.[601]

I. Voraussetzungen der Streitverkündung

Nach § 72 Abs. 1 ZPO kann die betroffene Partei dem Dritten „gerichtlich den Streit verkünden“. Daraus folgt, dass die Streitverkündung eine Prozesshandlung darstellt, für die die allgemeinen Prozesshandlungsvoraussetzungen erfüllt sein müssen.[602] Darüber hinaus regelt § 73 ZPO die Form der Streitverkündung, insbesondere den notwendigen Inhalt und die weitere Behandlung des Streitverkündungsschriftsatzes.

1. Anhängiger Rechtsstreit

Eine Streitverkündung kann nur in einem anhängigen Rechtsstreit erfolgen. Obwohl § 72 ZPO im Gegensatz zu § 66 ZPO nur den Endzeitpunkt („bis zur rechtskräftigen Entscheidung“) erwähnt, ist wie bei der Nebenintervention davon auszugehen, dass Rechtshängigkeit nicht erforderlich ist, sondern Anhängigkeit des Rechtsstreits ausreicht.[603] Es genügt daher, wenn die Streitverkündungsschrift im gleichen Zeitpunkt eingereicht wird, in welchem das Verfahren anhängig wird.

---

[597] Kittner, JuS 1985, 703 (704); Lüke, S. 37; MK/*Schilken*, § 72 Rn. 1; Nissen, S. 56.
[598] R/S/G, S. 272.
[599] MK/*Schilken*, § 72 Rn. 1; Nissen, S. 56.
[600] MK/*Schilken*, § 72 Rn. 2; R/S/G, S. 273; Zöller/*Vollkommer*, § 72 Rn. 3.
[601] MK/*Schilken*, § 72 Rn. 2; R/S/G, S. 273.
[602] WS/*Mansel*, § 72 Rn. 78; Zöller/*Vollkommer*, § 72 Rn. 1.
[603] BGHZ 92, 251 (257); MK/*Schilken*, § 72 Rn. 4; R/S/G, S. 273; ThP/*Putzo*, § 72 Rn. 5; WS/*Mansel*, § 72 Rn. 22; Zöller/*Vollkommer*, § 72 Rn. 3.

Die Streitverkündungsschrift kann also zusammen mit der Klageschrift bei Gericht eingereicht werden.[604]
Andererseits ist die Streitverkündung bis zur rechtskräftigen Entscheidung über den Rechtsstreit oder sonstigen Erledigung[605] möglich, also auch in den Rechtsmittelinstanzen einschließlich der Revisionsinstanz. Dort erlangt sie aber mangels Anknüpfungspunkt für eine Bindungswirkung nach §§ 74, 68 ZPO keine praktische Bedeutung.[606]

2. Streitverkündungsgrund

So wie die Nebenintervention ein rechtliches Interesse des Dritten an dem Beitritt voraussetzt, verlangt die Streitverkündung einen Streitverkündungsgrund, der dem Streitverkünder zustehen muss. Nach § 72 Abs. 1 ZPO ist die Streitverkündung nur zulässig, wenn der Streitverkünder für den Fall eines ihm ungünstigen Ausgangs des Rechtsstreits einen Anspruch auf Gewährleistung oder Schadloshaltung gegen einen Dritten erheben zu können glaubt oder den Anspruch eines Dritten besorgt. Ein Streitverkündungsgrund setzt somit voraus, dass für den Fall eines dem Streitverkünder ungünstigen Ausgangs des Vorprozesses der Streitverkünder ein rechtliches Interesse an der Streitverkündung gegenüber dem Dritten besitzt. § 72 Abs. 1 ZPO ist dabei weit auszulegen. Dies gilt sowohl für die grundsätzliche Bestimmung des Streitverkündungsinteresses, als auch für das Vorliegen der einen Streitverkündungsgrund im konkreten Einzelfall stützenden Tatsachen.[607] Die Partei muss also gegen den Dritten im Fall eines ihr ungünstigen Ausgangs des Rechtsstreits einen zum eingeklagten Anspruch in einem bestimmten Abhängigkeitsverhältnis stehenden Anspruch erheben können, oder es muss ihr ein Anspruch des Dritten drohen. Ungünstiger Ausgang des Rechtsstreits meint das Unterliegen in der Sache, d.h. eine rechtskräftige ungünstige Sachentscheidung des Vorprozesses. Eine erfolglose Zwangsvollstreckung genügt nicht, weil § 72 Abs. 1 ZPO nicht die obsiegende Partei vor dem Vollstreckungsrisiko, sondern die unterlegene Partei vor dem Feststellungsrisiko hinsichtlich der Entscheidung des Erstprozesses schützt.[608] Überhaupt ist die Streitverkündung unzulässig, wenn die Erwartung der Partei an einen günstigen Ausgang des Rechtsstreits anknüpft.[609]
Für die Zulässigkeit der Streitverkündung kommt es auf die subjektive Sicht des Streitverkünders im Hinblick auf den erwarteten oder befürchteten Anspruch an.[610] Nicht erforderlich ist, dass der Drittanspruch tatsächlich besteht. Für die

---

[604] BGHZ 103, 275 (278).
[605] StJ/*Bork*, § 72 Rn. 10; WS/*Mansel*, § 72 Rn. 24.
[606] R/S/G, S. 273; StJ/*Bork*, § 72 Rn. 10a.
[607] BGHZ 116, 95 (100); ThP/*Putzo*, § 72 Rn. 6; WS/*Mansel*, § 72 Rn. 34.
[608] BGHZ 36, 212 (216); WS/*Mansel*, § 72 Rn. 44; Zöller/*Vollkommer*, § 72 Rn. 4.
[609] StJ/*Bork*, § 72 Rn. 11; WS/*Mansel*, § 72 Rn. 44; Zöller/*Vollkommer*, § 72 Rn. 4.
[610] BGHZ 65, 127 (131); Zöller/*Vollkommer*, § 72 Rn. 4.

Wirksamkeit der Streitverkündung ist allein die berechtigte Annahme des Streitverkünders ausschlaggebend, bei ungünstigem Ausgang des Rechtsstreits die erwähnten Ansprüche zu haben oder befürchten zu müssen.[611] Unerheblich ist auch, welchen Ausgang der Rechtsstreit tatsächlich nimmt und ob der bei Streitverkündung angenommene Anspruch später tatsächlich geltend gemacht wird.[612]
Als Grund der Streitverkündung kommt eine vom Streitverkünder erwartete Gläubiger- oder Schuldnerstellung in Betracht. Dabei besteht Einigkeit darüber, dass der Wortlaut von § 72 Abs. 1 ZPO zu eng gefasst ist und die dort genannten Ansprüche nicht als abschließende Aufzählung, sondern nur als beispielhafte Umschreibung zu verstehen sind.[613] Es reicht vielmehr aus und ist maßgeblich, dass der Drittanspruch des Streitverkünders mit dem von ihm im Vorprozess geltend gemachten Anspruch in einem Alternativverhältnis im Sinne wechselseitiger Ausschließung steht, also nur bei ungünstigen Ausgang des Vorprozesses geltend gemacht werden kann.[614] Für das Verhältnis zwischen der Partei und dem Dritten kommen damit im Einzelnen folgende Ansprüche in Frage: Gewährleistungsansprüche, Regressansprüche, Ansprüche auf Schadloshaltung und sonstige Ansprüche aus Alternativverhältnissen.
Ein Anspruch auf Gewährleitung setzt voraus, dass die streitverkündende Partei den Dritten kraft Gesetzes oder Vertrages wegen Rechts- oder Sachmängeln in Pflicht nehmen kann. Darunter fallen vor allem die einschlägigen Ansprüche beim Kauf- und beim Werkvertrag, sowie beim Mietvertrag, aber auch in anderen Bereichen.[615] Dabei ist unerheblich, ob der den Streitverkündungsgrund bildende Gewährleistungsanspruch im Folgeverfahren angriffs- oder verteidigungsweise geltend gemacht werden soll.[616]
Als Anspruch auf Schadloshaltung kommt zunächst jeder gesetzliche oder vertragliche Anspruch in Betracht, der der Partei gegen den Dritten auf Ersatz des Schadens zusteht, den der Verlust des Vorprozesses für sie zur Folge hat. Er kann auf der Verpflichtung zur Erfüllung des dort gegen sie geltend gemachten Anspruchs oder der Verneinung eines solchen Erfüllungsanspruchs beruhen. Darunter fallen Regressansprüche im engeren Sinne eines Schadensausgleiches, aber auch als Regressansprüche in einem weiteren Sinne Wertersatzansprüche und

---

[611] R/S/G, S. 274; Zöller/*Vollkommer*, § 72 Rn. 4; für das Erfordernis der nicht ganz fernliegenden Annahme: MK/*Schilken*, § 72 Rn. 7.
[612] BGHZ 65, 127 (131); 116, 95 (101); MK/*Schilken*, § 72 Rn. 7; Zöller/*Vollkommer*, § 72 Rn. 4.
[613] BGHZ 116, 95 (101); Häsemeyer, ZZP 84 (1971), 179 (182 ff.); MK/*Schilken*, § 72 Rn. 8; Zöller/*Vollkommer*, § 72 Rn. 5.
[614] Häsemeyer, ZZP 84 (1971), 179 (184); R/S/G, S. 274; StJ/*Bork*, § 72 Rn. 14; ThP/*Putzo*, § 72 Rn. 7; WS/*Mansel*, § 72 Rn. 48; Zöller/*Vollkommer*, § 72 Rn. 5.
[615] MK/*Schilken*, § 72 Rn. 10; R/S/G, S. 274; StJ/*Bork*, § 72 Rn. 12; WS/*Mansel*, § 72 Rn. 51; Zöller/*Vollkommer*, § 72 Rn. 6.
[616] StJ/*Bork*, § 72 Rn. 12; WS/*Mansel*, § 72 Rn. 42, 49, 69; Zöller/*Vollkommer*, § 72 Rn. 6.

Ausgleichsansprüche.[617] Meist werden auch rein alternative Ansprüche hier eingeordnet,[618] teilweise auch als eine eigene Gruppe behandelt.
In Erweiterung des Wortlauts von § 72 Abs. 1 ZPO kommen auch rein alternative Ansprüche als Streitverkündungsgrund in Betracht. Das sind solche Ansprüche, die entweder gegen die im Hauptverfahren vom Streitverkünder verklagte Partei oder gegen den Dritten bestehen. Solche Ansprüche erfüllen ebenfalls das Grunderfordernis wechselseitigen Ausschlusses, wenn sie nicht etwa kumulativ bestehen.[619] Es kann sich dabei um Schadensersatzansprüche, aber auch um Gewährleistungsansprüche oder sogar um vertragliche Erfüllungsansprüche handeln.[620] Sie müssen weder auf derselben Rechtsgrundlage beruhen noch vom Inhalt oder Umfang her identisch sein,[621] so dass auch eine alternative Verpflichtung für einen Teil des geltend gemachten Anspruchs genügt. Nicht ausreichend ist hingegen eine subsidiäre Haftung des Dritten bei Prozessführung gegen den Primärschuldner.[622] Ebenso wenig genügt als Streitverkündungsgrund eine rein tatsächliche, nicht rechtlich begründete Alternativität, wie etwa bei Unsicherheit über den Täter einer unerlaubten Handlung, da die gesetzliche Regelung keine Verschiebung der Beweislast bezweckt.[623]
Die Besorgnis eines Anspruchs eines streitverkündeten Dritten nennt § 72 Abs. 1 ZPO pauschal als Zulässigkeitsgrund für eine Streitverkündung. Hierunter fallen alle diejenigen Situationen, in denen die streitverkündende Partei einem Dritten für den Ausgang des Hauptprozesses verantwortlich ist und deshalb bei Prozessverlust einen Anspruch des Dritten befürchten muss.[624] Dazu zählen vor allem diejenigen Fälle, in denen der Streitverkünder den Prozess über ein fremdes Recht führt, sei es in eigenem oder in fremdem Interesse.[625] Zu nennen sind die Verwaltung fremden Vermögens oder die handelsrechtlichen Tätigkeiten des Kommissionärs, Frachtführers, Spediteurs und Lagerhalters, aber auch die Prozessführung des Pfandgläubigers. Für die Klage des Pfändungspfandgläubigers gegen den Drittschuldner sieht § 841 ZPO sogar ausdrücklich eine Verpflichtung zur Streitverkündung gegenüber dem Vollstreckungsschuldner vor.

---

[617] MK/*Schilken*, § 72 Rn. 11; ThP/*Putzo*, § 72 Rn. 7; WS/*Mansel*, § 72 Rn. 51; Zöller/*Vollkommer*, § 72 Rn. 7.
[618] StJ/*Bork*, § 72 Rn. 14; Zöller/*Vollkommer*, § 72 Rn. 8.
[619] BGHZ 8, 72 (80); 65, 127 (132); 70, 187 (189); 85, 252 (254); BGH NJW 1982, 281 (282); 1989, 521 (522); Häsemeyer, ZZP 84 (1971), 179 (184); R/S/G, S. 275; StJ/*Bork*, § 72 Rn. 14; THP/*Putzo*, § 72 Rn. 7; WS/*Mansel*, § 72 Rn. 63; Zöller/*Vollkommer*, § 72 Rn. 8.
[620] BGHZ 8, 72 (80); 65, 127 (132); 70, 187 (189); 85, 252 (254); BGH NJW 1982, 281 (282); 1989, 521 (522); Häsemeyer, ZZP 84 (1971), 179 (184); R/S/G, S. 274; StJ/*Bork*, § 72 Rn. 14; THP/*Putzo*, § 72 Rn. 7; WS/*Mansel*, § 72 Rn. 53 ff.; Zöller/*Vollkommer*, § 72 Rn. 8.
[621] BGHZ 65, 127 (132); Zöller/*Vollkommer*, § 72 Rn. 8.
[622] Zöller/*Vollkommer*, § 72 Rn. 8.
[623] Häsemeyer, ZZP 84 (1979), 179 (196); MK/*Schilken*, § 72 Rn. 12; R/S/G, S. 275; Zöller/*Vollkommer*, § 72 Rn. 8; a.A. WS/*Mansel*, § 72 Rn. 62.
[624] R/S/G, S. 274; StJ/*Bork*, § 72 Rn. 15; WS/*Mansel*, § 72 Rn. 50.
[625] StJ/*Bork*, § 72 Rn. 15; WS/*Mansel*, § 72 Rn. 66; Zöller/*Vollkommer*, § 72 Rn. 9.

Außerdem fallen unter diese 2. Var. des § 72 Abs. 1 ZPO die Streitverkündung seitens des verklagten Schuldners im Prätendentenstreit nach § 75 ZPO, wenn ein Dritter die geltend gemachte Forderung in Anspruch nimmt, sowie die Fälle der Urheberbenennung gem. § 76, 77 ZPO, bei Klagen gegen den unmittelbaren Besitzer einer Sache bzw. bei Klagen wegen Störung des Eigentums. In diesen Fällen der §§ 75 – 77 ZPO ist die Streitverkündung nach § 72 Abs. 1 ZPO im Übrigen auch dann zulässig, wenn die besonderen Voraussetzungen der betreffenden Vorschriften nicht vorliegen.[626]

II. Verfahren bei der Streitverkündung

Die Streitverkündung erfolgt als Prozesshandlung einer am anhängigen Rechtsstreit beteiligten Partei gegenüber dem in Betracht kommenden Dritten in der Form des § 73 ZPO. Möglich ist auch eine Streitverkündung gegenüber einem Streitgenossen des Streitverkünders[627] oder des Prozessgegners, jedoch nicht gegenüber dem Gegner selbst.[628] Die Streitverkündung erfolgt in Form der Einreichung eines bestimmenden[629] Schriftsatzes beim Prozessgericht. Im Amtsgerichtsprozess ist gem. § 496 ZPO auch eine Erklärung zu Protokoll der Geschäftsstelle möglich. Es besteht kein Anwaltszwang, weil der Dritte, anders als bei der Nebenintervention, noch nicht Verfahrensbeteiligter ist.[630] Als Inhalt des Schriftsatzes nennt § 73 Satz 1 ZPO die Angabe des Grundes der Streitverkündung und der Lage des Rechtsstreits. Hinzu kommt die Erklärung, dass der Streit verkündet werde. Zur Erfüllung dieser Wirksamkeitserfordernisse genügen dem Sinne nach eindeutige Angaben, namentlich zu dem erwarteten oder besorgten Anspruch i.S.d. § 72 ZPO, aber auch zur derzeitigen Lage des Rechtsstreits in seinen wesentlichen Punkten.[631] Abschriften des bisherigen Akteninhaltes erfordert der Zweck des § 73 ZPO nicht.[632]

Der Streitverkündungsschriftsatz ist nach § 73 Satz 2 ZPO dem Dritten zuzustellen und der Gegenpartei in Abschrift mitzuteilen. Die Zustellung an den Dritten erfolgt von Amts wegen[633] und ist gem. § 73 Satz 3 ZPO Wirksamkeitsvoraussetzung der Streitverkündung. Die formlose Mitteilung an den Prozessgegner durch die Abschrift des Streitverkündungsschriftsatzes soll diesen lediglich auf den möglichen späteren Beitritt des Dritten vorbereiten und ist deshalb nicht Wirk-

[626] RGZ 46, 404 (405); MK/*Schilken*, § 72 Rn. 14; StJ/*Bork*, § 72 Rn. 15; WS/*Mansel*, § 72 Rn. 71; Zöller/*Vollkommer*, § 72 Rn. 9.
[627] Vgl. RG JW 1896, 176 Nr. 37.
[628] RG JW 1912, 640.
[629] BGHZ 92, 251 (253); BL/*Hartmann*, § 73 Rn. 3; WS/*Mansel*, § 73 Rn. 2.
[630] BGHZ 92, 251 (253).
[631] BL/*Hartmann*, § 73 Rn. 5.
[632] Motive, S. 90; MK/*Schilken*, § 73 Rn. 2.
[633] WS/*Mansel*, § 73 Rn. 14; MK/*Schilken*, § 73 Rn. 3.

samkeitsvoraussetzung.[634] Eine Prüfung der Wirksamkeitsvoraussetzungen einer Streitverkündung wird grundsätzlich nicht im Erstprozess durch das Prozessgericht, sondern erst im Folgeverfahren zwischen Streitverkünder und Drittem vorgenommen.[635] Auch hinsichtlich der Wahrung der Form erfolgt keine Prüfung durch das Prozessgericht.[636] Tritt der streitverkündete Dritte gem. § 66 ff. ZPO bei, so erfolgt dennoch keine Prüfung der Voraussetzungen der Streitverkündung, sondern lediglich auf Antrag nach § 71 ZPO eine solche der Streithilfe,[637] die sich nicht decken müssen.

Für die Heilung von Mängeln des Streitverkündungsschriftsatzes gelten die allgemeinen Grundsätze, insbesondere ist § 295 ZPO anwendbar.[638] Die Mängel des Inhalts der Streitverkündungsschrift oder ihrer Zustellung sind dabei, wenn der Streitverkündungsempfänger dem Rechtsstreit nicht beigetreten ist, im Folgeprozess in der ersten mündlichen Verhandlung geltend zu machen. Anderenfalls werden sie nach § 295 ZPO geheilt.[639] Tritt der Dritte dem Prozess bei, entscheidet die Verhandlung im Erstprozess.[640]

Als Kosten kann die Streitverkündung der Partei gerichtliche Schreib- und Zustellungskosten sowie besondere Gebühren bei isolierter Einschaltung eines Rechtsanwaltes verursachen, dessen Tätigkeit ansonsten durch die Prozessgebühr abgegolten wird.[641] Sie gehören grundsätzlich nicht zu den Kosten des anhängigen Rechtsstreits i.S.d. §§ 91 ff. ZPO und sind vom Streitverkünder zu tragen, weil sie seiner Rechtsverfolgung gegen den Streitverkündungsempfänger dienen.[642] Der Streitverkünder kann die Kosten, soweit sie i.S.d. § 91 ZPO notwendig waren, in dem späteren Prozess gegen den Dritten als Nebenforderung geltend machen.[643] Nach erfolgtem Beitritt gelten für die seit dem Beitritt entstandenen Kosten die Vorschriften der §§ 101 Abs. 1, 100 ZPO.[644]

Ein Rechtsbehelf steht insbesondere dem Dritten gegenüber der Streitverkündung nicht zu. Er kann seine Rechte durch den Beitritt oder gegebenenfalls im Folgeverfahren wahren.[645]

---

[634] StJ/*Bork*, § 73 Rn. 5.

[635] BGHZ 36, 212 (217); 65, 127 (130); 70, 187 (189); 100, 257 (259); 116, 95 (98); BL/*Hartmann*, § 72 Rn. 8; R/S/G, S. 277; StJ/*Bork*, § 72 Rn. 17; ThP/*Putzo*, § 72 Rn. 4; WS/*Mansel*, § 72 Rn. 85; Zöller/*Vollkommer*, § 72 Rn. 1.

[636] RGZ 77, 360 (364); WS/*Mansel*, § 73 Rn. 14.

[637] MK/*Schilken*, § 72 Rn. 17; StJ/*Bork*, § 72 Rn. 17.

[638] BGHZ 92, 251 (253); MK/*Schilken*, § 73 Rn. 4; R/S/G, S. 277; StJ/*Bork*, § 73 Rn. 4; ThP/*Putzo*, § 73 Rn. 7; Zöller/*Vollkommer*, § 73 Rn. 2.

[639] BGH NJW 1976, 292 (293); BGHZ 96, 50 (53); BL/*Hartmann*, § 73 Rn. 6; Kittner, JuS 1986, 624 (626); R/S/G, S. 277; StJ/*Bork*, § 73 Rn. 4; ThP/*Putzo*, § 73 Rn. 7; WS/*Mansel*, § 73 Rn. 21.

[640] Zöller/*Vollkommer*, § 73 Rn. 2.

[641] StJ/*Bork*, § 73 Rn. 6; WS/*Mansel*, § 72 Rn. 107.

[642] MK/*Schilken*, § 73 Rn. 5; StJ/*Bork*, § 73 Rn. 6; ThP/*Putzo*, § 73 Rn. 8.

[643] MK/*Schilken*, § 72 Rn. 21; StJ/*Bork*, § 73 Rn. 6; Zöller/*Vollkommer*, § 73 Rn. 1.

[644] MK/*Schilken*, § 73 Rn. 5; Zöller/*Vollkommer*, § 73 Rn. 1.

[645] MK/*Schilken*, § 72 Rn. 21.

Nach § 72 Abs. 2 ZPO ist der Dritte zu einer weiteren Streitverkündung berechtigt. Dieses Recht des streitverkündeten Dritten, also nicht der Gegenpartei,[646] ist nicht davon abhängig, dass er dem Verfahren beitritt und soll ihn in Bezug auf Vierte der Prozesspartei gleichstellen.[647] Hingegen ist ein Nebenintervenient, dem nicht der Streit verkündet war, zur weiteren Streitverkündung im eigenen Interesse nicht befugt. Er kann allenfalls ein der unterstützten Partei zustehendes Streitverkündungsrecht nach §§ 67, 72 ZPO ausüben.[648] Die weitere Streitverkündung nach § 72 Abs. 2 ZPO kann vor allem in Fällen mehrstufigen Warenabsatzes wegen des Regresses Bedeutung erlangen.[649]

III. Wirkungen der Streitverkündung

Eine zulässige und formgerechte Streitverkündung hat erhebliche prozessuale Folgen, die sich je nach Verhalten des Dritten unterschiedlich gestalten. Hinzu treten bestimmte materiellrechtliche Wirkungen der Streitverkündung, die nicht Regelungsgegenstand der ZPO sind. Die prozessualen Folgen der Streitverkündung sind in § 74 ZPO geregelt, je nachdem, ob der Dritte dem Streitverkünder beitritt oder nicht.[650] Demgegenüber sind die materiellen Wirkungen einer Streitverkündung dort nicht erfasst, sondern richten sich nach den einschlägigen Vorschriften des Zivilrechts.

Der Anwendungsbereich von § 74 ZPO umfasst sämtliche Fälle einer Streitverkündung nach spezialgesetzlichen Regelungen einschließlich der §§ 75 ff. ZPO.

1. Wirkungen auf den anhängigen Prozess

Die Wirkungen auf den anhängigen Prozess sind in § 74 Abs. 1 ZPO für den Fall des Beitritts des Streitverkündungsempfängers und in Abs. 2 für den Fall des Nichtbeitritts geregelt.

Im Fall des Beitritts bestimmt sich das Verhältnis des Dritten zu den Parteien nach den Grundsätzen über die Nebenintervention. Erforderlich ist dazu ein Beitritt unter den Voraussetzungen des § 66 ZPO und in der Form des § 70 ZPO auf Seiten des Streitverkünders. Diese Voraussetzungen eines wirksamen Beitritts werden auch hier nur geprüft, wenn ein Antrag auf Zurückweisung der Nebenintervention nach § 71 ZPO gestellt wird.[651]

---

[646] BL/*Hartmann*, § 72 Rn. 9; WS/*Mansel*, § 72 Rn. 91; Zöller/*Vollkommer*, § 72 Rn. 10.
[647] Motive, S. 90; MK/*Schilken*, § 72 Rn. 20.
[648] StJ/*Bork*, § 72 Rn. 16; WS/*Mansel*, § 72 Rn. 92.
[649] Zöller/*Vollkommer*, § 72 Rn. 10.
[650] Motive, S. 90.
[651] StJ/*Bork*, § 74 Rn. 2; WS/*Mansel*, § 74 Rn. 15.

Als Beitrittsgrund i.S.d. § 66 ZPO ist dabei in aller Regel schon die Streitverkündung ausreichend.[652] Der Dritte kann unter den dann anders zu begründenden Voraussetzungen des § 66 ZPO aber auch dem Gegner des Streitverkünders beitreten.[653] Dies wirkt dem Streitverkünder gegenüber wie ein unterlassener Beitritt.[654] Da er auch dann als Nebenintervenient am Prozess beteiligt ist, passt die Rechtsfolge des § 74 Abs. 2 ZPO nicht,[655] sondern es gelten auch dann die Grundsätze über die Nebenintervention, wenn auch mit anderer Zuordnung gegenüber den Parteien. Rechtsfolge eines solchen Beitritts ist demnach die Stellung des Dritten als Nebenintervenient mit allen damit verbundenen Folgen gem. §§ 66, 67, 68, 71 ZPO und gegebenenfalls auch § 69 ZPO.
Der Fall des Nichtbeitritts liegt sowohl bei einer Ablehnung des Beitritts durch den Dritten als auch dann vor, wenn er sich zu der Streitverkündung nicht erklärt. Nach § 74 Abs. 2 ZPO wird der Rechtsstreit ohne Rücksicht auf ihn fortgesetzt, d.h. der Dritte erlangt keinerlei Befugnisse und Funktion innerhalb des laufenden Prozesses. Dem ist der Fall gleichzustellen, dass der Beitritt des Dritten zurückgewiesen wird.[656] Die prozessualen Rechtsfolgen des § 74 Abs. 3 ZPO treten nicht ein, da der Streitverkündungsempfänger keine Einflussmöglichkeit auf das Verfahren hat.[657]

2. Wirkungen im Folgeverfahren

Die prozessualen Wirkungen im Folgeverfahren ergeben sich vor allem aus § 74 Abs. 3 ZPO, der „in allen Fällen" des § 74 Abs. 1 und Abs. 2 ZPO Anwendung findet, also sowohl im Falle eines Beitritts des Streitverkündungsempfängers als auch bei Nichtbeitritt.[658] Dennoch ergeben sich insoweit aber in den prozessualen Folgen gewisse Unterschiede.
Im Fall des Beitritts sind die Folgen von dem Umstand geprägt, dass der Streitverkündungsempfänger zum Nebenintervenienten geworden ist, für den die Interventionswirkungen des § 68 ZPO unmittelbar gelten. Insbesondere ist die Zulässigkeit der Streitverkündung nach wirksamer Nebenintervention nicht mehr zu prüfen. Die Geltung der Interventionswirkung differenziert § 74 Abs. 3 ZPO lediglich hinsichtlich des maßgeblichen Zeitpunktes.

---

[652] StJ/*Bork*, § 74 Rn. 3; a.A. WS/*Mansel*, § 74 Rn. 24.
[653] BGHZ 85, 252 (255); WS/*Mansel*, § 74 Rn. 41.
[654] BGHZ 85, 252 (255); 103, 275 (278); BL/*Hartmann*, § 74 Rn. 5; Kittner, JuS 1985, 703 (704); MK/*Schilken*, § 74 Rn. 3; R/S/G, S. 277; StJ/*Bork*, § 74 Rn. 4; ThP/*Putzo*, § 74 Rn. 1; Zöller/*Vollkommer*, § 74 Rn. 5.
[655] BL/*Hartmann*, § 74 Rn. 3; Zöller/*Vollkommer*, § 74 Rn. 5.
[656] MK/*Schilken*, § 74 Rn. 5; StJ/*Bork*, § 74 Rn. 6; ThP/*Putzo*, § 74 Rn. 2; Zöller/*Vollkommer*, § 74 Rn. 3.
[657] Zöller/*Vollkommer*, § 74 Rn. 3.
[658] ThP/*Putzo*, § 74 Rn. 4.

Anstelle der Zeit des wirklichen Beitritts entscheidet, insbesondere für die Einwendungen des § 68 Hs. 2 ZPO, die Zeit, zu der infolge der Streitverkündung der Beitritt möglich war. Eine Vorverlagerung kann also im Falle eines verzögerten Beitritts Bedeutung erlangen, wobei dem Dritten aber eine angemessene Zeit zur Überlegung zuzubilligen ist.[659] Wiederum gilt § 68 ZPO nicht, wenn die Nebenintervention nach § 71 ZPO rechtskräftig zurückgewiesen wird.[660] Ebenso wenig gilt § 68 ZPO nach einer Klagerücknahme im Hauptverfahren oder bei Abweisung der Klage als unzulässig. Weiterhin gibt es keine Interventionswirkung gegenüber dem Gegner der streitverkündenden Hauptpartei.
Im Falle eines Nichtbeitritts ordnet § 74 Abs. 3 ZPO zwar ebenfalls den Eintritt der Interventionswirkung nach § 68 ZPO an. Voraussetzung ist aber eine wirksame Streitverkündung, deren Erfordernisse deshalb im Folgeverfahren zu prüfen sind. Dabei sind insbesondere die sachlichen Voraussetzungen des § 72 ZPO und die Wahrung der Form nach § 73 ZPO zu untersuchen. Sind die Erfordernisse erfüllt, so greifen aufgrund der Verweisung die Bestimmungen des § 68 ZPO ein. Die danach vorgesehene Interventionswirkung setzt also auch hier eine rechtskräftige Sachentscheidung im Erstprozess voraus.[661] Sie tritt unabhängig vom tatsächlichen Ausgang des Rechtsstreits ein, insbesondere auch dann, wenn der Streitverkünder den Vorprozess gewinnt.[662] Es gelten dann die in § 68 ZPO vorgesehenen Wirkungen, aber auch die dort geregelten Einschränkungen des Hs. 2 bei fehlendem Einfluss auf die Prozessführung,[663] auf die § 74 Abs. 3 ZPO ebenfalls verweist. Dabei ist die dort geregelte Vorverlagerung von der Zeit des Beitritts auf den Zeitpunkt der Möglichkeit des Beitritts infolge der Streitverkündung zu beachten. Davon abgesehen aber darf der nicht beigetretene Streitverkündungsempfänger nicht schlechter gestellt werden als der mit oder ohne vorausgegangene Streitverkündung Beigetretene. Die Verweisung in § 74 Abs. 3 ZPO auch auf § 68 Hs. 2 ZPO führt daher zu der hypothetischen Prüfung, was der Dritte an Angriffs- oder Verteidigungsmitteln noch vorbringen könnte, wenn er zu dem Zeitpunkt beigetreten wäre, in dem ihm dies aufgrund der Streitverkündung möglich war.[664]

3. Doppelstreitverkündung

Liegen die Voraussetzungen der Streitverkündung im Verhältnis einer jeden Partei des Hauptverfahrens zum Dritten vor, so kann ihm auch jede Partei den Streit

---

[659] StJ/*Bork*, § 74 Rn. 4; ThP/*Putzo*, § 74 Rn. 4.
[660] R/S/G, S. 276; StJ/*Bork*, § 74 Rn. 6.
[661] Zöller/*Vollkommer*, § 74 Rn. 6.
[662] BGHZ 36, 212 (216); 65, 127 (131); 70, 187 (189); StJ/*Bork*, § 74 Rn. 5; ThP/*Putzo*, § 74 Rn. 2; a.A. MK/*Schilken*, § 74 Rn. 8; R/S/G, S. 276; Zöller/*Vollkommer*, § 74 Rn. 6.
[663] BGH NJW 1982, 281 (282); Zöller/*Vollkommer*, § 74 Rn. 7.
[664] MK/*Schilken*, § 74 Rn. 8.

verkünden. Der Dritte kann allerdings stets nur einer Partei beitreten.[665] Im Fall der Doppelstreitverkündung kann es nicht zu einer doppelten Interventionswirkung kommen, die sich aufhöbe,[666] sondern nur zu einer Interventionswirkung im Verhältnis zur unterlegenen Partei. Dabei ist der Umfang gem. §§ 68 Hs. 2, 67 ZPO beschränkt, wenn der doppelt Streitverkündete der obsiegenden Partei beigetreten war, da der Nebenintervenient sich nicht mit dem Vorbringen der unterstützten Partei in Widerspruch setzen durfte.[667] Ist der doppelt Streitverkündete dagegen der später unterlegenen Partei beigetreten, ergeben sich keine Besonderheiten. Das gleiche gilt, wenn der Streitverkündete überhaupt keiner Partei beigetreten ist. Dann ist die Streitverkündung der später obsiegenden Partei belanglos.[668]

4. Materiellrechtliche Folgen

Die Zustellung der Streitverkündung gem. § 73 Satz 2 und 3 ZPO hemmt die Verjährung gem. § 204 Abs. 1 Nr. 6 BGB, und zwar auch dann, wenn der Streitverkünder im Vorprozess wider erwarten obsiegt.[669] Die Hemmung der Verjährung durch die Streitverkündung endet sechs Monate nach der rechtskräftigen Entscheidung oder der anderweitigen Beendigung des eingeleiteten Verfahrens gem. § 204 Abs. 2 Satz 1 BGB. Bis dahin bleibt sie auch dann aufrechterhalten, wenn die Klage zurückgenommen oder als unzulässig abgewiesen worden ist.[670] Die Streitverkündung hemmt weiterhin die Ersitzung gem. §§ 939 Abs. 1 i.V.m. 204 Abs. 1 Nr. 6 BGB. Eine Pflicht zur Streitverkündung mit Haftungsfolgen kann sich aus materiellen Rechtsbeziehungen ergeben.[671]
Ist die Streitverkündung dagegen unzulässig, kommen ihr keine materiellrechtlichen Wirkungen zu.[672] Ist die Streitverkündung als unzulässig zurückgewiesen worden, fehlt es mangels wirksamer Zustellung an einem Hemmungstatbestand. Ist die Streitverkündung aber zugestellt worden, gilt § 204 Abs. 1 Nr. 6 BGB.[673]
Ein materiellrechtlicher Kostenerstattungsanspruch des Streitverkündungsempfängers gegen den Streitverkünder, wie etwa aus §§ 670, 683 BGB besteht in der Regel nicht.[674]

---

[665] MK/*Schilken*, § 72 Rn. 19; Zöller/*Vollkommer*, § 72 Rn. 11.
[666] Werres, NJW 1984, 208 (210).
[667] MK/*Schilken*, § 74 Rn. 9; Zöller/*Vollkommer*, § 72 Rn. 11.
[668] Zöller/*Vollkommer*, § 72 Rn. 11.
[669] BGHZ 36, 212 (216); 65, 127 (131).
[670] Zöller/*Vollkommer*, § 74 Rn. 8.
[671] WS/*Mansel*, § 68 Rn. 10.
[672] BGHZ 65, 127 (130); 70, 187 (189); StJ/*Bork*, § 72 Rn. 8; ThP/*Putzo*, § 74 Rn. 2.
[673] Zöller/*Vollkommer*, § 74 Rn. 9.
[674] WS/*Mansel*, § 67 Rn. 96.

IV. Zusammenfassung

Ist eine Partei eines Rechtsstreits der Auffassung, dass sie im Falle eines ihr ungünstigen Ausgang des Verfahrens gegen einen Dritten einen Anspruch auf Gewährleistung oder Schadloshaltung erheben kann, oder besorgt sie einen Anspruch eines Dritten für diesen Fall, so kann die Partei bis zur rechtskräftigen Entscheidung des Rechtsstreits dem Dritten gem. § 72 Abs. 1 ZPO gerichtlich den Streit verkünden. Die Streitverkündung ist somit die zweite Form der Drittbeteiligung im deutschen Zivilprozessrecht.

Der Zweck der Streitverkündung entspricht teilweise dem der Nebenintervention. Das gilt vor allem für die mit der Streitverkündung beabsichtigte Beeinflussung eines Folgeprozesses mit dem Dritten durch Herbeiführung der Nebeninterventionswirkung. An diesen Hauptzweck, dessen Realisierung bei der Streitverkündung im Gegensatz zur Nebenintervention durch Initiative der betreffenden Prozesspartei erzwungen wird, knüpfen die weiteren Aspekte der Förderung der Prozessökonomie und Rechtssicherheit an. Anders als die Nebenintervention dient die Streitverkündung im Wesentlichen den Interessen des Streitverkünders. Denn diesem wird die Möglichkeit gegeben, den Dritten auch ohne dessen Mitwirkung an die Ergebnisse des Vorverfahrens zu binden und sich so gegen den späteren Einwand zu schützen, der Rechtsstreit sei mangelhaft geführt oder unrichtig entschieden worden.

Darüber hinaus erhält der Dritte unter Umständen durch die Streitverkündung erstmalig überhaupt Kenntnis von dem anhängigen Rechtsstreit und so auch tatsächlich die Möglichkeit, dem Verfahren beizutreten und den Streitverkünder zu unterstützen.

Der Anwendungsbereich der Streitverkündung entspricht demjenigen der Nebenintervention, so dass eine Streitverkündung in jedem zivilprozessualen Verfahren zulässig ist, in dem ein Bedürfnis dafür besteht, die Wirkungen der Streitverkündung herbeizuführen.

Auch die Streitverkündung stellt eine Prozesshandlung dar, für die die allgemeinen Prozesshandlungsvoraussetzungen vorliegen müssen. Des Weiteren kann eine Streitverkündung nur in einem anhängigen Rechtsstreit erfolgen. Dabei ist ausreichend, wenn die Streitverkündungsschrift zusammen mit der Klageschrift bei Gericht eingereicht wird. Weitere Voraussetzung einer zulässigen Streitverkündung ist ein Streitverkündungsgrund, der dem Streitverkünder zustehen muss. Ein Streitverkündungsgrund liegt vor, wenn für den Fall eines dem Streitverkünder ungünstigen Ausgangs des Vorprozesses der Streitverkünder ein rechtliches Interesse an der Streitverkündung gegenüber dem Dritten besitzt. Ungünstiger Ausgang des Rechtsstreits meint dabei eine rechtskräftige ungünstige Sachentscheidung des Vorprozesses.

Für die Zulässigkeit der Streitverkündung kommt es auf die subjektive Sicht des Streitverkünders im Hinblick auf den erwarteten oder befürchteten Anspruch an. Nicht erforderlich ist, dass der Drittanspruch tatsächlich besteht.

Für die Wirksamkeit der Streitverkündung ist allein die berechtigte Annahme des Streitverkünders ausschlaggebend. Unerheblich ist auch, welchen Ausgang der Rechtsstreit tatsächlich nimmt und ob der bei Streitverkündung angenommene Anspruch später tatsächlich geltend gemacht wird.

Als Streitverkündungsgrund kommt eine vom Streitverkünder erwartete Gläubiger- oder Schuldnerstellung in Betracht, wobei die in § 72 Abs. 1 ZPO genannten Ansprüche nicht als abschließende Aufzählung, sondern als beispielhafte Umschreibung verstanden werden. Dabei ist ausreichend und maßgeblich, dass der Drittanspruch des Streitverkünders mit dem von ihm im Vorprozess geltend gemachten Anspruch in einem Alternativverhältnis im Sinne wechselseitiger Ausschließung steht, also nur bei ungünstigem Ausgang des Vorprozesses geltend gemacht werden kann. Für das Verhältnis zwischen der Partei und dem Dritten kommen folgende Ansprüche in Betracht: Gewährleitungsansprüche, Regressansprüche, Ansprüche auf Schadloshaltung und sonstige Ansprüche aus Alternativverhältnissen.

Auch die Besorgnis eines Anspruchs ist gem. § 72 Abs. 1 ZPO als Streitverkündungsgrund ausreichend. Darunter fallen alle diejenigen Situationen, in denen die streitverkündete Partei einem Dritten für den Ausgang des Hauptprozesses verantwortlich ist und deshalb bei Prozessverlust einen Anspruch des Dritten befürchten muss. Dazu zählen vor allem diejenigen Fälle, in denen der Streitverkünder den Prozess über ein fremdes Recht führt, sei es in eigenem oder in fremdem Interesse.

Die Streitverkündung erfolgt durch die Einreichung eines Schriftsatzes beim Prozessgericht, der gem. § 73 Satz 1 ZPO den Grund der Streitverkündung und die Lage des Rechtsstreits angibt. Hinzu kommt die Erklärung, dass der Streit verkündet werde.

Der Streitverkündungsschriftsatz ist nach § 73 Satz 2 ZPO dem Dritten zuzustellen und der Gegenpartei in Abschrift mitzuteilen. Die Zustellung an den Dritten erfolgt von Amts wegen und ist gem. § 73 Satz 3 ZPO Wirksamkeitsvoraussetzung der Streitverkündung. Eine Prüfung der Wirksamkeitsvoraussetzungen einer Streitverkündung wird grundsätzlich nicht im Erstprozess durch das Prozessgericht, sondern erst im Folgeverfahren zwischen Streitverkünder und Drittem vorgenommen. Auch hinsichtlich der Wahrung der Formerfordernisse findet keine Prüfung durch das Prozessgericht statt. Tritt der Dritte bei, so erfolgt dennoch keine Prüfung der Voraussetzungen der Streitverkündung, sondern lediglich auf Antrag nach § 71 ZPO eine Prüfung der Streithilfevoraussetzungen.

Für die Heilung von Mängeln des Streitverkündungsschriftsatzes gelten die allgemeinen Grundsätze, insbesondere ist § 295 ZPO anwendbar.

Ein Rechtsbehelf steht insbesondere dem Dritten gegenüber der Streitverkündung nicht zu. Er kann seine Rechte durch den Beitritt oder gegebenenfalls im Folgeverfahren wahren.

Nach § 72 Abs. 2 ZPO ist der Dritte zu einer weiteren Streitverkündung berechtigt, und zwar unabhängig davon, ob er dem Verfahren beitritt.

Hingegen ist ein Nebenintervenient, dem nicht der Streit verkündet war, zur weiteren Streitverkündung im eigenen Interesse nicht befugt.

Eine zulässige und formgerechte Streitverkündung hat erhebliche prozessuale Folgen, die sich je nach Verhalten des Dritten unterschiedlich gestalten. Hinzu kommen bestimmte materiellrechtliche Wirkungen der Streitverkündung, die nicht Regelungsgegenstand der ZPO sind.

Die Wirkungen auf den anhängigen Prozess sind in § 74 Abs. 1 ZPO für den Fall des Beitritts des Streitverkündungsempfängers und in Abs. 2 für den Fall des Nichtbeitritts geregelt.

Im Fall des Beitritts bestimmt sich das Verhältnis des Dritten zu den Parteien nach den Grundsätzen über die Nebenintervention. Die Voraussetzungen eines wirksamen Beitritts werden auch hier nur geprüft, wenn ein Antrag auf Zurückweisung der Nebenintervention gestellt wird. Als erforderliches rechtliches Interesse i.S.d. § 66 ZPO ist dabei die Streitverkündung ausreichend. Der Dritte kann aber auch dem Gegner des Streitverkünders beitreten, sofern er ein anders begründetes rechtliches Interesse hat. Dies wirkt dem Streitverkünder gegenüber wie ein unterlassener Beitritt.

Der Fall des Nichtbeitritts liegt sowohl bei einer Ablehnung des Beitritts durch den Dritten als auch dann vor, wenn er sich zur Streitverkündung nicht erklärt. Nach § 74 Abs. 2 ZPO wird der Rechtsstreit ohne Rücksicht auf den Dritten fortgesetzt. Dem ist der Fall gleichzustellen, dass der Beitritt des Dritten zurückgewiesen wird. Die prozessualen Rechtsfolgen des § 74 Abs. 3 ZPO treten nicht ein, da der Streitverkündungsempfänger keine Einflussmöglichkeiten auf das Verfahren hat.

Die prozessualen Wirkungen für das Folgeverfahren ergeben sich vor allem aus § 74 Abs. 3 ZPO. Im Falle des Beitritts ist der Streitverkündungsempfänger zum Nebenintervenienten geworden, so dass die Interventionswirkung unmittelbar gilt. Allerdings entscheidet gem. § 74 Abs. 3 ZPO anstelle der Zeit des wirklichen Beitritts die Zeit, zu der infolge der Streitverkündung der Beitritt möglich war.

Im Falle eines Nichtbeitritts ordnet § 74 Abs. 3 ZPO zwar ebenfalls den Eintritt der Interventionswirkung an. Voraussetzung ist aber eine wirksame Streitverkündung, deren Erfordernisse deshalb im Folgeverfahren zu prüfen sind. Dabei sind insbesondere die sachlichen Voraussetzungen des § 72 ZPO und die Wahrung der Form nach § 73 ZPO zu untersuchen. Sind die Erfordernisse erfüllt, so greifen aufgrund der Verweisung die Bestimmungen des § 68 ZPO ein.

Liegen die Voraussetzungen der Streitverkündung im Verhältnis einer jeden Partei des Hauptverfahrens zum Dritten vor, so kann ihm auch jede Partei den Streit verkünden. Der Dritte kann allerdings stets nur einer Partei beitreten. Im Fall der Doppelstreitverkündung kommt es nur zu einer Interventionswirkung im Verhältnis zur unterlegenen Partei. Dabei ist der Umfang gem. §§ 68 Hs. 2, 67 ZPO beschränkt, wenn der doppelt Streitverkündete der obsiegenden Partei beigetreten war, da der Nebenintervenient sich nicht mit dem Vorbringen der unterstützten Partei in Widerspruch setzen durfte. Ist der doppelt Streitverkündete dagegen der

später unterlegenen Partei beigetreten, ergeben sich keine Besonderheiten. Das gleiche gilt, wenn der Streitverkündete überhaupt keiner Partei beigetreten ist.
Die Zustellung der Streitverkündung gem. § 73 Satz 2 und 3 ZPO hemmt die Verjährung gem. § 204 Abs. 1 Nr. 6 BGB, und zwar auch dann, wenn der Streitverkünder im Vorprozess wider erwarten obsiegt. Die Hemmung der Verjährung endet sechs Monate nach der rechtskräftigen Entscheidung oder anderweitigen Beendigung des eingeleiteten Verfahrens gem. § 204 Abs. 2 Satz 1 BGB. Bis dahin bleibt sie auch dann aufrechterhalten, wenn die Klage zurückgenommen oder als unzulässig abgewiesen worden ist. Weitere materiellrechtliche Folge der Streitverkündung ist die Hemmung der Ersitzung gem. §§ 939 Abs. 1 i.V.m. 204 Abs. 1 Nr. 6 BGB.
Ist die Streitverkündung dagegen unzulässig kommen ihr keine materiellrechtlichen Wirkungen zu. Ist die Streitverkündung als unzulässig zurückgewiesen worden, fehlt es mangels wirksamer Zustellung an einem Hemmungstatbestand. Ist die Zustellung aber erfolgt, gilt § 204 Abs. 1 Nr. 6 BGB.
Ein materiellrechtlicher Kostenerstattungsanspruch des Streitverkündungsempfängers gegen den Streitverkünder besteht in der Regel nicht.

5. Teil

Zur Einführung einer erzwungenen Intervention in das Gemeinschaftsrecht

Das Fehlen einer erzwungenen Intervention[675] in EuGH-VfO und EuG-VfO wurde insbesondere in der französischen Gemeinschaftsrechtliteratur vielfach als bedauerliche Lücke bezeichnet.[676] Da das deutsche Prozessrecht von den im französischen Prozessrecht vorhandenen Interventionsformen nicht alle kennt, wird im Folgenden der Begriff des französischen Prozessrechts verwendet.
Der Begriff der intervention forcée bezeichnet dabei als Oberbegriff den Fall, dass der Intervenient als Dritter ohne seinen Willen in das Verfahren einbezogen wird. Je nachdem, ob die Initiative zur Beteiligung des Dritten von dem zuständigen Gericht oder den Parteien ausgeht, wird die intervention forcée dabei im Deutschen als Beiladung, sofern vom Gericht ausgesprochen, oder als Streitverkündung, wenn auf Initiative der Parteien erfolgt, bezeichnet.[677]
Im folgenden Teil soll daher untersucht werden, ob es sinnvoll ist, eine Intervention Dritter auch zwangsweise herbeizuführen und wem gegebenenfalls dabei die Initiative zur Einbeziehung Dritter überlassen werden sollte. Bei einer Einführung des Instituts der Streitverkündung des deutschen Zivilprozessrechts in das Gemeinschaftsrecht ginge die Initiative zur Einbeziehung Dritter in den Rechtsstreit wie gesehen von den Parteien des anhängigen Rechtsstreits aus. Wenn die Initiative zur Einbeziehung Dritter in den Rechtsstreit anstelle der Parteien dem zuständigen Gericht obliegen sollte, käme dafür die Einführung des Instituts der Beiladung des deutschen Verwaltungsprozessrechts in Betracht.

A. Erstreckung der Bindungswirkung auch auf den nicht einbezogenen Dritten

Die Einführung einer erzwungenen Intervention in Form der Streitverkündung oder der Beiladung kann nur dann in Betracht kommen, wenn es möglich ist, durch die Einbeziehung eines Dritten Bindungswirkungen des Urteils auch auf diesen zu erstrecken. Anderenfalls liefe das Institut von vornherein leer.
Im Laufe der Untersuchung ist deutlich geworden, dass bei einer Streithilfe Dritter im Gemeinschaftsrecht das erlassene Urteil auch dem Streithelfer gegenüber in Rechtskraft erwächst. Die Streithilfe Dritter führt also zu einer Erstreckung der materiellen Rechtskraft auf diese, wobei die materielle Rechtskraft neben dem

[675] intervention forcée.
[676] Nissen, S. 245; Wolf, EuR 1978, 186 (188).
[677] Nissen, S. 22.

Subsumtionsschluss der Richter auch die Urteilsgründe umfasst.[678] Im Vergleich zum deutschen Zivilprozessrecht kennt das Institut der Streithilfe im Gemeinschaftsrecht allerdings keine generelle Interventionswirkung. Deshalb kann ein Streithelfer auf gemeinschaftsrechtlicher Ebene die Unrichtigkeit des gegenüber der von ihm unterstützten Hauptpartei ergangenen Urteils oder die Einrede mangelhafter Prozessführung der Hauptpartei auch noch in einem etwaigen Folgeprozess geltend machen, soweit dem nicht andere Gründe, wie etwa die Rechtskraftwirkung eines bereits ergangenen Urteils, entgegenstehen.[679] Diese von einem Urteil der Gerichte ausgehende faktische Bindung kommt allerdings einer rechtlichen Bindungswirkung beträchtlich nahe.[680] Insoweit wird dem Streithilfeverfahren eine spezielle Interventionswirkung im Gegensatz zu einer generellen Interventionswirkung wie nach § 68 ZPO zugesprochen.[681]

Da den Entscheidungen der Gerichte aber keine Rechtskraftwirkung erga omnes zukommt, wäre es insofern möglich, Dritte durch eine auch zwangsweise Verfahrensbeteiligung an den Subsumtionsschluss der Richter und die Urteilsgründe zu binden. Hier lässt sich also in der Tat ein möglicher Anwendungsbereich für die erzwungene Intervention in Form der Streitverkündung oder der Beiladung erkennen. Auf gemeinschaftsrechtlicher Ebene gilt dies zunächst für die Untätigkeitsklage, mit der ein Einschreiten gegen Dritte begehrt wird. Durch die Einbeziehung des möglichen Adressaten des belastenden Rechtsaktes könnte diesem schon vorsorglich die Möglichkeit genommen werden, gegen den Akt später erfolgreich eine Nichtigkeitsklage zu erheben. Auch innerhalb des Vertragsverletzungsverfahrens wäre es möglich, mit der Streitverkündung Mitgliedstaaten, die dem verklagten Mitgliedstaat entsprechende innerstaatliche Regelungen besitzen, die die Kommission für gemeinschaftsrechtswidrig hält, zusätzlich an die Entscheidung des EuGH zu binden.[682] Auf nationaler Ebene könnte eine zwangsweise Einbeziehung Dritter in Verfahren vor dem EuGH und dem EuG vor allem für sich anschließende Schadensersatzprozesse von Bedeutung sein. Beispielsweise wäre es denkbar, dass hiermit der von dem zuständigen Gemeinschaftsgericht festgestellte Verstoß gegen das Kartellverbot schon zwischen dem späteren Kläger und dem Beklagten des nationalen Rechtsstreites bindend gemacht wird.[683]

---

678 Nissen, S. 210; R/M/G, Rn. 689.

679 Ehle/Schiller, EuR 1982, 48 (50); Hasselbach, ZZP 109 (1996), 195 (203); R/M/G, Rn. 673.

680 Ehle/Schiller, EuR 1982, 48 (50); R/M/G, Rn. 673.

681 Ehle/Schiller, EuR 1982, 48 (50).

682 Nissen, S. 246.

683 Nissen, S. 246.

B. Streitverkündung oder Beiladung

Steht somit fest, dass die Einführung der erzwungenen Intervention in Form der Streitverkündung oder der Beiladung in das Verfahrensrecht der Gemeinschaftsgerichte sinnvoll ist, bleibt die Frage, ob die Einbeziehung Dritter dem Gericht in Form der Beiladung oder den Parteien in Form der Streitverkündung übertragen werden sollte.
Ist ersteres der Fall, wäre sogar zu überlegen, ob nicht wie im deutschen Verwaltungsprozessrecht auch die Nebenintervention durch einfache und notwendige Beiladung gem. § 65 Abs. 1 und Abs. 2 VwGO ersetzt werden sollte.[684] Die Struktur von EuGH-VfO und EuG-VfO spricht jedoch eher für die zusätzliche Übernahme der erzwungenen Intervention[685] in Form der Streitverkündung. Die Beiladung des deutschen Verwaltungsprozessrechts ist dagegen ein Ausdruck des im deutschen Verwaltungsprozessrecht nach § 86 VwGO geltenden Untersuchungsgrundsatzes. Neben ihren Funktionen als Mittel des Rechtsschutzes und der Prozessökonomie ist sie außerdem dazu bestimmt, dem Gericht bei der ihm obliegenden Aufklärung des Sachverhaltes Hilfe zu leisten. Gerade hierzu sind der EuGH und das EuG allerdings allgemeiner Ansicht nach von sich aus nicht verpflichtet. Zwar können die Gerichte gem. Art. 47 ff. EuGH-VfO, Art. 68 ff. EuG-VfO auch von Amts wegen Beweise erheben. Grundsätzlich obliegt es aber den Parteien, den Prozessstoff vorzubringen und zu beweisen. Es hat sich daher die Auffassung durchgesetzt, dass die Verfahren vor den Gemeinschaftsgerichten einem Nebeneinander von Verhandlungs- und Untersuchungsgrundsatz unterliegen.[686] Das Institut der Streitverkündung, das für den im deutschen Zivilprozess grundsätzlich geltenden Verhandlungsgrundsatz konzipiert wurde, entspricht demgegenüber den Anforderungen der Verfahren nach EuGH-VfO und EuG-VfO besser. Da insofern der Zweck der Sachverhaltsaufklärung in Verfahren vor dem EuGH und dem EuG eher in den Hintergrund tritt, dürfte es ausreichend sein, zusätzlich zum Streithilfeverfahren das Institut der Streitverkündung in das Gemeinschaftsprozessrecht aufzunehmen.

C. Ergebnis

Als Ergebnis ist demnach festzustellen, dass eine erzwungene Intervention Dritter auch im Gemeinschaftsrecht sinnvoll ist, da so die Bindungswirkung des ergangenen Urteils auch auf den noch nicht einbezogenen Dritten erstreckt werden kann. Dafür lassen sich eine Reihe von Anwendungsfällen in der Praxis erkennen.

---

[684] Nissen, S. 247.
[685] intervention forcée.
[686] Bleckmann, Rn. 982; Kirschner/Klüpfel, Rn. 114; R/M/G, Rn. 593; Schweitzer/Hummer, Rn. 576.

Somit steht fest, dass die Einführung der erzwungenen Intervention in das Gemeinschaftsrecht sinnvoll ist. Als mögliche Ausgestaltungen kommen das Institut der Streitverkündung des deutschen Zivilprozessrechts oder die einfache oder notwendige Beiladung des deutschen Verwaltungsprozessrechts in Betracht. Die Beiladung stellt eine Ausprägung des im deutschen Verwaltungsprozessrecht geltenden Untersuchungsgrundsatzes dar. Die Verfahrensordnungen der Gemeinschaftsgerichte gehen dagegen von einer Mischung aus Verhandlungs- und Untersuchungsgrundsatz aus, da es grundsätzlich den Parteien obliegt, den Prozessstoff beizubringen und zu beweisen. Insofern entspricht das Institut der Streitverkündung, das für den im deutschen Zivilprozess grundsätzlich geltenden Verhandlungsgrundsatz konzipiert wurde, besser den Anforderungen der Verfahren nach EuGH-VfO und EuG-VfO. Demnach erscheint es ausreichend, zusätzlich zum Streithilfeverfahren die Streitverkündung in das Gemeinschaftsprozessrecht aufzunehmen.

D. Formulierungsvorschläge für die Einführung der Streitverkündung

Im Folgenden werden Formulierungsvorschläge für die Einführung des Instituts der Streitverkündung in das Protokoll über die Satzung des Gerichtshofs n.F.[687] und die Verfahrensordnungen der Gemeinschaftsgerichte gegeben.
Dabei wird davon ausgegangen, dass es zur Erstreckung der materiellen Rechtskraft auf den nicht einbezogenen Dritten keiner Einführung einer allgemeinen, in der Wirkung der Interventionswirkung des deutschen Zivilprozessrechts entsprechenden, Interventionswirkung in das Gemeinschaftsrecht bedarf.
Die Einführung des Instituts der Streitverkündung soll nicht den Sinn und Zweck des Streithilfeverfahrens im Gemeinschaftsrecht verändern, sondern lediglich die Möglichkeit schaffen, den Dritten auch ohne seinen Willen in den Rechtsstreit mit einzubeziehen. Die Initiative zur Intervention in Form der Streithilfe geht dann von einer der beiden Parteien des anhängigen Rechtsstreits aus, ohne für den Dritten Nachteile für seine Rechtsposition herbeizuführen.
Die Streitverkündung kann dabei als Mittel dienen, den Dritten von dem Rechtsstreit zu benachrichtigen, wenn dieser von der Anhängigkeit der Klage nicht durch die Mitteilung im Amtsblatt der Europäischen Gemeinschaften (Teil C) erfahren hat.

---

687 Protokoll zum Vertrag über die Europäische Union, zum Vertrag zur Gründung der Europäischen Gemeinschaft und zum Vertrag zur Gründung der Europäischen Atomgemeinschaft – Protokoll über die Satzung des Gerichtshofs in der Form des Vertrages von Nizza v. 26.02.2001, ABl. Nr. C 80 v. 10.03.2001, S. 1 ff.

I. Art. 40a Protokoll über die Satzung des Gerichtshofs n.F.

Jede Partei eines anhängigen Rechtsstreits kann nach Maßgabe der Verfahrensordnung in den dort genannten Fällen bis zur rechtskräftigen Entscheidung des Rechtsstreits einem Dritten gerichtlich den Streit verkünden, wenn sie für den Fall eines ihr ungünstigen Ausgangs des Rechtsstreits einen Anspruch auf Gewährleistung oder Schadloshaltung gegen den Dritten erheben zu können glaubt oder den Anspruch des Dritten befürchtet.

II. Art. 93a EuGH-VfO

§ 1

Eine Partei, die für den Fall eines ihr ungünstigen Ausgangs des Rechtsstreits einen Anspruch auf Gewährleistung oder Schadloshaltung gegen einen Dritten erheben zu können glaubt oder den Anspruch eines Dritten befürchtet, kann bis zur rechtskräftigen Entscheidung des Rechtsstreits dem Dritten gerichtlich den Streit verkünden.

Der Dritte ist zu einer weiteren Streitverkündung berechtigt.

§ 2

Um den Streit zu verkünden, hat die Partei einen Schriftsatz einzureichen, in dem der Grund der Streitverkündung und die Lage des Rechtsstreits anzugeben ist. Der Schriftsatz ist dem Dritten zuzustellen und dem Gegner des Streitverkünders in Form einer Abschrift mitzuteilen. Die Streitverkündung wird erst mit der Zustellung des Schriftsatzes an den Dritten wirksam.

§ 3

Tritt der Dritte dem Streitverkünder bei, so bestimmt sich sein Verhältnis zu den Parteien nach den Grundsätzen der Streithilfe.

Lehnt der Dritte den Beitritt ab oder erklärt er sich nicht, so wird der Rechtsstreit ohne Rücksicht auf ihn fortgesetzt.

III. Art. 116a EuG-VfO

§ 1

Eine Partei, die für den Fall eines ihr ungünstigen Ausgangs des Rechtsstreits einen Anspruch auf Gewährleistung oder Schadloshaltung gegen einen Dritten erheben zu können glaubt oder den Anspruch eines Dritten befürchtet, kann bis zur rechtskräftigen Entscheidung des Rechtsstreits dem Dritten gerichtlich den Streit verkünden.

Der Dritte ist zu einer weiteren Streitverkündung berechtigt.

§ 2

Um den Streit zu verkünden, hat die Partei einen Schriftsatz einzureichen, in dem der Grund der Streitverkündung und die Lage des Rechtsstreits anzugeben ist. Der Schriftsatz ist dem Dritten zuzustellen und dem Gegner des Streitverkünders in Form einer Abschrift mitzuteilen. Die Streitverkündung wird erst mit der Zustellung des Schriftsatzes an den Dritten wirksam.

§ 3

Tritt der Dritte dem Streitverkünder bei, so bestimmt sich sein Verhältnis zu den Parteien nach den Grundsätzen der Streithilfe.

Lehnt der Dritte den Beitritt ab oder erklärt er sich nicht, so wird der Rechtsstreit ohne Rücksicht auf ihn fortgesetzt.

Zusammenfassung und Schlussbemerkung

Wegen des Einflusses, den ein zwischen zwei anderen Parteien anhängiger Rechtsstreit auf die Rechtsposition eines Dritten ausüben kann, stellt das Gemeinschaftsprozessrecht die rechtliche Möglichkeit zur Verfügung, den Dritten frühzeitig an dem anhängigen Rechtsstreit zu beteiligen und in begrenztem Umfang auch Einfluss auf das Verfahren zu nehmen. Diese Beteiligungsmöglichkeit eines Dritten an einem fremden Verfahren im eigenen Interesse zur Unterstützung einer der beiden Parteien erfolgt durch das Streithilfeverfahren.

Das Streithilfeverfahren dient der Gewährung eines umfassenden Rechtsschutzes und beinhaltet darüber hinaus eine ergänzende Rechtsschutzfunktion. Es können so frühzeitig die Interessen und Rechtsansichten des Streithelfers Berücksichtigung finden, dem sonst unter Umständen keine andere Möglichkeit der Sicherung seiner Rechtsposition offen steht. Der Streithelfer macht dabei nicht unmittelbar eigene Rechte geltend oder begehrt Rechtsschutz für sich selbst, sondern unterstützt gem. Art. 37 Abs. 4 EG-Satzung i.V.m. Art. 93 § 1 lit. e EuGH-VfO, Art. 115 § 2 lit. e EuG-VfO die Anträge einer der beiden Hauptparteien.

Der Zweck des Streithilfeverfahrens ist zwar zunächst darauf gerichtet, dass die unterstützte Hauptpartei im Prozess obsiegt. Jedoch liegt der eigentliche Sinn und Zweck des Streithilfeverfahrens aus der Sicht des Streithelfers darin, die mit einem eventuellen Prozessverlust der unterstützten Partei für ihn nachteiligen Folgen in Bezug auf die eigene Rechtsposition bereits in einem vor dem EuGH oder EuG anhängigen Rechtsstreit zwischen Dritten abzuwenden.

Daneben kommt dem Streithilfeverfahren im Hinblick auf die begrenzten Klagemöglichkeiten der Gemeinschaftsverträge eine ergänzende Rechtsschutzfunktion zu. Die Intervention ermöglicht es einem nicht beteiligten Dritten, im Rahmen eines anhängigen Prozesses seine Interessen auch dann deutlich zu machen, wenn er an sich nach den Gemeinschaftsverträgen keine Klagemöglichkeit besitzt. Diese ergänzende Rechtsschutzfunktion ist insbesondere dann bedeutsam, wenn es um die Aufhebung oder Erhaltung von Rechtsakten der Gemeinschaftsorgane geht, die den Streithelfer in gleicher Weise betreffen. Die Streithilfe dient somit auch der ergänzenden Sicherung der eigenen Rechtsposition des Dritten.

Wenn ein Verband die Position als Streithelfer wahrnimmt, kann das zur Entscheidung berufene Gericht darüber hinaus über die den konkreten Rechtsstreit hinausgehenden Auswirkungen einer bevorstehenden Entscheidung informiert und somit ein abgewogeneres oder ausführlicher begründetes Urteil erreicht werden, das für den betroffenen Rechtskreis besser verständlich und leichter anwendbar ist. Auf diese Weise lassen sich die entsprechenden Verbands- und Organisationsinteressen, die sich vom spezifischen Interesse der unterstützten Partei deutlich unterscheiden können, in ein Verfahren vor dem EuGH oder dem EuG einbringen.

Ein Streithilfeverfahren vor dem EuGH und dem EuG ist in allen Verfahrensarten möglich, bei denen sich zwei Streitparteien im eigentlichen Sinne gegenüber stehen. Dies sind vor allem die Direktklagen, nicht jedoch das Vorabentscheidungsverfahren und das Verfahren zur Erstattung von Gutachten.

Als Voraussetzungen für eine Zulassung als Streithelfer müssen im Allgemeinen ein von einem Interventionsberechtigten in einem anhängigen Rechtsstreit gestellter Antrag auf Zulassung und ein Interventionsgrund vorliegen. Dabei ist jedoch zwischen der Streithilfe durch Mitgliedstaaten und Gemeinschaftsorgane als privilegierte Streithelfer und durch „andere Personen" i.S.d. Art. 37 Abs. 2 EG-Satzung zu unterscheiden.

Die privilegierten Streithelfer können in jedem vor dem EuGH und EuG anhängigen Rechtsstreit auftreten, ohne einen Interventionsgrund darlegen zu müssen. Dagegen sind natürliche und juristische Personen des Privatrechts und des öffentlichen Rechts und andere nicht-privilegierte Streithelfer mehreren Beschränkungen ihres Interventionsrechts unterworfen. Zum einen haben sie ein berechtigtes Interesse am Ausgang des anhängigen Rechtsstreits glaubhaft zu machen. Zum anderen ist ihnen ein Beitritt zu einem institutionellen Rechtsstreit, also einem Verfahren zwischen Mitgliedstaaten, zwischen Gemeinschaftsorganen oder zwischen Mitgliedstaaten und Gemeinschaftsorganen, verwehrt. In derartigen Rechtssachen können nur die Mitgliedstaaten und die Gemeinschaftsorgane Streithilfe leisten.

Das Zulassungsverfahren beginnt mit der Einreichung des Zulassungsantrags bei der Kanzlei des EuGH oder des EuG. Dabei sind eine Urschrift und mindestens sieben Abschriften des Zulassungsantrags zu übersenden. Die Antragsfrist beträgt für eine Zulassung in einem Direktklageverfahren sechs Wochen nach der Veröffentlichung der in Art. 16 § 6 EuGH-VfO, Art. 24 § 6 EuG-VfO bezeichneten Mitteilung im Amtsblatt der EG (Teil C). Die Antragsfrist wird um eine pauschale Entfernungsfrist von zehn Tagen verlängert und ist eine Ausschlussfrist. In einem Rechtsmittelverfahren gegen Urteile des EuG beträgt die Antragsfrist dagegen einen Monat nach der in Art. 16 § 6 EuGH-VfO bezeichneten Veröffentlichung.

Liegt ein Fall der Art. 93 § 7 EuGH-VfO, Art. 116 § 6 EuG-VfO nicht vor und versäumt der Antragsteller die Antragsfrist ohne sein Verschulden oder infolge höherer Gewalt, bleibt nur noch ein Antrag auf Wiedereinsetzung in den vorigen Stand. Der Wiedereinsetzungsantrag kann nicht auf die fehlende Kenntnis von der Anhängigkeit der Hauptsache gestützt werden.

Die formalen Anforderungen an den Zulassungsantrag entsprechen weitgehend denen an eine Klageschrift, da die für die Einreichung einer Klageschrift geltenden Vorschriften entsprechend anzuwenden sind. Sofern der Antragsteller nicht privilegiert ist, muss er die Gründe glaubhaft machen, aus denen sich sein Recht zum Streitbeitritt ergibt. Dies ist bei „anderen Personen" ein Nachweis eines berechtigten Interesses am Ausgang des anhängigen Rechtsstreits.

Handelt es sich bei dem Antragsteller um eine juristische Person des Privatrechts, so muss diese schon mit der Antragsschrift ihre Rechtspersönlichkeit durch Einreichung ihrer Satzung oder eines neueren Auszugs aus dem Handels- oder dem Vereinsregister nachweisen. Darüber hinaus ist eine Bescheinigung darüber beizufügen, dass die Prozessvollmacht ihres Anwalts von einem hierzu Berechtigten ordnungsgemäß ausgestellt wurde.

Für die Einreichung des Streithilfeantrages und das im Fall einer Zulassung durchzuführende Verfahren besteht für den Antragsteller, sofern es sich nicht um einen Mitgliedstaat, ein Gemeinschaftsorgan, einen anderen EWR-Vertragsstaat oder die EFTA-Überwachungsbehörde handelt, Anwaltszwang.

Erfüllt der Zulassungsantrag die formalen und inhaltlichen Anforderungen nicht, setzt der Kanzler des EuGH oder des EuG dem Antragsteller zur Beseitigung der Mängel eine angemessene Frist. Nach erfolglosem Fristablauf entscheidet des betreffende Gericht nach Anhörung des Generalanwalts, ob die Mängel die Unzulässigkeit des Zulassungsantrags zur Folge haben.

Ist der Zulassungsantrag ordnungsgemäß eingegangen, wird er den Parteien des Hauptverfahrens sowie gegebenenfalls weiteren Streithelfern zur Stellungnahme zugestellt. Zuständig für die Entscheidung über die Zulassung des Antragstellers ist der Präsident des Gerichts, vor dem das Hauptverfahren anhängig ist.

Die Entscheidung ergeht durch Beschluss, der die Zulassung auf Teile des Rechtsstreits beschränken kann. Ist der Zulassungsantrag unzulässig, so wird er abgewiesen. Eine Begründung ist nur für den Fall vorgesehen, dass der Zulassungsantrag vor dem EuG zurückgewiesen wird. Denn nur in diesem Fall ist ein Rechtsmittel zum EuGH gegeben. Wird der Zulassungsantrag vor dem EuGH abgewiesen, ist das Zulassungsverfahren beendet.

Das Rechtsmittel ist innerhalb von zwei Wochen nach Zustellung der ablehnenden Entscheidung beim EuGH einzulegen. Über das Rechtsmittel entscheidet der Präsident des EuGH in einem summarischen Verfahren. Das Rechtsmittel steht nur dem Antragsteller zu und ist auf die Überprüfung von Rechtsfragen beschränkt.

Wird dem Zulassungsantrag durch Beschluss stattgegeben, ist der Antragsteller für das Hauptverfahren als Streithelfer zugelassen und erhält damit eine eigene verfahrensmäßige Stellung. Der Streithelfer ist weder Partei noch Vertreter einer Partei des Hauptverfahrens. Vielmehr handelt er in eigenem Namen neben oder anstelle der von ihm unterstützten Partei des Hauptverfahrens.

Der Streithelfer wird am weiteren Fortgang des Hauptverfahrens wie eine Partei beteiligt. Insbesondere erhält er alle den Parteien zugestellten Schriftstücke. Von der Übermittlung können aber auf Antrag einer der Parteien geheime oder vertrauliche Unterlagen ausgenommen werden, wenn ein schutzwürdiges Interesse daran besteht.

Erst nach seiner Zulassung kann der Streithelfer Prozesshandlungen vornehmen, insbesondere nach Fristsetzung einen Streithilfeschriftsatz einreichen. Dieser muss die Anträge des Streithelfers, die der vollständigen oder teilweisen Unterstützung oder Bekämpfung der Anträge einer Partei zu dienen bestimmt sind, die Angriffs- und Verteidigungsmittel sowie die Argumente des Streithelfers und gegebenenfalls die Bezeichnung der Beweismittel enthalten. Der Streithelfer kann nur eine der beiden Parteien unterstützen, und er muss sich entscheiden, welche dies sein soll. Es ist dem Streithelfer nicht möglich, mit den von ihm gestellten Anträgen den Streitgegenstand zu verändern oder selbständig prozesshindernde Einreden zu erheben. Allerdings kann der Streithelfer Angriffs- und Verteidigungsmittel vorbringen, die die von ihm unterstützte Partei nicht oder noch nicht vorgetragen hat, solange sie für diese nicht schädlich sind.

Das anhängige Hauptverfahren wird durch das Streithilfeverfahren nicht unterbrochen. Der Streithelfer muss daher den Rechtsstreit in der Lage annehmen, in der sich dieser zur Zeit der Zulassung der Streithilfe befindet. Dies kann zur Folge haben, dass er sich nicht auf die Angriffs- und Verteidigungsmittel berufen kann, mit denen die von ihm unterstützte Partei bereits präkludiert ist. Dies bedeutet für das Recht der Streithilfe eine in der praktischen Wirksamkeit entscheidende funktionelle Begrenzung, da der Erfolg eines Streithilfeantrages immer auch an das prozessuale Vorgehen der unterstützten Partei gebunden ist. Allenfalls für eine Streithilfe durch Verbände und Interessengruppen mag dies anders sein, da Hinweise zur Rechtslage auf gemeinschaftsrechtlicher Ebene und allgemein erläuternde Ausführungen zur Sachlage nur selten präkludiert sein werden.

Über die Begründetheit der Streithilfe wird in dem in der Hauptsache ergehenden Urteil entschieden. Dem Streithelfer wird ebenso wie den Parteien eine beglaubigte Abschrift des Urteils zugestellt.

Das Urteil erwächst auch dem Streithelfer gegenüber in Rechtskraft. Gleichzeitig kann er zur Tragung bestimmter Kosten mit herangezogen werden. Wie die Parteien eines erstinstanzlichen Hauptverfahrens kann auch der Streithelfer gegen Endentscheidungen des EuG ein auf Rechtsfragen beschränktes Rechtsmittel einlegen, auch wenn die Parteien des Hauptverfahrens dies nicht tun.

Die Stellung von privilegierten Streithelfern setzt sich in der Rechtsmittelbefugnis fort. Unabhängig von der Natur ihres Interesses am Ausgang des anhängigen Rechtsstreits begründet bei ihnen die formelle Beschwer die Rechtsmittelbefugnis. Außer in Rechtsstreitigkeiten zwischen der Gemeinschaft und ihren Bediensteten können die Mitgliedstaaten und die Gemeinschaftsorgane auch dann ein Rechtsmittel einlegen, wenn sie dem Rechtsstreit vor dem EuG nicht als Streithelfer beigetreten waren. Sie treten damit als Verteidiger der Gemeinschaftslegalität auf, ohne ein besonderes Interesse nachweisen zu müssen.

Die Einlegung eines Rechtsmittels durch nicht-privilegierte Streithelfer ist im Gegensatz dazu nur dann zulässig, wenn die angefochtene Entscheidung sie unmittelbar berührt. Insofern müssen sie auch materiell beschwert sein. Das Kriterium des „unmittelbaren Berührtseins" als Zulässigkeitsvoraussetzung dient dazu, im Fall von rein akzessorischen Interventionen, bei denen das berechtigte Interesse am Ausgang des anhängigen Rechtsstreits nicht in der Wahrnehmung unmittelbar betroffener eigener Rechte des Streithelfers besteht, ein selbständiges Rechtsmittel des Streithelfers auszuschließen. Dabei ist das Kriterium deutlich enger zu fassen als jenes des „berechtigten Interesses" am Ausgang des anhängigen Rechtsstreits. Eine selbständige Rechtsmitteleinlegung durch Verbände, deren

„berechtigtes Interesse“ sich lediglich aus ihrer satzungsmäßigen Aufgabe, die gemeinsamen Interessen ihrer Mitglieder zu vertreten, begründet, erscheint demnach ausgeschlossen.
Soweit ein Streithelfer durch die von einem anderen Verfahrensbeteiligten mit dem Rechtsmittel angegriffene Entscheidung i.S.e. formellen Beschwer unmittelbar berührt ist, kann er auch ein selbständiges Anschlussrechtsmittel einlegen. Eine Möglichkeit für den Streithelfer, Drittwiderspruch zu erheben, besteht demgegenüber nicht.
Im deutschen Zivilprozessrecht stellt die Nebenintervention eine der beiden Formen der Drittbeteiligung an einem anhängigen Rechtsstreit dar. Dabei geht die Initiative zur Beteiligung des Dritten am Rechtsstreit von dem Dritten selbst aus. Es werden zwei Formen der Nebenintervention unterschieden, nämlich die einfache und die streitgenössische.
Der Zweck der Nebenintervention besteht in erster Linie darin, einem Dritten die Einflussnahme auf einen zwischen anderen Parteien anhängigen Rechtsstreit zur Unterstützung einer Partei zu ermöglichen, wenn sich die Entscheidung des Rechtsstreits negativ auf seine Rechtsstellung auswirken kann. Voraussetzungen einer Nebenintervention sind ein zwischen zwei anderen Personen anhängiger Rechtsstreit und ein Interventionsgrund. Darüber hinaus müssen in der Person des Streithelfers die allgemeinen Prozesshandlungsvoraussetzungen vorliegen und eine wirksame Beitrittserklärung abgegeben worden sein.
Als Interventionsgrund verlangt § 66 Abs. 1 ZPO ein rechtliches Interesse am Obsiegen einer Partei. Nicht ausreichend ist ein ideelles, wirtschaftliches oder tatsächliches Interesse, wie es sich etwa insbesondere aus einer gleichgelagerten Situation ergeben kann. Erforderlich ist zudem, dass der Dritte mit seiner Intervention eigene rechtliche Zwecke verfolgt. Genauso wie im Gemeinschaftsrecht ist es nicht ausreichend, wenn der Dritte dem Verfahren nur beitreten will, weil dieser sich in einer gleichgelagerten Situation befindet und hofft, durch seine Verfahrensbeteiligung eine ihm günstige Rechtsauffassung des Gerichts zu erreichen, der Ausgang des Prozesses ihn aber ansonsten in keiner Weise berührt.
Das Verfahren im Falle des Beitritts des Nebenintervenienten richtet sich nach § 66 Abs. 2 ZPO unter Berücksichtigung allgemeiner Voraussetzungen sowie hinsichtlich der Form nach § 70 ZPO. Als allgemeine Voraussetzung müssen in der Person des Nebenintervenienten die persönlichen Prozesshandlungsvoraussetzungen vorliegen. Der Beitritt wird gem. § 70 Abs. 1 ZPO durch Einreichung eines Schriftsatzes bei dem Prozessgericht erklärt. Die Beitrittserklärung muss unter anderem erkennen lassen, welcher der beiden Parteien der Dritte zum Zwecke der Unterstützung beitritt. Abgesehen von den Prozesshandlungsvoraussetzungen, die von Amts wegen zu beachten sind, wird die Zulässigkeit der Nebenintervention nur auf Antrag einer der beiden Parteien des Hauptverfahrens geprüft. Solange ein solcher Antrag nicht gestellt worden ist und bis zum rechtskräftigen Ausspruch der Unzulässigkeit der Nebenintervention wird der Nebenintervenient gem. § 71

Abs. 3 ZPO im Hauptverfahren hinzugezogen. Im Gemeinschaftsrecht dagegen bedarf es einer ausdrücklichen Zulassung der Streithilfe durch Beschluss.
Wird ein Antrag auf Zurückweisung der Nebenintervention gestellt, kommt es zu einem Zwischenstreit, bei dem über die Zulässigkeit der Nebenintervention verhandelt wird. Beteiligte des Zwischenstreits sind der Nebenintervenient und die dem Beitritt widersprechende Partei. Im Zwischenstreit geht es vornehmlich darum, ob die Voraussetzungen des § 66 Abs. 1 ZPO, also des rechtlichen Interesses vorliegen. Nach § 71 Abs. 1 Satz 2 ZPO ist der Nebenintervenient zuzulassen, wenn er dieses Interesse i.S.v. § 294 ZPO glaubhaft macht. Die Entscheidung über den Zwischenstreit ergeht durch Zwischenurteil.
Der Nebenintervenient ist vom Zeitpunkt der Einreichung der Beitrittserklärung an bis zu der möglicherweise ergehenden rechtskräftigen Entscheidung über die Unzulässigkeit der Streithilfe am Verfahren des anhängigen Rechtsstreits zu beteiligen. Die vom Streithelfer für die Hauptpartei vorgenommenen Prozesshandlungen sind bis zur Rechtskraft eines zurückweisenden Zwischenurteils wirksam und bleiben es auch, ohne dass die Hauptpartei sich diese ausdrücklich oder stillschweigend aneignen müsste. Etwas anderes gilt nur bei Fehlen einer Prozesshandlungsvoraussetzung in der Person des Nebenintervenienten.
Die Rechtsstellung des Streithelfers im Verfahren ist dadurch gekennzeichnet, dass er sich an einem fremden Prozess beteiligt und dort weder Partei noch gesetzlicher Vertreter, sondern Dritter ist. Er hat nur das Recht, zur Wahrung seines eigenen Interesses am Ausgang des Rechtsstreits die Hauptpartei zu unterstützen, nicht jedoch Handlungen zum Nachteil der Partei vorzunehmen. Sein Recht zur Vornahme von Prozesshandlungen ist zwar ein eigenes, aber gleichzeitig nur ein abgeleitetes Recht. Ebenso ist für das gemeinschaftsrechtliche Streithilfeverfahren davon auszugehen, dass der Streithelfer nicht Partei des Verfahrens ist, sondern eine prozessuale Stellung sui generis inne hat.
Die Befugnisse des Nebenintervenienten zur Vornahme von Prozesshandlungen ergeben sich aus § 67 ZPO unter Berücksichtigung des Zwecks der Nebenintervention. Sie unterliegen bestimmten Beschränkungen. Weitergehende Befugnisse stehen dem streitgenössischen Nebenintervenienten nach § 69 ZPO zu.
Der einfache Nebenintervenient ist gem. § 67 Hs. 2 ZPO grundsätzlich berechtigt, Angriffs- und Verteidigungsmittel geltend zu machen sowie alle sonstigen Prozesshandlungen wirksam vorzunehmen. Zu den Angriffs- und Verteidigungsmitteln gehört nach dem Verständnis der ZPO anders als nach den Verfahrensordnungen des Gemeinschaftsrechts auch die Benennung von Beweismitteln. Unter den Begriff der sonstigen Prozesshandlungen fallen Prozess- und Sachanträge. Beschränkungen der Befugnisse des Nebenintervenienten ergeben sich aus § 67 ZPO, aus dem Unterstützungszweck gem. § 66 ZPO sowie aus fehlender Dispositionsbefugnis. Prozesshandlungen, die er danach nicht vornehmen darf, sind unzulässig und ohne Entscheidung in der Sache zurückzuweisen.
Nach § 67 Hs. 1 ZPO muss der Nebenintervenient den Rechtsstreit in der Lage annehmen, in der sich dieser zur Zeit seines Beitritts befindet. Er ist somit an alle

früheren Prozesshandlungen der Partei und des Gerichts gebunden. Diese Einschränkung der Handlungsbefugnisse des Streithelfers findet sich auch im Gemeinschaftsrecht. Weiterhin darf sich der Nebenintervenient gem. § 67 Hs. 2 ZPO mit seinen Erklärungen und Handlungen nicht in Widerspruch zur Hauptpartei setzen. Deren Prozesshandlungen haben Vorrang vor denen des Streithelfers. Der Nebenintervenient hat schließlich weder eine materiellrechtliche Verfügungsbefugnis noch eine verfahrensrechtliche Dispositionsbefugnis, da allein die Parteien über den Streitgegenstand disponieren können.

Da der Nebenintervenient nicht Partei des Rechtsstreits wird, erstreckt sich die Rechtskraft der richterlichen Entscheidung nicht auf ihn. Gleichwohl ist sowohl für den einfachen als auch für den streitgenössischen Nebenintervenienten Konsequenz der Streitbeteiligung, dass in einem zwischen ihm und der Hauptpartei geführten Folgerechtsstreit gem. § 68 ZPO die Interventionswirkung eintritt. Eine solche ausdrückliche Interventionswirkung findet sich im Gemeinschaftsprozessrecht nicht.

Nach § 68 ZPO kann der Nebenintervenient im Verhältnis zur Hauptpartei eine Unrichtigkeit der Entscheidung nicht und eine mangelhafte Prozessführung nur eingeschränkt geltend machen.

Voraussetzungen für den Eintritt der Interventionswirkung sind eine wirksame Nebenintervention und eine rechtskräftige Entscheidung im Vorverfahren. Der subjektive Umfang der Interventionswirkung besteht nach dem Wortlaut des § 68 Hs. 1 ZPO zwischen dem Nebenintervenienten und der Hauptpartei, sowie auch gegenüber den jeweiligen Rechtsnachfolgern. Andererseits tritt keine Interventionswirkung im Verhältnis zwischen der Hauptpartei und der gegnerischen Partei oder zwischen dem Nebenintervenienten und der gegnerischen Partei ein. Die Interventionswirkung tritt nur zuungunsten des Nebenintervenienten und zugunsten der Hauptpartei ein. Der objektive Umfang der Interventionswirkung umfasst nicht nur die im Tenor der Entscheidung enthaltene Rechtsfolge, sondern auch die rechtlichen und tatsächlichen Feststellungen. Weiter erstreckt sich die Interventionswirkung auf die Richtigkeit der Entscheidung und damit auf deren tatsächliche und rechtliche Grundlagen. Sie umfasst also auch die tragenden Feststellungen, die sogenannten Entscheidungselemente, einschließlich der präjudiziellen Rechtsverhältnisse.

Um den interventionsberechtigten Dritten nicht an Feststellungen des Vorverfahrens zu binden, die er nicht beeinflussen konnte, steht ihm die Einrede der mangelhaften Prozessführung gem. § 68 Hs. 2 ZPO zu, durch die er die Interventionswirkung im Folgeverfahren beseitigen kann.

Voraussetzungen der streitgenössischen Nebenintervention i.S.d. § 69 ZPO sind zunächst diejenigen einer Streithilfe nach § 66 ZPO. Hinzu kommen die nach § 69 ZPO geforderten besonderen Urteilswirkungen. So muss ein Rechtsverhältnis des Streithelfers zur gegnerischen Partei bestehen. Die Rechtsstellung des streitgenössischen Nebenintervenienten wird in § 69 ZPO dahingehend beschrieben, dass er i.S.d. § 61 ZPO als Streitgenosse der Hauptpartei gilt. Er wird aber nicht wirklich

Streitgenosse und damit Partei, sondern nur im Wege einer gesetzlichen Fiktion dem Streitgenossen gleichgestellt. Der streitgenössische Nebenintervenient hat demnach eine Doppelstellung im Verfahren inne. Er ist selbständiger als der einfache Streithelfer, da er als Streitgenosse gilt, und zwar bei Vorliegen der Voraussetzungen des § 62 ZPO als notwendiger Streitgenosse. Andererseits bleibt er aber Streithelfer und darf deshalb nicht in vollem Umfang der Partei gleichgestellt werden.

Aus dieser Doppelstellung ergeben sich die Befugnisse und Beschränkungen des streitgenössischen Nebenintervenienten. Zum einen kann er diejenigen Prozesshandlungen vornehmen und entgegennehmen, die einem einfachen Nebenintervenienten nach § 67 ZPO zustehen. Zum anderen ist er als Streitgenosse der Partei gleichgestellt, woraus sich gegenüber dem einfachen Streithelfer erweiterte Einflussmöglichkeiten ergeben.

Die Interventionswirkung nach § 68 ZPO entsteht auch gegenüber dem streitgenössischen Nebenintervenienten. Sie kann neben die Rechtskraftwirkung kraft Rechtskrafterstreckung oder die sonstigen Urteilswirkungen zwischen gegnerischer Partei und Streithelfer treten. Sofern allerdings das Urteil im Verhältnis zwischen Streithelfer und unterstützter Partei Rechtskraft- oder Gestaltungswirkung entfaltet, schließt das die Einrede mangelhafter Prozessführung aus. Im Übrigen bleibt es bei den Grundsätzen des § 68 ZPO.

Die Streitverkündung ist die zweite Form der Drittbeteiligung im deutschen Zivilprozessrecht. Ihr Zweck entspricht teilweise dem der Nebenintervention. Das gilt vor allem für die mit der Streitverkündung beabsichtigte Beeinflussung eines Folgeprozesses mit dem Dritten durch Herbeiführung der Nebeninterventionswirkung. An diesen Hauptzweck, dessen Realisierung bei der Streitverkündung im Gegensatz zur Nebenintervention durch Initiative der betreffenden Prozesspartei erzwungen wird, knüpfen die weiteren Aspekte der Förderung der Prozessökonomie und Rechtssicherheit an. Anders als die Nebenintervention dient die Streitverkündung im Wesentlichen den Interessen des Streitverkünders. Denn diesem wird die Möglichkeit gegeben, den Dritten auch ohne dessen Mitwirkung an die Ergebnisse des Vorverfahrens zu binden und sich so gegen den späteren Einwand zu schützen, der Rechtsstreit sei mangelhaft geführt oder unrichtig entschieden worden.

Darüber hinaus erhält der Dritte unter Umständen durch die Streitverkündung erstmalig überhaupt Kenntnis von dem anhängigen Rechtsstreit und so auch tatsächlich die Möglichkeit, dem Verfahren beizutreten und den Streitverkünder zu unterstützen.

Der Anwendungsbereich der Streitverkündung entspricht demjenigen der Nebenintervention. Damit die Streitverkündung zulässig ist, müssen die allgemeinen Prozesshandlungsvoraussetzungen und ein anhängiger Rechtsstreit vorliegen. Weitere Voraussetzung ist ein Streitverkündungsgrund, der dem Streitverkünder zustehen muss.

Ein Streitverkündungsgrund liegt vor, wenn für den Fall eines dem Streitverkünder ungünstigen Ausgangs des Vorprozesses der Streitverkünder ein rechtliches Interesse an der Streitverkündung gegenüber dem Dritten besitzt.

Für die Zulässigkeit der Streitverkündung kommt es auf die subjektive Sicht des Streitverkünders im Hinblick auf den erwarteten oder befürchteten Anspruch an. Nicht erforderlich ist, dass der Drittanspruch tatsächlich besteht. Für die Wirksamkeit der Streitverkündung ist allein die berechtigte Annahme des Streitverkünders ausschlaggebend.

Die Streitverkündung erfolgt durch die Einreichung eines Schriftsatzes beim Prozessgericht, der gem. § 73 Satz 1 ZPO den Grund der Streitverkündung und die Lage des Rechtsstreits angibt. Hinzu kommt die Erklärung, dass der Streit verkündet werde.

Der Streitverkündungsschriftsatz ist nach § 73 Satz 2 ZPO dem Dritten zuzustellen und der Gegenpartei in Abschrift mitzuteilen. Die Zustellung an den Dritten erfolgt von Amts wegen und ist gem. § 73 Satz 3 ZPO Wirksamkeitsvoraussetzung der Streitverkündung.

Eine Prüfung der Wirksamkeitsvoraussetzungen einer Streitverkündung wird grundsätzlich nicht im Erstprozess durch das Prozessgericht, sondern erst im Folgeverfahren zwischen Streitverkünder und Drittem vorgenommen. Auch hinsichtlich der Wahrung der Formerfordernisse findet keine Prüfung durch das Prozessgericht statt.

Eine zulässige und formgerechte Streitverkündung hat erhebliche prozessuale Folgen, die sich je nach Verhalten des Dritten unterschiedlich gestalten. Hinzu kommen bestimmte materiellrechtliche Wirkungen der Streitverkündung, die nicht Regelungsgegenstand der ZPO sind.

Die Wirkungen auf den anhängigen Prozess sind in § 74 Abs. 1 ZPO für den Fall des Beitritts des Streitverkündungsempfängers und in Abs. 2 für den Fall des Nichtbeitritts geregelt. Im Fall des Beitritts bestimmt sich das Verhältnis des Dritten zu den Parteien nach den Grundsätzen über die Nebenintervention. Der Fall des Nichtbeitritts liegt sowohl bei einer Ablehnung des Beitritts durch den Dritten als auch dann vor, wenn er sich zur Streitverkündung nicht erklärt. Nach § 74 Abs. 2 ZPO wird der Rechtsstreit dann ohne Rücksicht auf den Dritten fortgesetzt. Dem ist der Fall gleichzustellen, dass der Beitritt des Dritten zurückgewiesen wird. Die prozessualen Rechtsfolgen des § 74 Abs. 3 ZPO treten nicht ein, da der Streitverkündungsempfänger keine Einflussmöglichkeiten auf das Verfahren hat.

Die prozessualen Wirkungen für das Folgeverfahren ergeben sich vor allem aus § 74 Abs. 3 ZPO. Im Falle des Beitritts ist der Streitverkündungsempfänger zum Nebenintervenienten geworden, so dass die Interventionswirkung unmittelbar gilt. Im Falle eines Nichtbeitritts ordnet § 74 Abs. 3 ZPO zwar ebenfalls den Eintritt der Interventionswirkung an. Voraussetzung ist aber eine wirksame Streitverkündung, deren Erfordernisse deshalb im Folgeverfahren zu prüfen sind. Sind die Erfordernisse erfüllt, so greifen aufgrund der Verweisung die Bestimmungen des § 68 ZPO ein.

Die Zustellung der Streitverkündung gem. § 73 Satz 2 und 3 ZPO hemmt die Verjährung gem. § 204 Abs. 1 Nr. 6 BGB, und zwar auch dann, wenn der Streitverkünder im Vorprozess wider Erwarten obsiegt. Weitere materiellrechtliche Folge der Streitverkündung ist die Hemmung der Ersitzung gem. §§ 939 Abs. 1 i.V.m. 204 Abs. 1 Nr. 6 BGB. Ist die Streitverkündung dagegen unzulässig, kommen ihr keine materiellrechtlichen Wirkungen zu.

Im Gegensatz zum deutschen Zivilprozessrecht ergeben sich für den Streithelfer im Gemeinschaftsrecht aus dem Streithilfeverfahrne keine nachteiligen Folgen für seine Rechtsposition. Stattdessen bietet sich dem potentiellen Streithelfer als Drittem die rechtliche Möglichkeit, seine Interessen in einem anderen Verfahren frühzeitig dem EuGH oder dem EuG anzuzeigen und unter Umständen das Resultat des Rechtsstreits zu seinen Gunsten zu beeinflussen. Dies liegt daran, dass ihn keine Interventionswirkung trifft. Zwar erlangt der Nebenintervenient im deutschen Zivilprozessrecht auch die Möglichkeit, in begrenztem Umfang eine der Parteien zu unterstützen und so möglicherweise das Ergebnis des Rechtsstreits dergestalt zu beeinflussen, dass es in der Folge nicht zu einem Regressverfahren der Hauptpartei gegen ihn kommt. Zielsetzung der deutschen Regelungen ist es aber vor allem, die Interventionswirkung herbeizuführen. Dies wird im Fall einer Streitverkündung, die in der Praxis den bedeutsamsten Anwendungsbereich einer Drittbeteiligung darstellt, besonders deutlich. Auch wenn der Dritte dem Verfahren nicht beitritt, kommt es zur Erstreckung der Interventionswirkung auf ihn. Die Streitverkündung dient damit in erster Linie dem Interesse des Streitverkünders. Dazu kommt, dass die Interventionswirkung nach überwiegender Ansicht nur zu Lasten des Dritten eintritt.

Dies sollte bei der Einführung einer erzwungenen Intervention in das Gemeinschaftsprozessrecht berücksichtigt werden. Um den Rechtsschutz für Dritte weiter auszubauen und ihnen nicht nur aus eigenem Entschluss, sondern auch auf Betreiben der Parteien hin eine rechtliche Möglichkeit zur Verfahrensbeteiligung zu geben, sollte deshalb das Rechtsinstitut der Streitverkündung in das Gemeinschaftsprozessrecht übernommen werden. Dies jedoch mit der Einschränkung, eine allgemeine Interventionswirkung nicht einzuführen, da sie den Rechtsschutz für Dritte nicht fördern würde, was jedoch u.a. eine Hauptaufgabe des bisherigen Streithilfeverfahrens ist.

Zugleich würde dadurch eine Möglichkeit für Dritte geschaffen, von einem vor den Gemeinschaftsgerichten anhängigen Verfahren Kenntnis zu erlangen, dessen Ausgang ihre Rechtsposition beeinflussen könnte, ohne dabei auf ihre eigene Initiative zur Beschaffung der Information angewiesen zu sein. Dies erscheint auch vor dem Hintergrund der in der Vergangenheit stetig angewachsenen und auch in Zukunft weiter zunehmenden Zahl der vor den Gemeinschaftsgerichten anhängig gewordenen Verfahren sinnvoll, um einen effektiven Rechtsschutz im Gemeinschaftsrecht gewährleisten zu können.

Literaturverzeichnis

Allkemper, Ludwig — Grenzen der Streithilfe vor dem Europäischen Gerichtshof, in: EWS 1995, S. 336 – 339

Baumbach, Adolf / Lauterbach, Wolfgang / Albers, Jan / Hartmann, Peter — Zivilprozeßordnung, 60. Auflage, München 2002 (zit.: BL/*Bearbeiter*)

Bleckmann, Albert — Europarecht, 6. Auflage, Köln / Berlin / Bonn / München 1997

Dauses, Manfred A. / Henkel, Brigitta — Streithilfe durch natürliche oder juristische Personen in Verfahren vor dem EuGH und EuG, in: EuZW 2000, S. 581 – 585

Ehle, Dietrich — Klage- und Prozeßrecht des EWG-Vertrages mit Entscheidungssammlung, Loseblatt, Herne / Berlin 1966 – 1973 (9.11.1973 erledigt)

Ehle, Dietrich / Schiller, Volker — Das Streithilfeverfahren vor dem Europäischen Gerichtshof, in: EuR 1982, S. 48 – 59

von der Groeben, Hans / Thiesing, Jochen / Ehlermann, Claus-Dieter (Hrsg.) — Kommentar zum EU-/EG-Vertrag
• Band 4: Art. 137 – 209a EGV, 5. Auflage, Baden-Baden 1997 (zit.: G/T/E/*Bearbeiter*)

Häsemeyer, Ludwig — Die Interventionswirkung im Zivilprozeß – prozessuale Sicherung materiellrechtlicher Alternativverhältnisse, in: ZZP 84 (1971), S. 179 – 202

Hakenberg, Waltraud / Stix-Hackl, Christine — Handbuch zum Verfahren vor dem Europäischen Gerichtshof, Wien 1996 (zit.: H/S)

Hasselbach, Kai — Der Schutz von Verbandsinteressen vor dem EuGH, in: ZZP 109 (1996), S. 195 – 219

Hummer, Waldemar / Simma, Bruno / Vedder, Christoph — Europarecht in Fällen, 3. Auflage, Baden-Baden 1999 (zit.: H/S/V)

Jung, Hans — Änderungen der Verfahrensordnung des Gerichtshofs der Europäischen Gemeinschaften, in: EuR 1980, S. 372 – 382

Klinke, Ulrich — Der Gerichtshof der Europäischen Gemeinschaften – Aufbau und Arbeitsweise, Baden-Baden 1989

Koenig, Christian / Haratsch, Andreas — Europarecht, 3. Auflage, Tübingen 2000

Koenig, Christian / Sander, Claude — Einführung in das EG-Prozeßrecht, Tübingen 1997

Kirschner, Heinrich / Klüpfel, Karin — Das Gericht erster Instanz der Europäischen Gemeinschaften, 2. Auflage, Köln / Berlin / Bonn / München 1998

Kittner, Thomas — Streithilfe und Streitverkündung, in: JuS 1985, S. 707 – 707 und JuS 1986, S. 131 – 134, S. 624 – 628

Lüke, Wolfgang — Die Beteiligung Dritter am Zivilprozeß, Tübingen 1993

Matthies, Heinrich — Die Bindungswirkung von Urteilen des Gerichtshofes der Europäischen Gemeinschaften, in: Probleme des Europäischen Rechts, Festschrift für Walter Hallstein zu seinem 65. Geburtstag, hrsg. von v. Caemmerer, Ernst / Schlochauer, Hans-Jürgen / Steindorff, Ernst, Frankfurt am Main 1966, S 304 – 321

Middeke, Andreas — Außenwirtschaftsrecht der EG – Bericht über das XII. Wissenschaftliche Kolloquium der

Wissenschaftlichen Gesellschaft für Europarecht am 11. und 12. Oktober 1990 in Osnabrück, in: DVBl. 1991, S. 149 – 151

Münchener Kommentar — Kommentar zur Zivilprozeßordnung, hrsg. von Lüke, Gerhard / Wax, Peter
• Band 1 (§§ 1 – 354), 2. Auflage, München 2000
(zit.: MK/*Bearbeiter*)

Nissen, Harck-Oluf — Die Intervention Dritter in Verfahren vor dem Gerichtshof der Europäischen Gemeinschaften, aus: Hamburger Studien aus dem europäischen und internationalen Recht, Bd. 27, Berlin 2001

Oppermann, Thomas — Europarecht, 2. Auflage, München 1999

Rengeling, Hans-Werner / Middeke, Andreas / Gellermann, Martin — Rechtsschutz in der Europäischen Union, aus: Schriftenreihe der Neuen Juristischen Wochenschrift, Heft 56, München 1994
(zit.: R/M/G)

Rosenberg, Leo / Schwab, Karl Heinz / Gottwald, Peter — Zivilprozeßrecht, 15. Auflage, München 1993
(zit.: R/S/G)

Quack, Karlheinz — Der Ausschluß der Nebenintervention in Fällen des Art. 37 Abs. 2 2. Halbsatz der Satzung des Europäischen Gerichtshofes, in: Festschrift für Ralf Vieregge zum 70. Geburtstag am 6. November 1995, hrsg. von Baur, Jürgen F. / Jacobs, Rainer / Lieb, Manfred / Müller-Graff, Peter-Christian, Berlin / New York 1995, S. 747 – 753

Schilken, Eberhard — Zivilprozeßrecht, 3. Auflage, Köln / Berlin / Bonn / München 2000

Schweitzer, Michael / Hummer, Waldemar — Europarecht, 5. Auflage, Neuwied / Kriftel / Berlin 1996

Sedemund, Jochim — Referat für die Europarechtliche Abteilung des Sechzigsten Deutschen Juristentages, Münster 1994, in: Verhandlungen des Sechzigsten Deutschen Juristentages, hrsg. von der Ständigen Deputation des Deutschen Juristentages
• Band II/1 (Sitzungsberichte – Referate und Beschlüsse) Teil N
München 1994, S. N 41 – N 52

Stein, Friedrich / Jonas, Martin — Kommentar zur Zivilprozeßordnung
• Band 1 (§§ 1 – 90),
21. Auflage, Tübingen 1993
(zit.: StJ/*Bearbeiter*)

Thomas, Heinz / Putzo, Hans / Reichold, Klaus / Hüßstege, Rainer — Zivilprozessordnung,
24. Auflage, München 2002
(zit.: ThP/*Bearbeiter*)

Werres, Rüdiger — Die Wirkungen der Streitverkündung und ihre Grenzen, in: NJW 1984, S. 208 – 210

Wieczorek, Bernhard / Schütze, Rolf A. — Zivilprozeßordnung und Nebengesetze
• Erster Band, 2. Teilband (§§ 50 – 127a),
3. Auflage, Berlin / New York 1994
(zit.: WS/*Bearbeiter*)

Wieser, Eberhard — Die Interventionswirkung nach § 68 ZPO, in: ZZP 79 (1966), S. 246 – 294

Windel, Peter — Zur prozessualen Stellung des einfachen Streithelfers (§§ 67, 71 Abs. 3 ZPO), in: ZZP 104 (1991), S. 321 – 348

Wolf, Karl — Rezension von Vandersanden, Georges / Barav, Ami: Contentieux Communautaire, Brüssel 1977, in: EuR 1978, S. 186 – 188

Zöller, Richard — Zivilprozessordnung,
23. Auflage, Köln 2002
(zit.: Zöller/*Bearbeiter*)

FSC
www.fsc.org
MIX
Papier | Fördert
gute Waldnutzung
FSC® C083411

Kolibri 360 GmbH
Ferdinand-Jühlke-Straße 7
99095 Erfurt, Deutschland
produktsicherheit@kolibri360.de

Druck:
CPI Druckdienstleistungen GmbH
im Auftrag der
Kolibri 360 GmbH
Ferdinand-Jühlke-Str. 7
99095 Erfurt